城乡融合视角下安置新社区
建设管理探索与实践

邓毛颖 主　编

王向晖　钟汝清　钟　德　副主编

中国建筑工业出版社

图书在版编目（CIP）数据

城乡融合视角下安置新社区建设管理探索与实践/邓毛颖主编．—北京：中国建筑工业出版社，2021.7

ISBN 978-7-112-26157-4

Ⅰ.①城… Ⅱ.①邓… Ⅲ.①社区建设—研究—广州②社区管理—研究—广州 Ⅳ.① D669.3

中国版本图书馆CIP数据核字（2021）第087633号

本书对广州市增城区荔湖安置新社区及周边市政配套工程全过程中的项目决策、规划设计、建设管理、回迁安置等项目工作的制度建设及工作经验进行了回顾总结。针对面临的项目立项前期到实施阶段中国家的政策背景是怎样的、国内外的理论及实践经验如何、项目各部门发挥了怎样的作用、实施过程中如何进行调整及优化等一些关键问题，结合实际给出了解决的思路与方法，最后阐明核心观点。本书适用于工程管理、建筑学、城乡规划等专业技术人员，以及政府部门相关工作人员。

责任编辑：唐　旭
文字编辑：吴人杰
版式设计：锋尚设计
责任校对：李美娜

城乡融合视角下安置新社区建设管理探索与实践

邓毛颖　主　编
王向晖　钟汝清　钟　德　副主编

*

中国建筑工业出版社出版、发行（北京海淀三里河路9号）
各地新华书店、建筑书店经销
北京锋尚制版有限公司制版
北京中科印刷有限公司印刷

*

开本：787毫米×1092毫米　1/16　印张：15½　插页：4　字数：294千字
2021年8月第一版　2021年8月第一次印刷
定价：79.00元
ISBN 978-7-112-26157-4
（37745）

版权所有　翻印必究
如有印装质量问题，可寄本社图书出版中心退换
（邮政编码100037）

编 委 会

主　　编：邓毛颖

副 主 编：王向晖　钟汝清　钟　德

参编人员：汤慧明　刘　慷　陈伟团　赖伯舟　许松辉　叶伟初
　　　　　李志侃　毛成保　萧启新　张志忠　廖建娣　郭炽斌
　　　　　陈永辉　尹　明　周加祥　萧润权　何健恒　姚海健
　　　　　汤文永　张仕明　汤嘉雯　陈旭晶　卢　斯　郑金敏
　　　　　潘俊达

罗岗村安置新社区（一区）建成鸟瞰图

罗岗村安置新社区（二区）建成鸟瞰图

明星村安置新社区（一期至四期）建成鸟瞰图

五一村安置新社区建成鸟瞰图

西瓜岭村安置新社区建成鸟瞰图

光明村安置新社区建成鸟瞰图

太平村安置新社区建成鸟瞰图

谢屋村安置新社区建成鸟瞰图

增塘村安置新社区建成鸟瞰图

麻车村安置新社区建成鸟瞰图

前　言

关于推进实现城乡融合发展，创新解决"三农"问题，我国部分地区多年来的实践探索，已为我国城乡融合发展模式积累了丰富的经验。全面深刻地总结既有的实践探索，进一步探讨巩固城乡融合发展的方法和途径，成为当前极为重要的学术话题。

粤港澳大湾区城乡融合根基深厚、发展迅速、势头旺盛，在城乡融合发展方面作出的探索与实践具有重要意义，是审视我国城乡融合发展经验的标杆和窗口。城乡融合是党中央对当前城乡关系的新定位，也是乡村振兴战略得以实现的根本途径，如何更好地推动城乡融合发展，各地都在努力探索契合自身的发展模式。

近年来，增城对荔湖[①]（原挂绿湖）水利工程核心区约33平方公里的土地进行集约化建设，结合城市轴线的规划发展，努力打造宜居、宜业、宜游的荔湖新城。荔湖新城把国家城乡融合发展试验区作为改革发展的"头号工程"，将城市与乡村作为整体统筹、一体推动，聚焦地、产、人等关键要素，把体制机制创新的"含金量"转化为新城发展的"高质量"。在城乡一体化发展中，创新提出了留用地开发模式，探索加大城市更新用地空间腾挪整合、土规规模及农转用指标置换，有效破解因土地零散而难以统筹平衡等问题，从而提升城市整体空间品质，适应城乡融合发展需求。

荔湖新城作为粤港澳大湾区和广深港澳科技创新走廊上的重要节点，产业发展的谋篇布局自是引人关注。荔湖新城实施创新驱动发展战略，提升现代服务业标准化、品牌化水平，加快推进城乡互动融合发展，明确服务导向型新产业的产业结构发展方向，促进现代服务业同先进制造业、现代农业深度融合，发展壮大总部经济，推动现代服务业出新出彩，打造集商业办公、工业总部、智能信息、科技创新、康养医疗、品质居住于一体的活力新城，全力建设国家

---

① 荔湖，原挂绿湖，本书为保持阅读的连贯性，将政府文件、专有机构名称以外出现的挂绿湖统称为荔湖。

城乡融合示范片区。

　　荔湖新城城乡统筹示范区建设，有利于拓展新城市中心发展空间，促进城市扩容提质；有利于土地集约节约利用，提高土地开发利用率；有利于提升居住、生活、生产条件，引导居民转变传统生活观念，树立现代化文明生活方式；有利于提高村民经济收益，征地预留的集体经济发展留用地将让村民拥有可持续发展的经济来源。

　　按照增城的发展规划、城市规划和土地利用总体规划，在增城区委、区政府的统一安排下，增城于2013年对荔湖水利工程核心区域内的9个行政村实施全征、全拆、全安置，以城乡统筹发展建设的思路，规划建设荔湖11个安置新社区。安置新社区规划总建筑面积250万平方米，规划居住户数14850户，规划居住人口47520人，人口扩容率超2倍，至2019年底，共10个安置新社区建成并实现回迁安置；至2020年底，最后1个安置新社区建成并实现回迁安置，大大增强增城市民、村民对拆迁安置工作的信心，有力维护了增城稳定大局。2019年底，增城被确定为国家城乡融合发展试验区广清接合片区七个区（县）之一，开创了城乡融合高质量发展的新局面。2020年，针对区域发展格局的变化，为应对融入粤港澳大湾区发展、对接广州市区新格局、促进增城全面发展，增城从城市生态框架、特色产业体系、高效交通网络、新城时代风貌等方面对荔湖新城进行优化设计，对城市空间布局、功能定位和生态环境保护提出新的要求和控制标准。随着"地铁时代""高铁时代"的到来，增城经济社会迎来发展新机遇，城乡面貌发生翻天覆地的变化。作为增城当前头号民生工程，荔湖水利综合整治工程安置新社区陆续建成及回迁，一座崭新的荔湖新城正在呈现。

　　荔湖安置新社区的规划建设对于荔湖新城和增城的城市建设发展具有战略性意义，是荔湖新城推进城乡融合建设的优质示范区。自2013年开始立项到如今居民的回迁安置和社区建设发展，前后历时八年，成为我国大城市的周边城乡融合发展建设的一个缩影。从国家政策指引到市、区项目决策，从项目立项策划到规划建设管理，从土地集约利用到居民回迁安置，其中的创新性探索和先进性实践体现了政府各级部门依法行政、执政为民的行政管理理念和沟通协商、集思广益的项目管理智慧，汇成了城乡融合示范片区建设中安置新社区的规划建设管理的"增城探索"和"增城实践"。

目 录

前言

第一章　项目概况

　　第一节　政策背景解读　　　　　　　　　　2
　　　　一、固本强基的三农问题和乡村治理　　2
　　　　二、城乡融合的历史演进　　　　　　　6
　　　　三、增城荔湖新城规划建设政策　　　　11

　　第二节　城乡统筹地区拆迁安置研究　　　　17
　　　　一、理论研究现状　　　　　　　　　　18
　　　　二、实践探索现状　　　　　　　　　　18

　　第三节　项目背景与决策　　　　　　　　　21
　　　　一、广东省"扩容提质"战略　　　　　21
　　　　二、珠三角东岸地区产业发展的需求　　22
　　　　三、广州城市发展战略引导　　　　　　23
　　　　四、增城内在发展要求　　　　　　　　25

第二章　项目规划建设发展

　　第一节　荔湖新城建设发展　　　　　　　　31
　　　　一、水利工程建设阶段（2008~2012年）　33
　　　　二、城乡统筹发展阶段（2013~2014年）　33
　　　　三、新城扩容提质阶段（2015年~至今）　35

　　第二节　城乡统筹发展思路　　　　　　　　36
　　　　一、统筹城乡一体化发展　　　　　　　37
　　　　二、展开和谐征拆工作　　　　　　　　38

三、保障村民经济收益　　　　　　　　　　　　　39
　　四、引导产城融合模式　　　　　　　　　　　　　40
　　五、高标准规划建设　　　　　　　　　　　　　　41
　　六、落实物业管理　　　　　　　　　　　　　　　43
　第三节　项目建设实施模式　　　　　　　　　　　　47
　　一、政府投（融）资+传统招投标模式　　　　　　47
　　二、政府投（融）资+设计施工总承包招投标模式　47
　　三、"项目法人+勘察设计"招投标引入社会投资模式　48
　第四节　PPP项目模式优化　　　　　　　　　　　　48
　　一、项目以PPP模式优化的背景　　　　　　　　　49
　　二、项目以PPP模式实施的依据　　　　　　　　　50
　　三、项目以PPP模式实施的优势　　　　　　　　　50
　　四、项目以PPP模式实施的思路　　　　　　　　　51
　本章小结　　　　　　　　　　　　　　　　　　　　54

第三章　部门联动管理
　第一节　架构管理体系　　　　　　　　　　　　　　55
　　一、成立领导保障小组　　　　　　　　　　　　　55
　　二、搭设统筹建设单位　　　　　　　　　　　　　56
　　三、建立质量监督机构　　　　　　　　　　　　　59
　　四、引入专家顾问团队　　　　　　　　　　　　　60
　　五、组建村社监督小组　　　　　　　　　　　　　60
　第二节　编制管理制度　　　　　　　　　　　　　　60
　　一、制定设计指引，统一建设标准　　　　　　　　60
　　二、制定推进计划，指导工作流程　　　　　　　　61
　　三、健全管理制度，规范管理开展　　　　　　　　61
　第三节　成立管理部门　　　　　　　　　　　　　　61
　　一、综合管理部　　　　　　　　　　　　　　　　61
　　二、技术管理部　　　　　　　　　　　　　　　　65
　　三、工程管理部　　　　　　　　　　　　　　　　71

	四、质安验评部	77
	五、财务审价部	81
第四节	**提升管理绩效**	**86**
	一、政府主导，优化管理	86
	二、平行推进，容缺管理	88
	三、部门联动，高效管理	91
本章小结		**94**

第四章	勘察设计管理	
第一节	**定标准：明确管理标准**	**95**
	一、房屋征拆补偿标准化	96
	二、规划设计标准化	101
	三、工程建设标准化	106
	四、景观提升建设标准	109
第二节	**查需求：细化安置需求**	**111**
	一、城市发展需求	111
	二、规划定位需求	112
	三、村民安置需求	113
第三节	**控造价：执行"双控"限额**	**115**
	一、造价"双控"的背景	115
	二、造价"双控"的含义	116
	三、造价"双控"的制定原则	116
	四、造价指标的测算	117
	五、造价指标的应用	117
	六、严把设计管理，执行限额设计	118
第四节	**订指引：专业咨询辅助**	**119**
	一、编制背景	120
	二、编制目的	120
	三、适用范围	121
	四、编写依据	121

　　　　五、编写内容　　　　　　　　　　　　　　　121
　　　　六、编写要求　　　　　　　　　　　　　　　122

　　第五节　多协商：多方参与决策　　　　　　　　123
　　　　一、参与性设计应用的理论基础　　　　　　　123
　　　　二、样板房设计村民全过程参与　　　　　　　124
　　　　三、设计过程管理多方沟通协商　　　　　　　126
　　　　四、设计指引工作多方参与扎实执行　　　　　127

　　第六节　优设计：细化设计成果　　　　　　　　127
　　　　一、因综合因素而优化规划选址　　　　　　　128
　　　　二、因名木保护而细化规划设计　　　　　　　130
　　　　三、因文化保护而细化规划设计　　　　　　　132
　　　　四、因土规调整而优化规划设计　　　　　　　133

　　本章小结　　　　　　　　　　　　　　　　　　138

第五章　　建设施工管理

　　第一节　质量管理：健全机构、建立制度、动态监管　139
　　　　一、建立健全质量监督机构工作方案　　　　　139
　　　　二、细化落实动态质量管理方案　　　　　　　146
　　　　三、完善项目建设质量保障方案　　　　　　　151

　　第二节　安全管理：制度保障、高标定位、分步落实　158
　　　　一、制定安全验评与保障制度　　　　　　　　158
　　　　二、执行安全文明与绿色施工　　　　　　　　161
　　　　三、落实施工安全与文明管理　　　　　　　　165

　　第三节　进度管理：计划先行、原则引路、投入提效　173
　　　　一、科学组织，高效推进决策　　　　　　　　173
　　　　二、用制度管事，严抓质量与进度　　　　　　192
　　　　三、用原则引路，分阶段实施计划　　　　　　194
　　　　四、用投入提效，优化质量与进度　　　　　　195
　　　　五、指定专人专管，完成计划与目标　　　　　196

第四节　投资管理：建立目标、落实"双控"、保障进度　199
一、建立成本预控目标　200
二、组织专职人员核算　200
三、控制设计阶段成本　201
四、控制施工过程成本　202
五、造价控制主要措施和成效　203
本章小结　205

第六章　验收安置管理

第一节　竣工验收标准严格化　207
一、竣工验收执行的规范及标准　208
二、竣工验收内容　208
三、竣工验收条件　208
四、竣工验收程序　209
五、验收会议议程　209

第二节　验收实施管理分类化　210
一、EPC模式下工程项目的验收质量管理　210
二、PPP模式下工程项目的验收质量管理　212
三、安置新社区实施质量验收管理案例　214

第三节　安置管理方案精细化　217
一、安置新社区房屋分配对象　217
二、安置房分配原则和办法　218
三、安置房分配工作安排　218

第四节　物业管理方式规范化　219
一、安置新社区物业管理的普遍问题　220
二、安置新社区物业管理的相应对策　221
三、安置新社区物业管理的具体方式　224

本章小结　225

第七章　　项目经验、反思与展望

　　第一节　项目经验　　　　　　　　　　　　**228**
　　　　一、部门联动管理模式及差异化管理方式的建构　　228
　　　　二、项目勘察设计及建设管理标准化体系的建立　　229
　　　　三、拆迁安置居民利益保障机制的健全　　232

　　第二节　项目反思　　　　　　　　　　　　**233**

　　第三节　项目展望　　　　　　　　　　　　**235**

后记　　　　　　　　　　　　　　　　　　　　**236**

第一章
项目概况

增城区位于广州东部，总面积1616平方公里。在广州新一轮城市发展规划中，增城被赋予建设现代化中等规模生态之城的战略使命，是广州重点打造的枢纽型网络城市骨干节点和重要门户功能区。按照广州城市发展战略，为努力推动现代化中等规模生态之城建设迈上新台阶、实现新作为，结合城乡统筹示范区试点建设，着力打造广州东部交通枢纽、现代产业新区、绿色生态文化之城和宜居宜业幸福之城，增城区对荔湖水利工程核心区重点区域内33平方公里的土地进行集约利用，重点规划建设荔湖新城，努力将荔湖新城建设成为城乡统筹发展示范区。

荔湖新城的规划建设，推动增城城乡格局改变、拉开空间骨架，使增城真正成为现代化中等规模生态之城、宜业宜居宜游的优质生活圈。荔湖新城致力于生态生产生活融合，打造区域面向湾区的新格局，更是有绿水青山又有金山银山国际大都市的生动写照。在打造高都市、高生态、宜业宜居宜游范本，建设生态文明新城区的过程中，荔湖新城牢牢树立"三个坚持"的理念，强化生态环境保护。一是坚持生态环境保护底线，坚持"绿水青山就是金山银山"；二是坚持乡村振兴和城乡融合发展，全面完善安置新社区基础配套，建立健全日常管理制度，规范物业管理，加速推进农村城镇化、村民居民化；三是坚持打造生态绿色慢行系统，逐步完善满足生态游憩、市民活动需求的城市活动场所，设置高辨识度的特色景观节点，营造多样丰富的城市开放空间。

荔湖新城规划建设以荔湖洪涝灾害整治为初衷，以荔湖安置新社区规划建设为着力点，充分发挥荔湖生态核心功能，尽可能保留原有自然生态，有限度地进行开发，逐渐发展成为增城政治、文化、经济资源要素最密集的地带。作为国家级增城经济技术开发区、国家级城乡融合发展试验区，荔湖新城致力于高新技术产业、高端服务业与城市功能融合、空间整合，打造"以产促城，以城兴产，产城融合"。

在荔湖新城规划建设过程中，增城区以总体规划、量力而行、分步推进为原则，以荔湖水利工程、公共服务设施和核心区域城乡统筹三大方面为突破口，并以荔湖为核心，规划建设集行政文化、公共服务、总部商务、金融办公、科技创新、品质居住于一体，以水城、花城、绿城为特色的现代化生态新城。

第一节 政策背景解读

回顾和解读广州市增城区荔湖安置新社区的规划建设的创新探索和先进经验，我们可以发现其中的一个重要特点：项目建设背景依托于我国城镇化的高速发展时期和快速建设过程，贯彻了生态文明理念和城乡统筹发展模式。

中共第十五届四中全会通过的《关于制定国民经济和社会发展第十个五年计划的建议》正式采用了"城镇化"一词，中国首次在最高官方文件中使用"城镇化"概念，实际上乡村城镇化早就已经开始，在多年的深化探索过程中逐步发展为"城乡一体化""城乡统筹""城乡融合"等模式。纵观我国改革开放以来推进城镇化建设的历史，我们把它分为四个阶段。1986～2000年为第一阶段，政府主张严格控制大城市规模，合理发展中小城镇的城镇化发展道路。这个阶段的发展建设特点是，中小城市发展迅速，但大城市发展滞后。2001～2005年为第二阶段，政府从允许农民工进城到鼓励支持态度的转变，推动了城镇化的加速发展，强调要兼顾大、中、小城市以及小城镇的协调发展，解除了对于大城市的发展限制。2006～2016年为第三阶段，政府主张以大城市为依托、以中小城市为重点，逐步形成辐射作用大的城市群。2012年，党的十八大明确提出了"新型城镇化"概念。2014年，中共中央、国务院印发《国家新型城镇化规划（2014—2020年）》，随后国务院发布《关于深入推进新型城镇化建设的若干意见》《关于进一步推进户籍制度改革的意见》《关于实施支持农业转移人口市民化若干财政政策的通知》等文件，有关部门和各地区也相继制定实施一系列政策措施，新型城镇化扎实推进、成效显著。2017年至今为第四个阶段，中共十九大报告明确指出我国新时期的主要矛盾为人民日益增长的美好生活需要和不平衡不充分发展之间的矛盾，提出了加强"城市双修"工作和"乡村振兴"战略，强调在推进新型城镇化建设过程中要生态优先、绿色发展，按照产业兴旺、生态宜居、乡风文明、治理有效、生活富裕的总要求走城乡融合发展道路。

一、固本强基的三农问题和乡村治理

改革开放以来，在1982～1986年、2004～2020年期间，中共中央 国务院

先后发布了22个以"三农"为主题的"一号文件"。这些"一号文件"虽然没有系统性地发布乡村治理政策，但也是根据中国"三农"问题实践发展而制定的改善乡村治理状况的重要文件，体现了乡村治理政策的演变轨迹与关注重点，探索了乡村社会治理的有效机制，提升政府解决三农问题的有效性。

在这一系列中央一号文件的指引下，40年来农村改革高潮迭起。在不同的年代背景下，一号文件各有侧重，为了准确把握保护农民物质利益、尊重农民民主权利、不断解放和发展社会生产力的改革主线，加速了城乡协调发展的历史进程，共同奏响了繁荣农村经济、促进农民增收、推动农村社会发展的气势磅礴的主旋律，是我国城乡社会走向和谐发展、致力于共同繁荣的时代最强音。

1982～1986年连续五年中央一号文件，对农村改革和农业发展进行具体部署，是谱写中国改革进程的五个辉煌篇章。中国改革事业，发端于农村，农村改革进而又启发了城市改革，带动了整个国家的改革。在改革丰碑上的第一个"五个一号文件"，激发了亿万农民的生产积极性，开创了中国农村改革发展的新局面。自此，农民收入稳定快速增长，增速快于城市，城乡居民收入差距逐步缩小，几千年温饱不保的中国农民越过贫困，从温饱向小康迈进。

20世纪80年代五个中央一号文件具有两个显著特点：一是突出农村改革在于构建新的经济体制。推行家庭联产承包责任制，废除人民公社，突破计划经济模式，构建了适应发展社会主义市场经济要求的农村新经济体制框架；二是突出解放和发展农村生产力，繁荣农村商品经济。农村改革的根本目的是解放和发展生产力，发展农村商品经济，促进农业现代化，使农村繁荣富裕起来。

2004～2018年连续15年发布中央一号文件，强调了"三农"问题在中国社会主义现代化时期"重中之重"的地位。21世纪以来的15个中央一号文件是贯彻落实党中央城乡一体化战略的有效抓手，推动城乡一体化不断迈出实质性步伐，呈现出几个鲜明特点：一是统筹城乡发展，建立以工补农、以城带乡的长效机制，逐步解决"三农"问题，改变城乡二元经济结构。二是调整国民收入分配结构，加强政府对农村公共服务的投入。国家对农民实现了由"取"向"予"的重大转变。城市与农村经济之间的关系由"汲取型"向"反哺型"转变。三是切实解决农村民生问题，扎实推进社会主义新农村建设，将成为今后一个时期"三农"工作的"亮点"。

但是，制约城乡要素平等交换、公共资源公平配置的体制障碍依然存在，农村土地征收、集体经营性建设用地入市、宅基地制度改革、"三权分置"改革仍然处于探索之中，相关的法律制度仍不明晰，农村大量的资产和资源尚未有效盘活；

农村金融制度不完善，金融对农村的"抽血"仍在继续；农业转移人口市民化的成本分担机制尚在探索之中，农村劳动力要素自由流动仍存在障碍；城乡公共服务仍然存在较大的差距，农村公共服务供给水平难以满足农业农村发展的需要。

2019年新的一号文件开启"三农"改革新局面，迈入城乡融合发展和现代化建设新征程。2020年中央一号文件明确两大重点任务是集中力量完成打赢脱贫攻坚战和补上全面小康"三农"领域的突出短板，并提出一系列含金量高、操作性强的政策举措。

纵观历年来乡村治理政策的变迁，不同时期乡村治理侧重点呈现出不断演进的趋势。第一是从一元治理到多元治理的乡村治理主体的演变。乡村社会的多元共治既是创新完善乡村治理机制的需要，也是适应我国广大农村社会内部差异性治理的要求。第二是乡村治理内容的定位演变。其包含了重视生产队及其权力关系调整，20世纪80年代初至2004年"一号文件"发布之前的近二十年，伴随着我国农村体制改革快速推进，乡村治理的重点是生产关系和权力关系的调整；重视农村公共事业建设，从农业基础设施建设到农村教育、农村医疗卫生、农村道路交通乃至人居环境等多个方面的建设完善；重视农村社会治理，从2007年首次提出要创新农村社会管理体制机制到2020年提出要健全乡村治理工作体系，对标脱贫攻坚战和全面建成小康社会的目标。第三是乡村治理政策重点的演变。其包含了村民自治法律的完善和落实，从1998年《村组法》修订通过后，为了更好地实现乡村社会的治理创新，解决好村民自制规章与国家法的冲突与矛盾，必须协调好国家权力与乡村社会之间的关系，《村组法》也在不停地修订完善，也包括从物质支持和人才支持上不断加强基层党组织的建设。在基层党组织领导下进行的村民自治建设，大大促进了乡村社会的民主化进程，创新了乡村社会治理机制。第四是农村社区建设从乡村社会向重视服务的治理模式转型。首先在城市郊区开展农村社区建设实验，探索创新农村社区的管理和服务；其次在有条件的地区搞好农村社区建设的试点推进工作；最后深化农村社区建设，即完善多元共治农村社区建设。

随着改革的发展和深入，中央一号文件针对三农问题和乡村治理的侧重点也在发生转变，准确把握保护农民物质利益、尊重农民民主权利、不断解放和发展社会生产力的改革主线，加速了城乡协调发展的历史进程，共同奏响了繁荣农村经济、促进农民增收、推动农村社会发展的气势磅礴的主旋律，是我国城乡社会走向和谐发展、致力于共同繁荣的时代最强音。

总的来说，完善城乡一体化体制促进公共资源均衡配置，推进城乡一体化是关系国家长远发展的战略举措,是落实"四个全面"战略布局的必然要求,也是多年来中央一号文件贯彻的一条主线。在全面建成小康社会、开启现代化建设新征程的关键时期,更加需要"努力在统筹城乡关系上取得重大突破,特别是要在破解城乡二元结构、推进城乡要素平等交换和公共资源均衡配置上取得重大突破,给农村发展注入新的动力,让广大农民平等参与改革发展进程、共同享受改革发展成果"。因此,加快建立健全城乡发展一体化体制机制,以完善成本分担机制为突破推进农业转移人口市民化,以完善农村创业创新体制为支撑促进更多的优质资源要素进入农村,建立城乡统一的公共产品供给制度,推进城市基础设施向农村延伸、公共服务向农村覆盖、现代文明向农村传播,必将是未来农业农村政策关注的重点(表1-1)。

历年中央一号文件概况表　　　　　　　　表1-1

序号	时间	文件名称	主题
1	1982年1月	《全国农村工作会议纪要》	正式承认包产到户合法
2	1983年1月	《当前农村经济政策的若干问题》	放活农村工商业
3	1984年1月	《关于一九八四年农村工作的通知》	发展农村商品生产
4	1985年1月	《关于进一步活跃农村经济的十项政策》	取消统购统销
5	1986年1月	《关于一九八六年农村工作的部署》	调整工农城乡关系
6	2004年1月	《关于促进农民增加收入若干政策的意见》	促进农民增加收入
7	2005年1月	《关于进一步加强农村工作提高农业综合生产能力若干政策的意见》	提高农业综合生产能力
8	2006年2月	《关于推进社会主义新农村建设的若干意见》	社会主义新农村建设
9	2007年1月	《关于积极发展现代农业扎实推进社会主义新农村建设的若干意见》	积极发展现代农业
10	2008年1月	《关于切实加强农业基础建设,进一步促进农业发展农民增收的若干意见》	加强农业基础设施建设
11	2009年2月	《关于促进农业稳定发展农民持续增收的若干意见》	促进农业稳定发展
12	2010年1月	《关于加大统筹城乡发展力度,进一步夯实农业农村发展基础的若干意见》	统筹城乡发展
13	2011年1月	《关于加快水利改革发展的决定》	水利改革发展
14	2012年2月	《关于加快推进农业科技创新持续增强农产品供给保障能力的若干意见》	农业科技创新
15	2013年1月	《关于加快发展现代农业,进一步增强农村发展活力的若干意见》	增强农村发展活力

续表

序号	时间	文件名称	主题
16	2014年1月	《关于全面深化农村改革加快推进农业现代化的若干意见》	全面深化农村改革
17	2015年2月	《关于加大改革创新力度加快农业现代化建设的若干意见》	新常态
18	2016年1月	《关于落实发展新理念加快农业现代化实现全面小康目标的若干意见》	农业现代化
19	2017年2月	《关于深入推进农业供给侧结构性改革加快培育农业农村发展新动能的若干意见》	农业供给侧结构性改革
20	2018年1月	《关于实施乡村振兴战略的意见》	乡村振兴战略
21	2019年2月	《关于坚持农业农村优先发展做好"三农"工作的若干意见》	坚持农业农村优先发展
22	2020年2月	《关于抓好"三农"领域重点工作确保如期实现全面小康的意见》	坚决打赢脱贫攻坚战

改革开放以来，作为广东省的省会城市，广州充分发挥改革试验田的作用，在城市经济快速发展的同时，广州周边的广大农村也相应得到了快速的发展，取得了显著成绩。但是，随着工业化和城市化进程的不断推进，广州的工农差距、城乡差距和区域差距日益扩大的趋势并没有从根本上得到扭转，广州城乡差距也在不断扩大。包括城乡收入之间的相对差距和绝对差距的扩大；农村集体土地征用，农村和农民合法权益未能得到有效保障；城中村改制改造过程中，配套政策仍不完善；城乡之间社会保障参保率的差距在缩小，但保障水平的差距却仍然很大；在教育制度资源的分配上，城乡之间存在差距大等问题，在部分政府工作职能上也有所体现，如城乡规划编制及实施上的差距，城乡道路基础设施建设管理上的差距等。这些问题与城乡融合发展的现实需求看似矛盾，却又同时存在。

根据广东省委、省政府，广州市委、市政府提出构建广州社会主义新农村的要求，广州必须继续解放思想，贯彻落实科学发展观，坚持改革创新，抓住制约城乡一体化发展的瓶颈制约因素和薄弱环节，彻底打破城乡二元结构，促进和实现城乡经济社会融合发展，推进全市城乡建设上一个新的台阶。

二、城乡融合的历史演进

如何处理城乡关系是国家发展中必须面对的核心问题之一[①]。自1949年以来，随着国家发展战略的调整，中国的城乡关系也在发生着相应的变化。整体来看，以1978年改革开放为界，中国的城乡关系在前后相继的两个阶段呈现出明显不同的演变特征。新中国成立初期，为了让农业扮演为工业发展提供资本积累的角色，从而快速实现国家工业化目标，政府通过一系列制度安排，逐步建立起城乡分割的体制。1978年改革开放以后，政府放弃了重工业优先的经济发展战略，而代之比较优势战略。经济发展战略的转变，使内生于发展战略的经济体制也随之调整，中国由此开始了从计划经济向市场经济的转型。在这一进程中，改革开放前形成的城乡二元体制也不断被打破，城乡关系的调整成为推动中国社会经济发展的重要力量。在社会主要矛盾已经发生深刻变化的背景下，党的十九大明确提出要"建立健全城乡融合发展体制机制和政策体系"，并在其后召开的2017年中央农村工作会议中，将"重塑城乡关系，走城乡融合发展之路"置于乡村振兴战略七条道路之首。《国家乡村振兴战略规划（2018—2022）》也再次明确要"加快形成工农互促、城乡互补、全面融合、共同繁荣的新型工农城乡关系"[②]。可以说，重塑城乡关系、构建城乡融合发展体制机制关乎乡村振兴和国家现代化的质量。

新中国成立70多年来，城乡关系不断调整和演进。新中国成立初期建立并强化城乡二元体制，改革开放后城乡二元体制开始破除，党的十六大后统筹城乡发展，十七大后推动城乡发展一体化，十九大提出城乡融合发展方略，城乡关系一直在适时调整完善。改革的主线是不断明晰政府与市场的关系，一方面持续强化政府的公共资源配置职能，推进城乡基础设施一体化、公共服务均等化，提升乡村治理能力；另一方面持续推进城乡商品市场一体化和要素市场一体化。当前，我国正在进入城乡融合发展的加速期。新时期推进城乡融合发展，要继续坚持以处理好政府和市场的关系为主线，使市场在资源配置中起决定性作用，更好地发挥政府作用，在城镇化的大格局下重塑城乡关系，实现城乡功能互补、协调发展，共同推进整个国家现代化进程。[③]改革开放以来，随着我国城乡政策的日益推进，城乡关系呈现显著变化，总体呈现出由城乡分割到逐步融合的趋势，城乡经济联系趋于密切[④]。

从20世纪80年代末期开始，我国城乡关系变动激烈，发展不均衡问题受到广泛关注。其中，农业、农民、农村问题长期受到国家重视。1982~1986年中央连续五年发布以农业、农村和农民为主题的中央一号文件，对农村改革和农业发展进行具体部署。进入21世纪以来，从2004年开始，连续17年发布以"三农"为主题的中央一号文件，彰显党中央对"三农"问题的重视，也直接推动"三农"发展进入新的历史阶段。中央一号文件的主题从农村改革、农民增收，到新农村建设、农业基础设施、农业科技创新、现代农业发展、农业现代化、乡村振兴等,不仅囊括农村制度层面,而且直接涉及农业农村的发展。

21世纪以来,我国开始解决城乡发展均衡性问题,城乡发展政策经历城乡统筹—城乡一体化—城乡融合的演进过程。2003年10月,党的十六届三中全会明确提出统筹城乡发展,位于五个统筹的首位,核心是要解决城乡收入差距加大、城乡之间发展不平衡、城乡居民享受公共服务不均等问题。政策更侧重于政府行为,由政府指导资源配置。2012年11月,党的十八大报告明确提出"推动城乡发展一体化",形成以城带乡、城乡一体的新型城乡关系,政策重心依然侧重于城市,以城市带动乡村的发展。党的十九大报告指出,推动实施乡村振兴战略,坚持农业农村优先发展,按照"产业兴旺、生态宜居、乡风文明、治理有效、生活富裕"的总要求,建立健全城乡融合发展体制机制和政策体系,加快推进农业农村现代化。把乡村作为与城市具有同等地位的有机整体,实现经济社会文化共存共荣,表明我国城乡关系发生了历史性变革,城乡发展进入了新的发展阶段。从"统筹城乡发展"到"城乡发展一体化",再到"城乡融合发展",既反映了中央政策的一脉相承,又符合新时代的阶段特征和具体要求。

改革开放以来,随着我国对城乡关系发展不平衡的日益重视,城乡政策逐步推进,从通过价格剪刀差实现农村、农业支持城市、工业发展,到"以城带乡、以工促农",再到城乡一体化、城乡融合发展,我国城乡关系发生着翻天覆地的变化。概括起来,我国关系呈现由城乡分割到城乡逐步融合的趋势,大致分为三个阶段。

1978~1984年为第一个阶段,即城乡分割走向低水平城乡融合阶段。这是改革开放以来我国城乡收入差距的最低点,主要由于改革开放以后农村的率先改革,使农村要素得以释放,农村活力得以激发。

1985~2002年为第二个阶段,即城乡分割向高水平城乡融合的准备阶段。这一阶段,城乡差距成为我国区域差距的主要特征,无论是廉价原材料的供应,还是农村市场的支持,农业、农村在支撑城市工业经济的发展上发挥巨大的作用,为更高水平城乡融合发展作了充分准备。

2003年以来为第三个阶段,即向高水平城乡融合迈进阶段。这一阶段城乡收入比在显著下降,前阶段的城乡收入差距持续扩大,引起党中央、国务院的高度重视,农村工作受到广泛关注,特别是对城乡关系的重新定位,为向高水平城乡融合发展迈进提供了政策支撑。

与此同时,我国城乡融合发展也面临很多亟待解决的问题。随着我国农业现代化进程的推进，农民收入显著提升，尽管如此，农村居民人均可支配收入与城市居民收入差距依然较大。党的十八大以来，我国注重城乡基本公共服务均等化建设，全国公共财政对农村农业的支持力度加大。基本公共服务不断向乡村延伸，城乡居民在医疗保障、义务教育以及基本养老保险方面均实现了制度全覆盖。但是，城乡基本公共服务标准差距依然较大，推进城乡基本公共服务均等化任务依然艰巨。21世纪以来，我国特别重视乡村基础设施建设，加大投入力度，乡村基础设施建设持续加强，农村人居环境明显改善，城乡差距有所缓解。但是，面对城乡融合发展的新形势和新任务，农村人居环境改善仍然面临较大挑战。受城乡二元经济体制的影响，人、财、物等要素在城乡之间自由流动受到诸多限制，机制尚存严重壁垒，限制了城乡融合发展水平的提升。面对城乡融合发展面临的制度性障碍，促进城乡融合发展，应进一步推进各项改革措施，创造良好的制度环境，切实实现城乡要素自由流动。

总的来说，经过几十年的发展，我国城乡融合发展取得历史性进展，经历了从最初的城乡分割走向低水平城乡融合，再以城乡分割为代价向高水平城乡融合作准备，最后向高水平城乡融合迈进，体现了鲜明的阶段性特征，也呈现出明显的区域性差异。城乡融合是对城乡关系的进一步深化，城镇化战略立足城市，联系着乡村，乡村振兴战略立足乡村、依靠着城市，城乡融合发展是这两大战略的契合点，也是实现城乡互利共荣的有效路径。城乡融合发展包括要素、城乡经济、城乡空间、基础设施建设、城乡公共服务、生态环境多方面的融合（图1-1）。

城乡融合发展是要消除城乡二元结构，让城市和乡村逐渐融为一体，最终实现城乡经济、政治、社会、文化、生态协调发展⑤。自改革开放以来，我国城乡融合发展大致经历了三个主要阶段，由各地自发探索，到有组织的局部实践，进而上升为国家战略的历程。这几个阶段的发展首先离不开政府主导下的整体推进，改革开放以来政府不断探索城乡融合发展的经验，出台了一系列创新政策，发挥着主导作用。其次是点线面结合的示范带动效应。从发达地区的城乡联合发

图1-1 城乡融合发展的内容

展到"以城带乡、以工促农"理念的逐步贯彻,各地城乡融合的步伐逐渐加快。最后是因地制宜的创新模式。在区域发展格局不平衡的情况下,各地区结合自身优势探索符合自身实际情况的城乡融合发展道路,各主体协调发展共同推进乡村振兴战略的全面实施。

城乡融合发展虽然取得了一定的成绩,但仍存在城乡二元分割的现实问题。如城乡产业发展的二元矛盾仍然突出,城乡资金、土地、人才等要素的配置不均衡,城乡产业融合度不高,以城带乡动力不足。城乡二元体制对城乡关系的割裂,带来的市民与农民身份上的刚性隔离,导致新型城镇化的发展存在体制障碍,不利于新时代城乡融合发展。也由于农村人口基数相对较大,导致城乡收入分配差距也相对较大。城乡间公共服务设施、生活环境及社会保障服务存在明显的供给差异。因此,实施城乡融合发展的模式要在农村人口与城市人口规模相对均衡的大城市周边地区先行先试,增城就具有这样的先天优势。

城乡融合的思想最早由恩格斯提出,认为城乡融合是城乡关系发展的最后阶段。霍华德的田园城市理论、沙里宁的有机疏散理论都蕴含着城市和乡村融合发展的思想。城乡融合理论、区域网络模型理论、城乡连续体理论和城乡动力学理论等城乡关系理论都涉及城乡融合的问题。国内城乡融合的研究始见于20世纪80年代初期,研究认为城乡融合是城乡关系发展的一个阶段,是和谐社会建设的根基,是社会主义新农村建设的理论基石。

党的十九大报告提出的乡村振兴战略指出应通过城乡融合发展推动新型城镇化、推进社会主义现代化进程中农村与城市的平等关系。从本质上看,城乡融合发展就是在城乡要素自由流动基础上的城乡协调发展和城乡一体化发展,可见城乡要素的合理流动与优化配置是城乡融合发展的关键所在[⑥]。城乡融合发展,针对现阶段的城乡二元化的问题,要完善顶层设计,强化政策举措,从城乡生产经营的融合、城乡资产收入融合、城乡要素资源融合、城乡基础建设融合、城乡管理服务融合、城乡人力资本融合等六个方面的融合着力解决问题,实现城乡资源要素双向流动,切实推动城乡经济、政治、社会、文化、生态等全面融合发展,走出一条中国特色的新时代城乡融合发展道路。

粤港澳大湾区乡村发展迅速,乡村振兴的势头旺盛。包括广州在内的湾区城市在城乡融合和乡村治理方面所作出的探索性实践具有标杆意义,为观察乡村治理的中国经验提供最佳"窗口"。随着粤港澳大湾区战略的推进,该地区乡村治理也出现了一些新的困境,乡村治理的体制、机制面临新挑战。从城乡融合的视角出发,粤港澳大湾区乡村治理需要区域整合与城乡互动耦合,构建城乡互动、多元、共治的立体化治理体系，坚持党的领导与治理精细化，夯实党建引领乡村治理的根基等，打造契合当地发展特点的城乡互动、多元共治的立体化乡村治理模式。而在现实中，如何把握城乡之间的度是一个难题，既需要顶层把控从而形成良好的制度指引，也需要结合实际情况制定具有地方特色的高效操作指标。

多年来，在各级政府的正确领导下，广州市增城区委、区政府制定出一整套科学发展思路，开创了政府主导、规划先行、生态补偿、城乡协调的创新发展方式，被外界誉为经济发展与生态文明双赢的"增城模式"。其中，荔湖新城建设与探索过程持续了近十年时间，从跟随国家水利改革发展政策开始，到全面深化农村改革，以城乡融合的方式配合实施乡村振兴战略，每一步都高瞻远瞩，紧随时代步伐，全心全意为农民着想，为珠三角乃至大湾区的城乡融合建设打造了样板。

结合国家层面的政策定位，广州增城出台了一系列文件提出以规划统筹试点工作，引导城乡用地结构调整和布局优化，推进土地节约集约利用，促进城乡协调发展；以挂钩周转指标安排项目区建新拆旧规模，调控实施进度；以项目区实施为核心，实行行政辖区和项目区建新拆旧双层审批、考核和管理，确保项目区实施后，增加耕地有效面积，提高耕地质量，建设用地总量不突破原有规模；因地制宜，统筹安排，零拆整建，先易后难，突出重点，分步实施；尊重群众意愿，维护集体和农户土地合法权益；以城带乡、以工促农，通过挂钩试点工作，改善农民生产、生活条件，促进农业适度规模经营和农村集体经济发展。

城乡融合发展是一条城市和农村携手并进、互利共赢的发展之路。"十三五"时期，增城区持续推动城乡融合发展工作，牢固树立城乡"一盘棋"理念，以创建国家城乡融合发展试验区为契机，通过加大投入和政策引导，促进城乡各类生产要素自由流动、平等交换和公共资源合理配置，推进城乡产业、要素、人口、设施融合发展，形成工农互促、城乡互补、全面融合、共同繁荣的城乡发展新格局，开创了增城区城乡融合高质量发展的新局面。

三、增城荔湖新城规划建设政策

我国是农业大国，农村发展与城乡规划建设历来是国家层面的重大战略问题。党的十八大提出的新型城镇化道路对城与乡进行统筹考虑，形成城乡经济社会一体化发展的新格局，对村庄发展提出了以人为本、城乡有机融合的新要求，为我国的乡村研究与村庄建设指明了方向。随着沿海发达地区城市化的不断推进，诸如增城的大都市郊区村庄正在经历前所未有的用地转型与剧烈变革，传统封闭内生机制的农村活动被快速城市化的外力打破。城市扩张对农村人口、产业以及文化生活产生巨大冲击,大都市郊区村庄转向融农业、工业、商业于一体的混合型村庄转变。广州地区高标准城市与郊区低标准村庄混杂共存的矛盾决定了增城村落发展融合的紧迫性和典型性,高标准城市品质与低效蔓延村庄混杂的空间矛盾一段时期内是制约广州城市转型升级的重要难题。

近年来广州中心城区的转型升级以及广州城市发展的"东进"思路和"东拓"战略对增城村庄建设与发展、村庄重构与转型产生重大影响。增城地理区位与所处经济社会发展阶段、城乡关系的特殊性与代表性,增城区委、区政府从城乡融合的角度对增城城乡关系进行了多年的探索与实践。

自2007年起,为改善农民生产生活条件,整治村容村貌,广州市先后发布了《广州市村庄规划编制要求》和《广州市村庄规划编制工作方案》,对广州市村庄规划的目标、规划范围、规划深度、规划内容、规划成果、工作程序、工作计划和保障机制等提出了一系列要求。结合广州当前城市整体品质提升的战略目标以及广州市村庄规划工作的全面展开及政府对城乡融合工作的定位,从城乡互动融合的角度对村庄用地转型建设进行了长期实践和探索。

增城作为广州大都市区的城郊地带在广州城乡统筹建设中扮演了重要角色,从2008年起增城城乡规划局对增城辖区内部分行政村进行了规划试点工作。总体而言,增城的村庄规划编制与实施建设工作仍然处于起步和探索阶段。近年来,广州中心城区的转型升级以及广州城市发展的"东拓"战略对增城村庄建设与发展产生极大影响。就增城自身发展阶段来看,增城正处于快速城市化的进程中,区内各村庄受到较大的外力冲击。增城村庄土地利用演化及村庄规划实证研究,对于正确理解大都市郊区村庄发展的土地结构关系,并以此逻辑认知为基础指引新城乡关系背景下的村庄规划与空间管理具有重要意义。

随着城市化和农业产业化的推进,农村经济和社会得到迅猛发展,同时也使村落结构受到巨大冲击,造成人口外流、土地被占用、环境恶化,村落中出现城市景观,破坏了乡土风貌,从而使村落失去了固有特色并导致家园归属感的丧失。增城作为珠三角核心广州大都市的城郊区,其辖区内村庄发展正在发生深刻变化。面对大都市城乡之间更为紧密的互动关系,不仅仅是大都市中心城市地区对外围村庄地区提出了更为严格的生态安全支撑和产业支撑要求,乡村地区也要求城市地区提供更多的产业、就业和公共服务支持,为村庄地区的发展以及农民向市民身份的转变提供条件。归纳城市化推动下大都市郊区村庄转型重构一般规律,理解大都市城乡互动本质机制,成为当前新型城镇化战略下推进城乡统筹和城乡融合发展的关键问题。

城市化发展从量到质的变化，对城乡用地和空间管理不断提出新的方向和要求，市场经济条件下的城乡协调发展需要政府的宏观控制，因地制宜地进行探索，避免主观臆测和随意性，增强城乡一体化角度的整体观，融合多学科的分析和研究，科学推进乡村转型、促进城乡协调发展。科学的管理政策文件的制定及对上位规划和政府重大决策文件的及时有效的理解和对接，能最大限度地保证实践探索道路紧跟时代前沿。

2001年实施的《广州市村镇建设管理规定》指出对广州市的村镇建设和管理要着重改善村镇生产和生活环境，促进农村经济和社会发展。

2008年颁布的《国土资源部关于印发〈城乡建设用地增减挂钩试点管理办法〉》提出挂钩试点工作应以落实科学发展观为统领，以保护耕地、保障农民土地权益为出发点，以改善农村生产生活条件、统筹城乡发展为目标，以优化用地结构和节约集约用地为重点。

2009年实施的《增城市农村建房管理暂行办法（试行）》指出要加强引导农村房屋合理建设，节约土地资源，推进新农村建设。始终坚持一户一宅、建新拆旧原则，坚持集约节约使用土地原则，坚持村庄统一规划原则，坚持建筑风格统一原则。

2011年颁布的《广州市国民经济和社会发展第十二个五年规划》提出按照推进城乡经济社会发展一体化的要求，搞好社会主义新农村建设规划，加强农村基础设施建设和公共服务，推进农村环境综合整治。提高乡镇村庄规划管理水平，加强农村基础设施建设，强化农村公共服务，推进农村环境综合整治。按照统筹城乡发展要求，加快推进农村发展体制机制改革，增强农业农村发展活力，建立健全城乡发展一体化制度，完善农村发展体制机制。

2012年实施的《广州市农村村民住宅规划建设工作指引（试行）》指出要深入推进社会主义新农村建设，引导村民有序开展住宅建设，改善农村人居环境，加快推进城乡经济社会一体化进程。

2013年实施的《广州市村庄规划编制技术指引（2013—2020）》提出村庄布点规划要以"促进新型城市化、实施城乡发展一体化"为目标，坚持城乡统筹、分类指导、多规协调、适当集聚、生态保护等原则，综合研究村庄布局和城市发展的关系，实现空间资源整合，确定辖区城市化发展路径、城乡空间发展策略，确定村庄发展时序，促进城乡统筹协调发展。

2006年颁布实施的《广州市土地利用总体规划（2006—2020）》指出要严格

保护基本农田，落实耕地占补平衡；节约集约用地，切实提高土地利用效率；保障重点，统筹安排各业各类用地；保护和改善生态环境，协调土地利用与生态建设；加强与相关规划的协调衔接，统筹区域与城乡协调发展。

2010年颁布实施的《广州城市总体发展战略规划（2010—2020）》提出要解放思想、扩大视野，从全球化与区域合作视野思考广州的定位与发展目标；贯彻生态优先、城乡一体、组团发展、节约用地与适度规模的原则；把握空间发展战略转型的机遇，深化、细化多中心网络型的空间结构，优化空间发展战略，从"拓展"走向"优化与提升"。

2012年颁布实施的《广州市城市总体规划（2011—2020）》提出高标准、高起点推进镇村规划编制，实现城乡规划全域覆盖，逐步完善城乡一体化基础设施，健全城乡一体化基本公共服务体系。加强土地节约集约利用，加强城乡生态环境保护，打造宜居宜业"生态城市"。

《广州市增城市土地利用总体规划（2010—2020）》指出从经济强市走向文化兴市，从城镇主导走向城乡统筹；积极开展土地整理，合理开发土地后备资源；推行政府领导保护耕地目标责任制；加强土地市场管理，促进土地节约集约利用；加强规划公众参与，积极开展土地规划宣传；建立生态补偿机制，加强生态用地保护。贯彻落实"十分珍惜，合理利用土地和切实保护耕地"的基本国策，在严格保护耕地和基本农田基础上，结合全市域公园化战略的实施，探索农用地保护与生态建设结合机制，构建环境友好的"新增城"，在用地控制指标约束下，以增城市三大功能区战略为指导，统筹南中北三大功能区土地利用，合理控制建设用地规模，提高土地节约集约利用水平，促进增城市社会经济环境的可持续发展。

2013年发布的《增城市土地综合整治专项规划（2011—2020）》提出综合采取法律、经济、行政、科技等手段，从机制、制度上保障整治规划的实施，确保实现整治规划目标，促进耕地保护和节约集约用地，推进增城美丽乡村建设和城乡统筹发展，增强土地资源支撑全市经济社会跨越式发展。

《增城市城市总体发展战略规划》提出树立"以人为本、城乡统筹、营造环境、发展产业、促进创业、解决就业、富民强市"的发展理念，积极推进南中北三大主体功能区建设，大力转变经济发展方式，建设广州东部现代化生态新城区。坚持土地使用集约化、城镇建设用地集中布局等土地发展战略。

《增城市城市总体规划（2010—2020）》以"建设现代产业新区，生态宜居新城"为目标，以"区域一体化背景下增城与周边地区交通、产业、生态环境一体化"和"快速工业化下宜居增城建设"为两条主线,以"市域城乡统筹、主体功能区、公园化"为发展战略,突出市域城乡空间格局、旅游休闲体系(绿道网)、新农村建设以及中心城区公共开敞空间、公共服务均等化、景观风貌等内容,突出城乡统筹与一体化发展。

2013年《广州市增城副中心规划》拟将增城建设成"生态水城""四季花城""田园绿城",壮大生态经济,完善城市服务功能设施,建设高品质、低成本、产城融合的城市副中心。规划赋予增城五个发展定位:国家低碳发展示范区;广东省城乡统筹发展示范区;珠三角地区先进制造业基地及职业教育基地;珠三角东岸地区交通枢纽;广州东部生态宜居宜业新城。

《增城市"三规合一"规划(2012—2020)》结合"建设广州东部综合门户功能区,积极实施开发区带动战略和主体功能区深化战略,创建广州东部现代产业新区、珠三角生态宜居新城、广州东部创新创业人才集聚新区以及广东省统筹城乡综合配套改革示范区"为目标,按照"生态、休闲、智慧、幸福"理念,以国民经济和社会发展规划为总纲,加强城乡规划和土地利用总体规划的衔接,优化城市空间功能布局,促进增城区经济、社会、环境的协调发展。通过完成"一张图"、一个空间平台、一个更新机制,实现"一级政府、一本规划、一张蓝图",最终实现城市的发展目标,保障社会、经济、生态协调发展。

《广州市城市副中心(增城)核心区挂绿新城控制性详细规划》提出建设最具代表性的"水城、花城、绿城"和传统岭南特色生态田园之城的广州城市副中心,并确定"一年开好局、两年打基础、三年见大效、四年大发展"的管理目标,未来荔湖新城将重点打造增城副中心最为重要的服务极核,以生产服务为主导,以生活服务为配套,成为推动城市转型发展的动力"引擎"。一是借助生态优势、交通优势和公建配套优势,建设生态水城,以国际视野规划建设荔湖,形成具有湿地保护、备用水源、防洪防旱、农林灌溉、调节气候等综合功能的生态湖区;二是建设150公里的水上绿道,推进荔湖、西福河、增江、东江的水系联运,形成"一湖一河两江多岸线"城市风景线;三是实施花园工程,依托荔湖优美生态环境,高水平规划建设有规模、有水平、有特色的岭南园林。

2019年底,国家发展改革委员会等18个部门联合印发《国家城乡融合发展试验区改革方案》,明确设立11个国家城乡融合发展试验区。包括增城区在内的广清接合片区被确定为国家城乡融合发展试验区,试验重点包括:建立城乡有序流动的人口迁徙制度,建立进城落户农民依法自愿有偿转让退出农村权益制度,建立农村集体经营性建设用地入市制度,完善农村产权抵押担保权能,建立科技成果入乡转化机制，搭建城中村改造合作平台，搭建城乡产业协同发展平台，建立生态产品价值实现机制，建立城乡基础设施一体化发展体制机制，建立城乡基本公共服务均等化发展体制机制，健全农民持续增收体制机制。希望通过充分释放试验区的引领示范带动效应，形成一批可复制可推广的典型经验和体制机制改革措施。这是建立城乡融合发展新机制的重要举措，作为国家城乡融合发展试验区，广清接合片区以城乡统一的建设用地市场建设为抓手，全面推动城乡要素市场一体化，促进城乡要素双向自由流动、平等交换和均衡配置。这也为增城的城乡融合发展带来了新的机遇和挑战。

为此，增城区政府指出要建立健全人才下乡机制、城乡三次产业融合发展机制、城乡一体的资源要素流动机制，以产业发展增强综合实力、引导人口集聚，下好破解城乡二元结构"先手棋"。以城乡融合发展，推动国家城乡融合发展试验区建设。与此同时，大力推进经济高质量发展之路，探索产城融合模式，紧抓"双区驱动"机遇，积极推动国家城乡融合发展试验区建设，大力发展富民兴村产业，深入开展美丽家园、美丽田园、美丽园区、美丽河湖、美丽廊道行动，提升农村产业发展和人居环境水平。

2020年，面对新冠肺炎疫情严重冲击，增城区始终坚持把人民生命安全和身体健康放在第一位，统筹疫情防控和经济社会发展。作为国家城乡融合发展试验区广清接合片区七个区（县）之一，增城制定通过了《国家城乡融合发展试验区广清接合片区（广州市增城区）实施方案》，积极探索国家城乡融合发展的增城样本。以推进城乡产业、要素、人口、设施四个方面的融合为方向，以破解城乡二元结构为目标，以政策制度创新为动力，以平台项目建设为支撑，加快形成城乡优势互补、协同发展新格局。

规划建设产业集聚融合区，积极搭建城乡产业协同发展平台。依托广州东部交通枢纽中心，打造集约高效的产城融合发展区。规划建设荔湖新城城乡融合示范片区，以水城、花城、绿城为特色，推进土地综合整治、农民集中居住、设施统筹建设、产业融合发展，打造现代生态新城，建设成为国家城乡融合示范片区。抓好"三引"创新驱动，推动经济高质量发展。

创建国家城乡融合发展试验区，增强农村内生发展动力。重点围绕建立城乡有序流动的人口迁徙制度、建立农村集体经营性建设用地入市制度、完善农村产权抵押担保权能、建立科技成果入乡转化机制、搭建城中村改造合作平台和搭建城乡产业协同发展平台等六项试验任务先行先试，推动制度创新、政策创新、实践创新，全力推进国家城乡融合发展试验区建设。

加快推进更新改造，城市品质不断改善。增城区大力推进村集体留用地集中开发利用，不断创新留用地兑现形式。此外，增城区加快推进更新改造，推动城市品质不断改善。以乡村振兴为抓手，推动城乡深度融合发展。持续推进"千村示范、万村整治"工程，打造生态宜居美丽乡村，进一步优化城乡人居环境、提升城市品质。

建设综合交通枢纽和高端商贸服务产业中心。依托增城火车站综合交通枢纽为核心，产城融合区，形成以总部基地、医疗康养、产品研发销售、技术创新为特色的生产性服务业和高新技术产业集聚带；依托增城西站和中新科技园，深度融入中新广州知识城和广州科教城片区发展，重点打造科研教育和科技创新产业，促进产教融合和科技成果转化。

增城区以"突出四个融合推动城乡一体"为主要内容：一是以功能区规划为引领推动城乡空间融合，实现新型工业化、城镇化和农业现代化协同发展；二是以平台建设为动力推进城乡产业融合，增强以城带乡、以工促农的支撑能力；三是以农村综合改革为突破口促进城乡要素融合，激活农业农村现代化发展活力；四是以制度并轨为切入点促进城乡社会融合，强化制度保障城乡共建共治共享。

第二节　城乡统筹地区拆迁安置研究

20世纪90年代以来，我国的城市化发展和城镇化建设明显加速。1996年以后，我国城市化以每年1.3%的速度增长，并保持了长期的高速增长。1996年，我国的城市化率为29.4%，2009年我国的城市化率为46.6%，2019年中国人口城镇化率已经超过60%。大力推行新型城镇化建设，加速城乡一体化建设，从而呈现出越来越多的农村地区融入了城市体系的社会经济格局。大量农民的土地（包括农耕地、住所地、水林地等）被政府征用拆迁，大量农民成为城镇人口，他们的居住形态从以分散、低层、独居为主变为以集约型、多层及高层为主的城市社区。这种由政府主导建设开发的新型社区称之为拆迁安置社区。拆迁安置社区的特点可以概括为，政府在城市化发展和城乡一体化建设过程中，根据城镇基础设施改造和经济建设需要，通过征地拆迁和规划建设来安置被征地拆迁居民而形成的社区类型。广州市增城区荔湖安置新社区就是这种社区类型。

一、理论研究现状

　　拆迁安置新社区不同于城市社区和农村社区，社区之间存在相对大的差异，加上缺乏成熟而系统的治理理论和治理实践经验的指导，拆迁安置新社区在治理过程中出现很多的问题与困难。拆迁安置社区的建设治理的理论研究在我国学界是一个前所未见的新兴的课题。随着理论探索和实践发展的不断推进，这已经成为我国学界、政界和业界普遍关注的热点问题。近20年来，各地在乡村治理改造，拆迁安置过程中，不断探索、尝试、讨论，积累了宝贵的经验。从整体拆迁、异地安置，到整体拆迁、就近安置的比较讨论，以及城中村整体拆建、局部拆建或综合整治的改造更新模式比较分析，政府管理者、城乡规划学者进行了研究。

　　有关"村改居""拆迁安置型"社区的拆迁、安置、治理问题和对策的研究，体现出对其"过渡性"特征的关注，针对农村社区在城市化转变过程中，其内生的传统性特质与现代城市化建设导向之间存在的潜在矛盾、困难与挑战提出针对性措施；也有学者注意到政府、村民与企业等多方利益主体参与协商机制在利益博弈过程中顺利推进项目建设的重要性；项目建设投融资模式的选择，政府与市场作用如何有效发挥，往往贯穿于如何有效解决拆迁困难，妥善选择安置选址问题的讨论中。现有研究表明：安置房建设与城市商品房的开发建设条件不同，其管理模式、方式方法具有特殊性，政府职能部门合理定位，科学管理，对于项目建设的顺利开展起到关键作用。在对安置社区从前期拆迁，到项目建设及安置验收的管理过程中，政府部门发挥的统筹作用表现为搭建服务管理平台：一是建构村落物质空间改善和社会治理的平台；二是建立政府、村民与改造单位或参建主体等多方协调的平台；三是建立区域规划调控和操作实施的平台推进项目顺利进行，以此实现建设项目的统筹管理。

　　客观而论，由于拆迁、建设、安置工作的过程漫长、问题复杂，管理者和学界对相关问题的探讨往往易于集中在某个环节或阶段，形成对某个具体工作问题的看法，而对全过程的审视，则因缺少跟踪观察和资料积累而较少涉及。在我国快速城镇化的进程中，所涉及问题多样、综合，在缺少比照经验或参照对象的情况下，及时围绕大型项目建设实践进行梳理总结，为各地各级政府决策提供策略支持和方法指导已然十分迫切。

二、实践探索现状

　　2006年，苏州市在拆迁安置社区建设管理的实践探索中就实施了"土地换保障,农保转城保,房屋拆迁补偿,宅基地置换城镇住房"等措施,积累并提出了关于拆迁安置社区建设管理的开发区模式、平江模式,园区模式等经验。如关于苏州相城经济开发区十年拆迁工作的研究认为,村民具有强烈的土地共有观念和政府认同感,不仅征地拆迁成本较低,而且群众满意度高。在保障农户的合法、合理、公平的土地权益的基础上,政府手中始终掌握当地土地开发权。苏州相城经济开发区的征地拆迁过程可以概括为五步曲:第一步,规划先行,预征预拆,以时间换空间;第二步,政策到位,广泛宣传,营造氛围,达成共识;第三步,市场评估,公平补偿,剥离具体利益关联,有效保护农户预期;第四步,多方协商,适度均衡,集思广益,寻求最大公约数;第五步,抽签洽谈,优选优得,刺激农户签约热情,提高征地拆迁工作效率。[7]

宜昌市猇亭区大力创新征地拆迁的工作思路和安置模式。在拆迁中大力推进民主决策、民主管理,充分保障农民利益,推进小区集中安置,加强安置新社区建设,统筹解决失地农民就业、生活、养老问题,使失地农民搬得出、住得好、生活幸福,实现了征地拆迁"零上访"、项目用地"零延误"、矛盾纠纷"零激化"、社会治安"零投诉"的"四零目标",连续五年保持了进京赴省"零非访"。首先,强化领导,健全机构。安置新社区管委会就各项工作和建设召开了几十次专题办公会议,提出了"创建新型城市社区、构建文明和谐、管理有序、服务完善、环境优美的社会共同体"的总目标,正式组建宜昌市猇亭区搬迁安置新社区管理委员会;其次,整合资源,联动共建。为适应新形势下的社区建设要求,充分整合社区资源,更好地为社区群众,特别是为搬迁安置居民搞好各类服务,明确了各级各部门社区建设的工作职责和目标任务,在社区共建中做到各司其职,各负其责,形成了党委政府领导、民政部门牵头、区直部门配合、街道社区主办、社会各方支持、群众广泛参与的整体推动合力,确保搬迁安置居民安居乐业,社会大稳定,经济大发展。最后,坚持从提高拆迁户的安置满意度入手,创新征地拆迁模式,切实把权力留给搬迁户;创新房屋拆迁安置模式,保障拆迁农民的住房需求;创新"12345"监督模式,确保搬迁户利益。[8]

此外,全国其他大中型城市在推进新型城镇化建设和城乡统筹建设的过程中,一方面借鉴国内已有的成功实践和先进经验;另一方面又结合本地实际努力探索,不断开拓。但从全国各地的实践整体情况来看,我们可以梳理出一些值得注意的普遍性问题,特别是强化和改进民主参与、权益表达、纠纷调解和危机应对的机制。[9]

一是改进民主参与机制，规范民主参与的方式和程序。征地拆迁安置社区一般是利益主体多元化的新型社区，客观上要求建立多元主体的民主参与机制，实现多元化协同治理的建设管理。多元化的利益主体通过合法的方式、民主的形式、制度化的渠道参与到征地拆迁和社区建设中。一方面要营造民主参与的文化氛围，提高参与治理的主动性和积极性，通过各种有效沟通和宣传教育手段，提高相关利益主体的主体意识、民主意识和社区认同感；另一方面，要构建起多元利益主体参与的机制和平台，建立和完善相关制度，如公共事务决策制度，政务公开制度、听证制度，使社区建设和管理规范化、公开化、透明化、充分尊重多元化利益主体的知情权和参与权，让多元化主体尤其是社区居民参与进来。

二是要建立权力制衡机制，防止权力滥用和不作为。多元化利益主体的参与社区建设和管理要以权力制衡机制作保证，既要规定民主参与的多元主体的各自权利和义务，又要规范民主参与进程和保障民主参与的结果。权力制衡机制的作用和意义主要针对权力滥用问题（如社区干部权力的监管问题）和权力不作为问题（防止因为不作为而损害社区居民利益、影响社区治理水平的问题）。对于其他社区建设管理主体如非营利组织、社区居民的自治组织，也应纳入权力制衡的机制，从而各司其职、各尽所能，使得社区建设和管理朝着更积极、更健康的方向发展。

三是要改进权益表达机制，有效促进权益的表达、协调和共享。利益诉求的合理表达是促进社会和谐的有效保障途径。首先，要构建社区居民利益诉求表达机制。搭建多元化的交流平台，优化社情民意表达的途径，实现民意表达的便捷、畅通和高效，使社区居民反映的问题能够在第一时间得到反馈或解决，增强居民的归宿感、认同感和责任感。其次，要构建社区居民利益协调机制，协调利益主体之间的利益冲突和利益差距，建立公平合理的利益补偿机制，并在不断尝试注重公开透明的程序规范。最后，要构建社区居民利益共享机制，大力并有效破除传统的城乡二元结构及其弊端，加强和利用公共基础设施建设和公共服务设施建设，促进征地拆迁安置社区在城乡一体化建设和新型城镇化建设中实现公共服务均等化。

四是要改进纠纷调解机制，多手段化解矛盾。征地拆迁安置社区的建设和管理，面临着更加多元的利益格局和更加复杂的矛盾纠纷，明显不同于以往纠纷调解的方式和范围。矛盾纠纷若是不能及时化解，就有演变成暴力冲突和群体事件的危险。首先要强化社区纠纷调解的制度化建设，及时排查和报告纠纷和矛盾，了解矛盾纠纷的成因、发展和性质，尽可能化解在萌芽状态。同时要重视构建多元化的矛盾纠纷的调节机制，特别是结合社区居民的风俗习惯，充分发挥宗族、邻里的作用，促进矛盾纠纷的调解处理做到公平公正、合情合理。

五是要改进危机应对机制，提高危机意识和应对能力。强化和改进征地拆迁安置社区的公共危机应对机制，是社会发展和时代变化提出的新的客观要求。提高危机应对能力，改进危机应对机制，尤其是改进应对自然灾害和突发性公共安全事件的机制，必须大力改进危机意识科普机制，普及危机应对知识，提高居民的防范意识和危机处理能力；必须建构危机预警机制，明确危机监控指标体系，制定危机防范的预案和应对措施；必须建立快捷高效的应急联动机制，在社区建立应急中心，充分发挥治安联防作用；必须改进危机后恢复和重建工作，完善应对危机的备用机制。

六是要构建治理评估机制，进一步完善社区建设和管理。建立科学的评估机制，对于总结建设和管理经验，提高建设和管理水平，意义重大。因此，要建立科学合理的建设管理评估计划和评价体系，要采用灵活多样的评估手段和评估方法，要建立和完善评价机制，真正做到以评促建、以评促改、评建结合，切实提高社区建设和管理水平。

第三节 项目背景与决策

增城地处穗莞深几何中心和"黄金走廊"，是连通广州、深圳与香港的陆路与航空必经地，又是广州"东拓"双轴的交汇点，地理区位和交通区位优势明显，是广东省区域协调一体化发展的重要节点。是广州城市功能外溢的重要载体，在建设生态环境优良、基础设施完善的新城方面发挥着重要的作用。荔湖新城作为增城重点打造的生态地标，通过生态新城的建设和探索加快产城互动和产城融合，以城带乡，实现区域内城乡融合和生态环境之间的统筹协调发展，是推动城市转型发展的重要"引擎"。荔湖新城的开发建设对于破解增城城市发展困境，改善城市规模、结构和布局，改变城市面貌，提升城市品位，优化人居环境，促进城市转型升级，带动城乡一体化发展具有重要的意义和作用。

一、广东省"扩容提质"战略

2012年，广东省第十一次党代会把扩容提质摆到战略地位，会议提出：一是加快扩容提质，重点是要加快产业、人口、城市"三个扩容"和产业、人口、城市、生活"四个提质"。扩容提质战略首先突出了城市化进程，通过引导要素集聚，提高土地利用和城市运行效率，进而辐射和带动所在周边地区的发展。二是突出人本、生态理念，强调促进人与城市经济、社会、自然等各系统和谐共生的绿色发展要求，努力建设以人为本的理想城市。三是突出规划、策划的引领作用，通过统筹谋划、综合衔接协调的作用，科学引领地区开发建设。

增城作为广州三大城市副中心之一，按照新型城市化发展要求，在"扩容提质"战略指导下，做好市功能的优化提升，积极承担疏解主城区人口和功能外溢、优化城市功能布局的战略使命，而作为副中心核心区重点建设地区的荔湖新城，需要重点做好以下内容：一是通过规划引领地区开发，打造好环境，把宝贵的土地资源留给真正的好项目；二是积极培育金融服务、电子商务、信息服务，加快服务业向多元化、现代化方向发展，把荔湖新城建设成为增城商业中心、旅游中心、会展中心和金融服务中心，凸显广州城市副中心的产业特色和优势；三是充分依托荔湖、增江等独特的江、湖等自然生态禀赋，做好"湖水环城"的规划，凸显荔湖新城生态休闲名城的个性魅力；四是主动参与广州的分工合作，承接广州城市功能的分解转移，推进荔湖新城交通、宜居、生态、休闲等基础和配套设施建设，在共享大广州基础设施的同时，实现与广州大都市的错位开发、功能互补；五是积极探索"政企分开、管养分离、政府主导、市场运作、企业管理"模式，全面提升"社会化""精细化""人性化""规范化""数字化"以及"城乡一体化"管理水平。

二、珠三角东岸地区产业发展的需求

珠三角东部地区的产业结构呈现以传统产业与高新技术产业并存的格局。根据《珠江三角洲城镇群协调发展规划（2004—2020）》提出的"一脊三带五轴"区域总体空间结构，莞深高速公路（北三环的组成部分）沿线及广深铁路沿线均属于"城镇—产业"轴，穗莞深城轨与广珠城轨共同构成珠三角发展的脊梁。荔湖新城所处的增城副中心核心区位于广深铁路传统产业发展轴及北三环发展轴的交界处，区域高新技术产业发展及传统产业升级的诉求将为其带来发展机遇。

新塘：广州东部交通枢纽、增城国家级经济技术开发区；

东莞：高埗、石碣镇是东莞重要的产业镇区，将进行产业升级；

惠州：博罗将大力发展石湾产业区，进行产业升级。

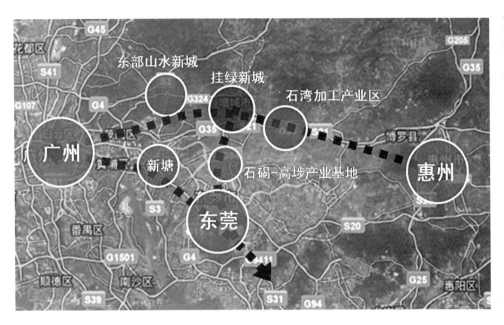

图1-2 荔湖新城周边主要功能区分布图

荔湖新城周边地区的产业发展迅猛，亟须服务中心作为支撑。因此，未来整个荔湖新城需要加强与市内的新塘、市外的东莞及惠州的联系，为周边产业园区的升级提供服务、居住等功能，助推周边地区的产业发展（图1-2）。

三、广州城市发展战略引导

广州第十次党代会提出"一个都会区、两个新城区、三个副中心"的战略部署（即"123"战略），其中明确指出外围城区要注重功能完善，突出拓展城市空间，提升发展能力，并按照"一年试点先行、三年全面铺开、五年初具规模"要求开展生态城市建设。增城作为广州城市副中心，不仅是广州城市功能外溢的重要载体，同时也是广州辐射带动东岸乃至粤东地区的主要门户，对于优化广州功能布局，提升城市整体形象起到重要作用。

在"123"战略指导下，广州市委市政府全力推进"3699"和"2+3+11"战略性发展平台建设，在广州东部地区强化黄埔中心区、广州东部山水新城、增城副中心、增城开发区、广州开发区五大功能区建设，并形成三条主要轴线；其中，城市创新产业发展轴和城市先进制造发展轴线两条轴线东西向经过增城副中心；同时，明确提出未来荔湖新城区域重点发展休闲文化产业（图1-3、图1-4）。

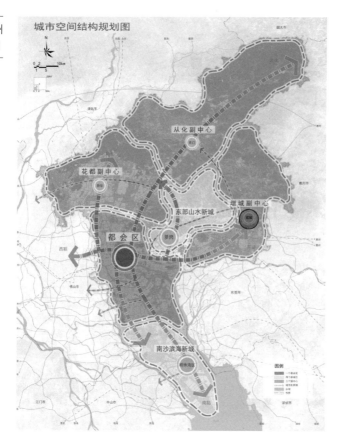

图1-3 广州123功能布局图

图1-4 广州东部产业格局分析图

四、增城内在发展要求

为深入落实增城副中心建设，增城区委、区政府提出建设最具代表性的"水城、花城、绿城"和传统岭南特色生态田园之城的广州城市副中心，并确定"一年开好局、两年打基础、三年见大效、四年大发展"的管理目标，并制订实施《关于推进新型城市化发展建设广州城市副中心的决定》及13个配套文件，明晰增城建设城市副中心的理念、目标、思路和具体举措；同时，积极响应"2+3+11"战略性发展平台建设，将荔湖新城列为增城新型城市化建设平台，并将荔湖列为广州市2012年亮点项目之一，也是增城打造广州城市副中心核心区的"1号"工程，重点打造成为代表广州参与国内外竞争的生态地标之一。

综合分析，荔湖新城未来将重点打造增城副中心最为重要的服务极核，以生产服务为主导，以生活服务为配套，成为推动城市转型发展的动力"引擎"。

增城地处珠三角穗莞深三市的交汇中心，处于粤港澳大湾区东岸的重要节点位置，在快速城镇化背景下，荔湖新城建设规划的提出，成为增城统筹城乡，突破瓶颈、困境，实现一体化发展的重要举措，更是促进粤港澳一体化发展，实现广州东进、增城南拓战略的具体实践。根据《增城区城市总体规划（2010—2020）》，增城区的城市总体发展目标是建设成为广州东部城市副中心，全市形成"一核三区"的规划目标。

增城区荔湖水利综合整治工程核心区65平方公里范围区内现状属于原生态自然村，村镇相对分散，建设相对落后，区内缺乏配套服务设施，宜居性较差，不利于区域整体建设，影响土地按《广州市城市副中心（增城）核心区挂绿新城控制性详细规划》规整使用，不利于市区基础设施建设、土地集约高效利用和项目选址落户。2013年8月15日召开的增城区人民政府常务会议纪要精神（第14届36次〔2013〕12号）明确提出：建设规划合理、配套完善、交通方便、环境优美的村庄安置新社区有利于维护社会稳定，推动增城区荔湖水利工程项目建设；2014年1月13日召开的增城区人民政府常务会议纪要精神（第14届45次〔2014〕1号）指出荔湖水利工程安置新社区规划建设是增城区2014年的重大民生工程，原则同意《挂绿湖水利工程安置新社区规划建设工作方案》和《增城区挂绿湖水利工程核心区安置新社区建设实施方案》。为统一规划建设增城区荔湖水利工程核心区，规整使用土地，促进土地集约节约利用和产业集聚发展，提升被征地拆迁村民居住水平，走新型城市化道路，实现城乡统筹，根据《广东省增城区土地利用总体规划（2010—2020）修改方案（增城挂绿湖水利综合整治工程安置区、留用地项目）》和《广州市副中心（增城）核心区挂绿新城控制性详细规划（优化提升）》，规划建设拆迁安置新社区，对荔湖水利综合整治工程核心区范围内原有村庄进行统一搬迁、集中安置。

结合城乡统筹示范区试点建设，增城区对荔湖水利工程核心区重点区域（33平方公里）的土地进行集约利用。该城乡统筹工作主要对重点区域内涉及荔湖街、石滩镇两个镇（街）共9个行政村实施全征、全拆、全安置，包括荔湖街的罗岗、明星、五一、光明、太平、西瓜岭村，以及石滩镇的增塘、谢屋、麻车村等行政村，共102个合作社。安置新社区建设工程是增城区重大民生工程，关系到安置户数约6000多户、总人口2万多人的被征地拆迁村民的安居乐业，关系到政府承诺的兑现及政府诚信的高低，关系到增城社会发展的长治久安，是保护被拆迁村民最大利益的工作，具有重大的政治、经济、文化意义。

广州市增城区委、区政府及主要领导高度重视安置新社区建设工作，专门研究成立了工作领导小组，以区长为总指挥，副区长为副总指挥，各职能部门、镇（街）为责任单位，并指定局长、镇（街）书记为第一责任人，全面负责安置新社区规划建设的决策部署和统筹协调工作，领导小组下设广州市增城区挂绿湖安置新社区规划建设办公室（以下简称"增城荔湖安置办"），经增城区委组织部多次抽调和充实人员，最终确立由区住建局、区国土规划局、区交通运输局、区机关事务管理局及荔城街、石滩镇抽调的业务分管负责人组成领导班子，由领导小组成员单位抽调全职脱产业务骨干、从社会聘请专业技术人员为成员的组织架构，作为统筹建设单位，负责项目的全过程建设管理工作，指导、管理和协调各有关参建单位。办公室内设综合管理部、技术管理部、工程管理部、质安验评部、财务审价部5个部门，根据项目实际下设15个项目管理组。安置新社区及市政配套工程由主任为项目总负责人，6个副主任为各有关项目的项目负责人，以15个项目管理组为主线开展全过程工作，形成"项目负责人—安置办管理部门—项目管理组"三级管理机制，建立了多级管理体系的组织架构，推动各项工作层层审核、严格把控、有序开展，印发工作方案和责任分工方案，明确责任分工，各司其职，齐抓共管，全力开展安置新社区建设工作。

项目决策伊始，增城荔湖安置办在增城区委、区政府的领导下，认真谋划，精心组织，科学作好前期项目策划，确定选址、需求、户型标准、规划条件、建设模式等，为下一步规划设计和建设实施夯实工作基础。

（一）合理选址回迁安置点，减少用地报批阻力

在充分尊重村民安置意愿，用地符合城市规划和土地政策的前提下，以区位

优势突出、配套完善、交通条件好、周边生态环境优美为原则，合理选址了回迁安置点并及时统一对外公示，既可引导村民回迁后更好地融入新型城市化生活，又为顺利开展征地拆迁工作及办理安置地报批手续减少阻力。

（二）确定安置需求，统一户型标准

根据项目土地征收和拆迁安置管理办法，村民回迁安置房可选择1套建筑面积为218平方米的低层户型，每套占地面积约80平方米；可选择建筑面积为280平方米的高层户型，分别为70平方米（二房二厅一卫两阳台）户型、90平方米（三房二厅一卫两阳台）户型、120平方米（三房二厅二卫两阳台）户型共三种的任意组合搭配。

1. 统计安置需求

由所属镇（街）根据征地协议的现状公建配套情况及拆迁安置协议的户型选择情况，统计出11个安置新社区的安置房户型和套数需求、公建配套需求后，提交增城荔湖安置办进行规划、设计和建设。

2. 明确配套需求

荔湖安置新社区沿用乡村管理及新型社区管理相结合的管理模式，设立村民委员会办公楼（含党建服务中心、合作社办公等），设立社区活动中心代替原有祠堂的喜宴、集聚会等功能，同时根据当地生活习惯，高层住宅设置首层架空层，可作为集聚会、摆喜宴的功能补充场地。另外，根据新型社区的管理要求及标准，配建相关的运动及休闲、商业设施。

3. 统一户型标准

上述四种安置户型均是按照国家、广州市现行房产测量规范进行规划设计和计算建筑面积，符合房管部门办理房产证的测量登记建筑面积（含公共分摊面积）规定，车库、公共花园面积等公共配套设施的建设均严格按照国家相关规定执行，确保回迁安置房建设标准一致。

（三）编制模拟修规，倒推用地需求及规划设计条件

聘请设计单位根据已确定的分户和户型选择情况，编制11个安置新社区的模拟修规总平面方案、建筑设计方案及效果图，提供给各村拆迁工作组入户宣传，增强村民对回迁安置房的信心，同时也为下一步招投标工作所需确定的用地面积、建筑面积、规划设计条件、设计任务书、户型标准、建设和装修标准、投资造价估算等提供技术依据。

（四）逐步完善周边市政配套，改善人居生活环境

荔湖安置新社区周边市政配套工程也是安置新社区建设任务的重要组成部

分，在安置新社区项目建设步入正轨后及时实施建设，确保周边市政配套工程与安置新社区同步规划、同步建设、同步落成使用，沿路给水、排水、污水、强电、弱电、燃气等市政管线与道路同步规划及实施建设，满足安置新社区建成后的交通出行、生活需求，促进和完善荔湖新城骨架路网，提升新城市大交通环境。

（五）确定建设模式，多种途径，多方参与，共建共管

通过多次分析、论证，荔湖安置新社区项目、周边市政配套工程项目采取政府投（融）资+传统招投标模式、政府投（融）资+EPC（设计施工总承包）招投标模式、"项目法人+勘察设计"招投标引入社会投资模式等三种实施模式进行招投标。

鉴于项目推进实际，1个安置新社区项目采取政府投（融）资+传统招投标模式建设，4个安置新社区项目和2个市政配套工程项目采取政府投（融）资+EPC（设计施工总承包）招投标模式，6个安置新社区项目采取"项目法人+勘察设计"招投标模式建设。政府投资建设项目及社会投资建设项目比例各约占一半。其中6个安置新社区项目的"项目法人+勘察设计"模式因受现行国土政策和融资政策的制约，经区政府研究后，在"项目法人+勘察设计"模式基础上进一步进行优化和完善，以PPP模式（政府和社会资本合作模式）继续推进本项目的规划建设。

为加强项目建设管理，增城荔湖安置办建立专业质量安全监督机构，负责对项目的施工方案、进度、质量、安全、文明施工等工作进行全过程监督管理，对工程质量和安全实行常态化的监督管理，强化施工现场管理，确保安全生产及施工质量合格；引入专家顾问团队，聘请资质水平高、经验丰富的设计专家和造价咨询机构作为安置新社区的专家顾问团队，为各项目的方案设计、初步设计、施工图设计、设计变更管理等设计工作，以及造价控制、进度款支付审核管理、合同变更管理等投资控制工作提供技术咨询辅助服务，通过由专家顾问团队审核图纸、造价材料提出审查意见，联合召开技术内审会等多种形式，科学严谨地解决设计、造价控制的技术问题；组建村社监督小组，在荔城街、石滩镇的指导下，各村已陆续组建村社质量监督小组，由属地村社选派村社干部（含村委、合作社、监委会干部）、村民代表或由其聘请的社会咨询机构为小组成员，全程参与安置新社区的设计管理、施工质量、竣工验收的监督工作，根据各村村民的安置意愿和实际需求，随时书面反馈设计方案、建设标准、装修标准、施工质量及使用需求等方面问题，提高安置村民参与力，为建成后安置房的分配工作建立群众基础。

新城发展建设是一个长期的过程，回顾我国城市新城建设的发展历程，尽管离综合功能完善、资源节约及环境友好、以人为本的可持续发展新城建设目标仍存在一定差距，但是荔湖新城的建设管理探索取得一定的成效，也积累了一些反思，很值得关注。并且随着荔湖安置新社区的建设完成，这些经验已经逐步发展成熟，可供参考借鉴。

[注释]

① 张海鹏. 中国城乡关系演变70年：从分割到融合[J]. 中国农村经济，2019（03）：2-18.

② 参见《乡村振兴战略规划（2018—2022年）》(中共中央国务院印发)，http://www.xinhuanet.com/politics/2018-09/26/c_1123487123.htm.

③ 金三林，曹丹丘，林晓莉. 从城乡二元到城乡融合——新中国成立70年来城乡关系的演进及启示[J]. 经济纵横，2019（08）：13-19.

④ 李爱民. 我国城乡融合发展的进程、问题与路径[J]. 宏观经济管理，2019（02）：35-42.

⑤ 黄渊基，蔡保忠，郑毅. 新时代城乡融合发展：现状、问题与对策[J]. 城市发展研究，2019，26（06）：22-27.

⑥ 杨萍，尚正永. 国内外城乡融合发展的文献综述与展望[J]. 池州学院学报，2020，34（05）：22-27.

⑦ 王向阳. 和谐拆迁：苏州经验与启示——基于苏州相城经济开发区拆迁实践的调研[J]. 安徽行政学院学报，2018（03）：100-106.

⑧ 黄克. 创新思路才能破解征地拆迁难题[J]. 学习月刊，2009（18）：71-72.

⑨ 郝彦辉. 社区管理权力制约与居民社区参与[D]. 长春：吉林大学，2006.

第二章
项目规划建设发展

荔湖新城是增城区开发建设的新一代生态新城，是由增城区委、区政府自上而下推动的、运作较为成功的一个范例。荔湖新城的建设发展经历了三个主要的阶段，以荔湖水利工程建设为契机，逐步提出统筹城乡一体化建设发展，并且快速发展进行新城扩容提质建设。当前，增城处于重大战略叠加的重要时期，生态新城建设是加快产城互动、产城融合的重要载体。同时，新城作为城市的外延空间，也是以城带乡、城乡一体化发展的重要平台。快速的城镇化发展对统筹区域协调发展、扩大内需、促进产业升级和提升我国整体经济水平起到了强有力的支撑作用。因此，要立足乡村振兴战略、立足绿色发展观、推进生态文明建设，充分发挥新城对城乡发展与生态环境之间的协调作用，为粤港澳大湾区地区城乡一体化发展、打造世界先进产业集群等方面作好重要示范。项目建设过程中对建设管理模式的探索与总结，为其他地区的同类项目建设总结了先进经验，从项目规划发展的思路到对项目建设实施模式的探索和优化，都值得同类项目参考借鉴。

第一节 荔湖新城建设发展

荔湖新城位于增城区中部，同时位于增城"一核三区"的城市核心区，是增城区区政府所在地。新城北至增城大道，南至广惠高速公路，西到北环快速路，东邻增江。荔湖新城下辖荔城街、朱村街、石滩镇、增江街4个镇街的部分用地，包括20个村94个合作社、自然村，总面积为65平方公里，其中建设用地面积为24平方公里，生态用地面积为41平方公里。荔湖新城常住人口为4.85万人，其中户籍人口3.25万人（2012年数据，主要为农村人口），流动人口1.60万人。

荔湖新城自然景观条件佳，生态基础较好，气候温暖湿润，雨量充沛，"山、水、田"特征明显，东邻增江，西靠西福河，内部有蚬壳岭、金鸡岭等主要山体，包含荔湖、增塘水库、塘头水库、大泉井山塘、掘坑㘭山塘等湖泊水域，面积约663.96公顷，占新城总面积的10.21%；新城内分布大量的低丘山林，农林用地面积4518.25公顷，占规划区面积的69.46%。

荔湖新城以整治荔湖洪涝灾害为初衷启动开发建设。作为增城的重点工程项目，本着生态、绿色和可持续发展的理念，荔湖新城坚持规划统领建设，其发展速度较快于一般新城的建设。总体上看，荔湖新城的发展历程可以大致分为三个阶段。第一阶段为2008~2012年，荔湖区域洪涝灾害频发，当地政府着手进行整治荔湖工程，并以此为契机开始统筹规划建设荔湖新城。第二阶段为2013~2014年，为建立现代生态新城和统筹城乡建设，当地政府先后组织了荔湖新城城市设计和控制性详细规划编制，并在充分尊重村民利益的基础上，以较快的速度完成规划区域的土地征拆迁安置工作，推动荔湖新城开发建设快速发展。第三阶段为2015年至今，为调和开发建设过程中遇到的内外部矛盾和问题，荔湖新城调整修改其控规，并加快建设公共服务设施，以此提升优化新城建设，增强荔湖新城的吸引力（图2-1、图2-2）。

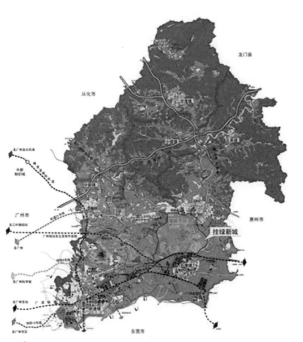

图2-1　荔湖新城在增城区的位置示意图

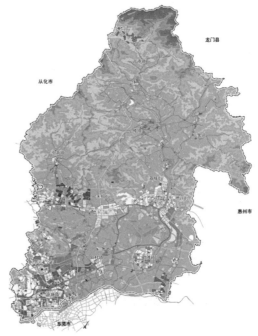

图2-2　荔湖新城在增城中心城区位置示意图

一、水利工程建设阶段（2008～2012年）

增城饮用水源主要是增江河，但增江河源头不在增城。此外，国内外曾多次出现上游污染下游出问题的现象，因此，增城要有应急储备水源。荔湖的重要组成部分——增塘水库，被广州市政府确定为广州应急备用水源，但由于其集雨范围区内存在农业面源污染、养殖业污染、丰产林种植造成水土流失、生活污染、农家乐餐馆污染、工商企业污染等多种污染源，导致水质为Ⅳ类水，远远达不到饮用水源的标准，系统整治势在必行。在组织专家充分论证，并广泛听取各方意见后认为，荔湖作为增城水利民生综合工程可以列为省市确定的重点建设项目。荔湖打通增城水网的经脉，联通了增江、东江、西福河。8平方公里的库容不仅能够调节水量，一旦增江上游地区出现水污染事件，可紧急启用荔湖备用水源，为城区市民提供3个月的干净应急水源。由于荔湖区域地势较低，且属于亚热带季风气候，降雨量集中且充沛，导致该地易发洪涝灾害。

2008年6月，增城区政府明确表示将荔湖的规划和设计作为2008年城乡规划重点任务之一，地方政府开始着手规划设计荔湖，荔湖规划和设计开始进入公众视野。2008年12月，增城区人民政府荔城街道办事处就增城市荔湖堤岸整治向社会公开招标，标志着荔湖进入实施阶段。2011年底，增城区迎来新一届政府领导层，为荔湖的发展带来全新思维。2012年2月，荔湖一期开园暨二期开工。2012年底，增城区开始谋划以建设荔湖水利工程为撬动点，启动荔湖新城的开发建设，统筹开发建设荔湖核心区——即荔湖新城。

二、城乡统筹发展阶段（2013～2014年）

2013年启动荔湖65平方公里的全征地、全拆迁、全复建回迁安置区的重要举措，制定征地拆迁安置补偿方案，确定重点区域征地拆迁范围及一般区域租地、自行旧村改造范围，增城区委、区政府充实荔湖水利工程核心区建设组织机构，集中全区力量，实行区领导挂村、区职能部门包社、干部责任到人，共同开展征地拆迁工作。同时，确定实施11个安置新社区建设，确定成立区安置办，抽调全区城建线业务骨干参与荔湖安置新社区建设工作。2013年1月，增城区组织并完成荔湖新城中轴线城市设计规划和荔湖新城四大公建项目的建筑单体国际竞赛。2013年3月，增城区启动荔湖新城第一版控制性详细规划编制工作，并将前期荔湖新城城市设计竞赛优秀成果及其设计理念与控规编制融合。2013年4月，增城区完成荔湖水利工程核心区村庄拆迁安置规划；2013年5月，增城区启动对荔湖新城65平方公里当中的33平方公里重点区域实行统一征地、拆迁、复建安置的土地集约利用工作。2013年6月，荔湖新城第一版控制性详细规划审批完成，提出建设以"生态、休闲、智慧、幸福"和产城融合为发展理念，以荔湖生态地标为核心，建设集公共服务、生态经济、总部商务、文化休闲、品质居住于一体，以水城、花城、绿城为特色的现代生态新城，引领城市扩容提质的发展目标。随后，荔湖成为广州市重点建设项目，是结合城乡统筹示范区试点建设的民生工程。2013年10月，广州市规划局公布了规划会审议通过的《广州市增城副中心规划》，依据规划增城将在荔湖新城建设万达商业综合体、增城大球场、中央广场、行政办公中心、文化会议中心、岭南精品酒店、增城广场、中央水系、公共设施、增城少年宫、增城大剧院、市民广场等一大批公共建筑群，标志着荔湖新城完整的面貌正式确定并向世人展示。2013年底，荔湖新城已基本完成土地征收和房屋拆迁工作。

  2014年，荔湖安置新社区确定工作方案和规划设计模拟方案，11个安置新社区启动立项、招投标工作，并于第2~3季度完成招投标工作；受土地政策影响，其中6个项目办理了红线调整手续；罗岗村（一区）、明星村（三期）开始进场动工建设、挖基坑、打桩。2014年1月，荔湖安置新社区启动建设，以建设现代化中等规模生态之城为目标定位，集中建设11个安置新社区。同时增城区政府同步启动公共服务设施建设，如综合医院、少年宫、学校等，完善了荔湖新城的公共服务功能（图2-3）。

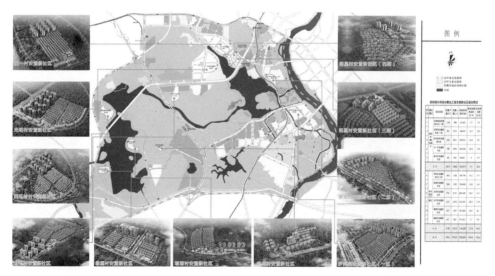

图2-3 增城区荔湖安置新社区选址红线及规划方案示意图

三、新城扩容提质阶段(2015年~至今)

在此阶段,增城区委、区政府结合荔湖新城在开发建设过程中遇到的上层次规划变化、交通基础设施等重大项目调整以及荔湖新城面临重大外部条件的变化,对荔湖新城控制性详细规划进行优化提升。2015年,基于全域的土地资源整理,增城通过编制《增城市"三规合一"规划》《广东省增城市功能片区土地利用总体规划(2012—2020)》将建设用地指标集中于荔湖周边区域,以此推进荔湖项目的实施,因此,荔湖新城控规需要与土地利用总体规划、城市规划等文件相协调,落实"多规融合"的发展思路。同时,本着尊重生态环境的理念,增城审议通过《广州城市副中心(增城)增塘水库和西福河补水工程设计调整方案》,减少荔湖水域面积,对水面进行优化调整;此外,增城对包括广惠高速公路新城大道增设出入口、北三环高速公路二期工程荔湖路段隧道改为桥梁等在内的一系列道路工程设施的调整优化要求对荔湖新城第一版控规进行修改提升。与此同时,增城对荔湖新城中轴线地区进行了多轮规划调整;为更好地协调农民利益,确立11个安置新社区建设要紧紧围绕着建设现代化中等规模生态之城的目标定位,坚持标准要高、质量要好、环境要美,努力把安置新社区建设成为增城区社会主义新农村建设和城乡融合发展的典范;经组织专家评审会研究论证,明确安置新社区的总体规划方案、建筑造型、规划建设标准、装修标准及配套要求等,并着手办理施工前期的有关建设许可行政审批手续。

2016年,经增城区委、区政府同意,增城区委组织部重新抽调和充实建设骨干,新的增城荔湖安置办正式成立,统筹推进安置新社区规划建设工作进入新阶段;随后,增城荔湖安置办制定各项管理规章制度和各项指引性文件,建设管理工作进入规范化、制度化;同时,各征地拆迁村成立质量监督小组,参与安置区的设计、建设、质量监管过程。11个安置新社区在陆续交地后进入全面动工建设阶段(光明村局部动工);2个市政配套工程开始定工作方案、定规划设计方案,于2016年5月启动立项、招投标工作,并于同年第2~3季度完成招投标工作。2016年5月,增城荔湖安置办启动安置新社区周边市政配套工程建设,构建快线与慢线有序搭配、干路与支路高度融连、多层次的交通体系,进一步推动交通基础设施建设。随着荔湖新城交通等基础设施建设逐渐完善,荔湖新城以生态绿色为发展理念,利用区位优势,规划建设以"绿色、低碳、总部"为主题的产业园区,吸引了一批绿色低碳、智慧产业、科技金融、创新服务关联产业的总部企业进驻,促进创新人才等资源汇聚,打造"岭南双创一流硅谷",荔湖新城整体建设水平有了质的飞跃。2017年，荔湖11个安置新社区建筑主体陆续结构封顶、主体砌筑封顶；部分安置区已完成样板房并组织村民参观定板；广州市政配套工程在增城荔湖安置办与属地镇街共同努力下，陆续交地进场施工。2018年，除光明外的10个安置新社区均已主体砌筑封顶，增城区委、区政府正式启动安置新社区的回迁安置工作，以罗岗村安置新社区（一区）作为试点，开展安置房分配、网签、确权办证工作。2019年3月，荔湖水利工程核心区安置新社区迎来了第一批的回迁村民。同年3月31日至12月31日，明星村（三期）、五一村、麻车村、西瓜岭村、罗岗村（二区）、明星村（四期）、太平村、增塘村、谢屋村等9个安置新社区陆续完成摇珠分房、确权、网签等工作。同年年底，周边市政配套工程（除未交地项目外）也已基本完工并已通车、运行，满足使用要求，共20条、总长约20.1公里的市政道路已全线通车和运行使用。2020年8月，针对区域发展格局的变化、为应对融入粤港澳大湾区发展、对接广州市区新格局、促进增城区全面发展的新目标、提出《荔湖新城城市设计方案》，从而提升城市整体空间品质，适应发展需求。截至2020年底，荔湖11个安置新社区已全部完成分房回迁，6000多户、25000多名村民已通过摇珠分配到安置房，妥善解决了荔湖街、石滩镇2个镇街、9个行政村（102个合作社）被拆迁村民的安置问题，大大增强增城市民、被拆迁村民的信心，有力维护了增城稳定大局；安置区内配建的社区服务中心、村民委员会、幼儿园、卫生站、肉菜市场、商业等公共配套设施也已经陆续投入使用，确保回迁居民生活舒适而便利。安置区已经具备城市水平的基础设施和配套条件，满足居民衣食住行需求，符合广大村民的利益和意愿，切实解决被拆迁群众最关心最直接的问题，回迁村民已成为荔湖新城首批新社区居民，共享城乡统筹发展的成果。

第二节　城乡统筹发展思路

增城区荔湖新城多层次、多方面、多主体地探索城乡统筹发展的新模式，以绿色生态发展理念为原则，坚守保护生态用地底线；以统筹规划为先导，通过"三规合一"优化城乡空间规划布局，协调统一生态景观风貌格局；以发展高端服务业为载体，以安置农民、基础配套、政府减负为手段，重新梳理规划、开发建设存量用地，推动新旧城联动，集中布局建设集行政文化、公共服务、总部商务、宜居生态于一体，以水城、花城、绿城为特色的现代化生态新城，节约集约土地利用的城乡统筹发展示范区，提升城乡人居环境，全面实现城乡一体化。

一、统筹城乡一体化发展

荔湖新城总体规划65平方公里，结合城乡统筹示范区试点建设，2013年4月1日，增城区启动对荔湖水利工程核心区重点区域（33平方公里）的土地进行集约利用。2013年5月23日，根据增城区荔湖水利工程核心区征地拆迁安置工作会议精神，按照增城区的发展规划、城市规划、土地利用总体规划，在牢牢坚持65平方公里核心控制区这个总体战略不变的前提下，按轻重缓急和时间节点，进一步明晰战术方法，确定33平方公里重点区域和32平方公里非重点区域，保证人财物集中投入，尽快取得成效。重点区域作为生态用地，涉及饮用水的储备，实行全征、全拆、全复建；一般区域，涉及水源涵养的山头、林地等先租后征，并由镇街主导，村民同意，社会力量参与逐步进行整村或部分的"三旧"改造。33平方公里重点区域城乡统筹工作主要涉及对荔城街、石滩镇两个镇（街）共9个行政村（共102个合作社）实施全征、全拆、全安置，将原来产值低效的农用地、易受洪水侵害的低洼地进行整体征收，将原分散布局、配套不均衡、基础设施薄弱的旧村庄进行整体拆迁、整体规划、整体建设成新城市中心的11个居住新社区，回迁安置约6000户、2.5万名村民，拟征收土地面积约33平方公里。

根据与动迁村民签订的拆迁安置补偿协议，征拆完成后需为村民建设11个总占地面积约2108亩的回迁安置新社区（其中罗岗村、明星村各分2个安置新社区），对比旧村庄居住用地面积，通过城乡统筹、迁村并点、集中安置可腾出原旧村建设用地规模约2000亩，充分体现了节约集约土地的精神，而且腾出的用地根据城市规划可用于商业、居住区建设以及生态环境和城市功能配套建设，保证区域内各类土地面积平衡，优化土地利用结构，提高土地开发利用率（图2-4）。

荔湖新城城乡统筹示范区是增城区走新型城市化道路的重要实践，是主体规划功能区，该规划功能区的建设需要通过创新城乡统筹的手段来实现。为实现城乡统筹规划建设，增城区对33平方公里的建设用地、基本农田和一般农用地进行重新布局调整、优化，并确保已征收用地大多数用于生态涵养和保护用途，没有改变地类进行大规模开发建设，实现城市规划、生态保护、产业升级和经济效益多方面平衡和综合效益最大化，力争创建当前集约节约用地、保护耕地政策下的新城区城乡融合发展的典范。在规划用地安排上，荔湖新城65平方公里，其中60%的土地（约40平方公里）用作生态涵养，不改变土地的用途和性质；其他40%的土地（约25平方公里）用来开发建设，主要建设公共服务配套设施以及发展生态产业。

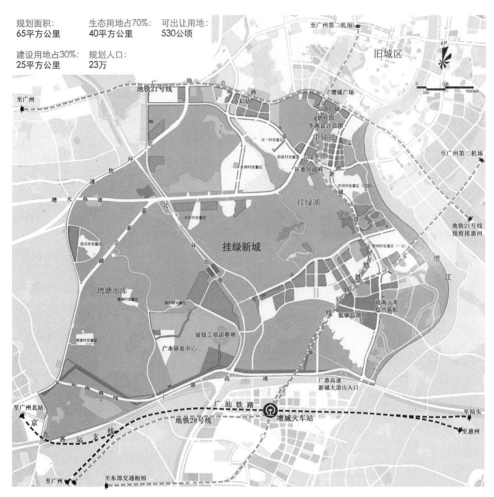

图2-4 广州市增城区荔湖新城规划图

二、展开和谐征拆工作

增城区委、区政府充实荔湖水利工程核心区建设组织机构，集中全区力量，实行区领导挂村、区职能部门包社、干部责任到人的包村包社责任制，共同开展征地拆迁工作。工作自开展以来，由增城区领导实施联系挂点，属地镇街抽调六成以上干部与区各部门派驻人员共同组成包村包社工作组，组织1000多人的驻村工作组分赴各村开展征拆工作，把各村社的征拆任务和责任落实到个人，每一户拆迁对象都有对应的工作组干部，集中全区大部分力量沉在基层一线，不分节假日、不分白天黑夜、不分晴雨天气，逐家逐户做好村民思想工作。经过全天候的正面宣传，及时做好释疑解惑和教育引导，各方面工作取得广大市民群众和被征地拆迁村民的支持和理解，实现和谐拆迁，保障了荔湖征地拆迁工作顺利推进。

至2013年12月底，总体完成土地预征收和房屋拆迁工作，预征收重点区域的土地面积约39010.85亩，其中已征收旧村庄居住用地约3884.57亩，拆除房屋11611栋。为保障农民利益，所有的预征地仅是与村民签订预征地协议以及向农民支付预订资金，再进一步依程序逐步上报审批再办理正式征地手续，土地合法后再依法逐步出让、建设。在土地未正式批复之前，绝不改变原有用途。预征地和拆迁工作是城市发展的准备，推动城市的新型城镇化向新一轮发展，同时也为新城区发展平台提供基础。

三、保障村民经济收益

（一）落实征地拆迁补偿款，保障农民利益不受损

荔湖征地综合包干价格高于国家、广东省、广州市规定的征地补偿标准，征地补偿款先拨付到村委账户，在由村委负责统筹分配到社到户；房屋的货币补偿金额按照房屋重置成本法进行综合评估并由被拆迁村民签名核定后进行补偿，且有专人跟进确保房屋拆迁补偿费全部补偿到户，以保障村民利益；同时，为从根本上保障村民的基本生活，增城区将村民分为三类并为其购买养老保险，还想方设法优先为村民提供就业服务和保障，免除村民后顾之忧。

（二）人性化给予过渡期临迁补助，保障村民基本居住和生活需求

参照广州中心城区最高的临迁补贴标准，村民在搬迁过渡期限内（自腾空房屋并交付拆迁之日起，至建成安置新社区交付安置房屋之日止），对每人每月都发放一定额度的临迁补贴。对在规定时间内腾空房屋并完成交付的人员，每户发放相应奖励；对在规定时间内签订拆迁补偿协议、自行搬迁并交出房屋的，还另外发放现金奖励。

（三）预留村集体发展用地，保障村民持续增收

为保障村民回迁后的经济收入来源，根据征地补偿协议，增城区按照征地面积10%的比例向村集体安排留用地，用于发展村集体经济。留用地采取实地留用、货币补偿、物业安置等方式，其中实地留用不低于60%，物业提留不低于20%，让村民拥有会生蛋的"母鸡"，确保每年有收入、有分红。在村留用地的用地手续办理期间，增城区对村集体给予适当的补助，切实保障村集体经济收入。

（四）高标准建设安置房，让拆迁村民拥有升值潜力

11个安置新社区均是选址在新城市中心、荔湖周边，随着"地铁时代""高铁时代"的到来，增城经济社会迎来发展新机遇，届时，安置房的升值潜力也将不断提升。按照拆迁安置补偿标准，被拆迁村民选择高层户型安置的，每户可分到2~3套分别为70平方米、90平方米、120平方米的高层住宅，村民可选择其中1套房子自住，另外1~2套房子用于租售或者投资，可为村民带来丰厚的经济收益，保障村民经济收入稳定而可持续。

四、引导产城融合模式

（1）增城区将所有的土地储备出让、产业引进、开发建设等纳入城市管理正常程序中加快推进。其中，对区域内大面积连片的园地、山林、水面等具有生态功能的非建设用地，将移交区农业、林业、水务等有关职能部门按原地类进行管理。同时，规划的生态用地将保留农用地性质，积极探索并逐步征收为国有农用地。规划的建设用地，则根据建设项目用地计划开展建设用地报批工作，严格依法用地，为经济发展提供强有力的平台支撑和用地保障。

（2）构建荔湖新城内外环路网、高快速路网、各种轨道交通网等无缝对接的大综合交通体系，筑巢引凤。经过数年的基础设施开发建设，地铁、城轨、高铁、高速路网、快速路、城市主干路等立体交通网络正在逐步搭建，增城将融入广州"半小时生活圈"。

（3）在功能特色方面，依托荔湖，按照一线城市标准，推进有规模、有档次、有水平、有特色的产城融合发展。经过对荔湖新城33平方公里内的建设用地进行土地利用规划调整完善，整理出可收储、出让用地面积约530公顷（含留用地面积），用于发展高端产业。以更加注重经济发展效益，更加注重产业结构优化升级，更加注重创新驱动发展，更加注重优化城市功能品质，更加注重绿色发展，更加注重民生社会保障为原则，增城区大力发展建设增城少年宫、增城文化会议中心、妇幼保健院、荔湖小学、增城新党校等一批城市功能设施，提升城市发展的承载力和辐射力；同时，低碳总部园（天安数码城）、碧桂园华南设计总部、前海人寿医院（荔湖新城三甲医院）、科技特色小镇（高端人才居住商务区）、省技工学院等一批高端产业、高等学府、医疗资源相继落户，"宜业"与"宜居"的发展双引擎将全力提速。

（4）引导留用地开发建设，释放留用地潜能，弥补城市发展用地的需求，帮助被征地拆迁村集体按照城市规划获得长久升值的收益。荔湖新城的征地留用地均是布局在核心区中心地段，为盘活集体留用地土地资源，避免留用地分散到社到户，实现土地资产的保值增值，增城区将主动为征地拆迁村寻找高端项目和实力雄厚的合作伙伴，把好项目引进到村集体留用地，既保障村民的经济可持续发展，也为村民创造大量劳动就业机会。同时，为充分开发留用地，也为全征全拆后的村集体经济发展蕴蓄后劲，增城区以罗岗村为试点，推行农村集体资产股份合作制度改革，2017年罗岗村已经完成5000万元的注资手续，并向村民分批发放股权证，预留了村集体发展资金，计划以股份合作制的形式对荔湖新城核心区内的1000亩国有建设用地进行统一开发，建设商业中心。待商业中心建成后，罗岗村股份合作经济联合社将统一开展招商引资，既可满足群众日常生活需求，也将有效解决部分失地农民的劳动就业问题。

五、高标准规划建设

（一）充分尊重村民意愿，安置点全部选址在荔湖周边

增城区以地块区位优势突出、配套完善、交通条件好、周边生态环境优美为原则，在充分尊重村民安置意愿、确保用地符合城市规划和相关政策的前提下，在荔湖周边确定11个安置点，将原来分散布局、配套不均衡、基础设施薄弱的旧村庄，按照规划合理、配套完善、交通方便、环境优美的原则集中迁建成新城市中心的11个居住新社区。安置新社区建成后村民就住在荔湖边上，享受着环境优美的湖景，同时还将成为荔湖新城新城市中心建设的第一批居民，首先享受到城乡统筹发展的成果。

（二）安置户型标准统一，严格执行国家相关标准规定

根据有关文件，村民回迁安置房可选择低层户型安置（每户建筑面积为218平方米、建筑占地80平方米，共三层），或高层户型安置（每户240平方米指标，可选择二套以上高层住宅，户型分别为70平方米、90平方米、120平方米共三种，另可优惠价多购买40平方米以内的高层住宅，即选择高层户型的每户安置面积共280平方米）。荔湖11个安置新社区回迁房四种安置户型均是按照合国家、广州市现行房产测量规范的相关规定进行规划设计和计算建筑面积，符合国土房管部门办理房产证的测量登记建筑面积（包含公共分摊面积）规定。同时，荔湖11个安置新社区回迁房的建设标准统一，包括车库、公共化园面枳等公共配套设施的建设均严格按照国家相关规定执行，标准一致。

（三）高起点规划、高标准建设，与增城生态景观和谐统一

荔湖安置新社区项目规划总用地面积约2108亩，总建筑面积约250万平方米，共建设安置房14850套，规划居住户数14850户，规划居住人口47520人，对比原村庄居住人口，扩容率超2倍。11个安置新社区均是按照增城区城市中心新型住宅小区的标准投资建设的，规划建设内容除了回迁安置房（含高层住宅、低层住宅）外，还根据幸福社区、新型城镇化的建设标准配建综合服务中心（含社

区服务中心、村民委员会、党建服务中心、社区活动中心、合作社办公、卫生站、物业管理等）、幼儿园、肉菜市场、商业物业等公共配套设施，以及室外工程（包括小区永久水电、市政管网、园建、绿化、道路、广场、健身设施等），有效提升6000多户安置家庭的居住条件，充分保障拆迁村民回迁后的居住环境舒适而便利。

荔湖安置新社区总体规划设计强调与增城生态景观的和谐统一，建设低密度（密度≤30%）、低容积率（容积率控制在1.0~1.6）、楼距宽阔（不低于1.1倍楼距）的宜居小区；项目规划中注意挖掘商业价值，沿湖边布局低层、低密度商业街；建筑方面，绝大多数户型为南北向，有适当的偏角，单体建筑采用坡屋顶形式，立面效果、建筑风格参照周边高档住宅小区的成功经验。在规划、设计、建设等各个工作细节上下足功夫，坚持规划设计高起点，建设标准高档次，质量真材实料，居住环境优美，配套设施齐全，努力把荔湖安置新社区建设成为增城区城乡融合发展的典范，打造生态城市建设的新亮点。

（四）适当多建安置房和商业，为以后的拆迁储备房源

增城区荔湖街、石滩镇等的旧城区改造项目范围内，仍有部分城中村、城市危房等需进行统一征收拆除后更新改造，由于"先拆后建"的模式需要支付拆迁户安置房建设期至回迁期内（2~3年）的临迁补助费，"先建后拆"的模式更有利于节省财政资金，为此，在确保满足安置需求和符合规划设计条件的前提下，各个安置新社区尽可能充分挖掘地块的建设潜能，体现集约节约用地原则，提高土地利用价值，适当多建政府储备房源和商业物业。完成本次回迁安置任务后，剩余的安置房可用于以后实施其他项目征地拆迁工作的安置房源，多建的商业物业可用于置换村集体的留用地。

（五）逐步完善周边配套设施，切实改善人居生活环境

为满足安置新社区建成后的交通出行、生活需求，促进和完善荔湖新城骨架路网，提升新城市大交通环境，在安置新社区项目建设步入正轨后，增城区投入大量资金及时实施建设周边市政配套基础设施，共建设18条、总长约20公里的市政道路，包括2条长约6公里、路宽60米的城市主干路，4条长约6.5公里、路宽30米的城市次干路和12条长约7.5公里、路宽15~24米的支路，沿路给水、排水、污水、强电、弱电、燃气等市政管线与道路同步规划及实施建设。

同时，投入20余亿元升级改造建成全长9.74公里的新城大道，按照一级公路结合城市主干道标准建设，并将交通公路建设与城市市政配套设施如排水、污水、路灯、绿化、电力管沟、通讯管沟、燃气、人行道、绿道等有机结合，综合

提升道路建设的服务水平，贯通新城区南北方向最重要的交通大动脉；大力投入开展荔湖新城城镇生活污水管网工程建设，包括建设总长约44.53公里的安置新社区周边污水管网工程，建设总长约14.5公里的广汕公路污水管及何屋泵站配套管网、罗岗高排渠北段截污工程，进一步完善地下污水收纳系统，提高污水收纳率和处理率，做到"应收尽收"；投入资金大力开展新建荔湖新城的罗岗小学、扩建清燕小学、妇幼保健院、少年宫等社会民生项目和荔新公路外绕线等大交通道路建设，进一步改善人居生活环境，构建宜居宜业荔湖新城，让回迁村民都能享受到现代化交通、医疗、教育、商业、社区服务等公共配套设施。

（六）严把质量关，各方加强监督安置新社区建设

荔湖安置新社区建设关系到被征地拆迁村民的安居乐业，为确保各项目按时高质量高标准完成建设，增城区坚持把安置新社区建设作为头号民生工程，统一规划设计，严格建设标准，开通绿色通道，扩大群众参与力度，在每一个设计施工管理阶段都让村民参与其中，确保交付给村民回迁入住的安置新社区是质量合格、安全放心的满意新家园。

一是加强组织领导，成立荔湖水利工程安置新社区规划建设领导小组，从有关职能部门和镇街抽调全职脱产的城建口业务骨干，组建增城荔湖安置办作为统筹建设管理专职机构，负责项目的全过程建设管理工作；二是联合增城区质安监督机构共同成立质安验评部，作为专业质量安全监督机构，通过行政手段监管11个安置新社区的质量、安全、文明施工，强化施工现场管理，确保安全生产及施工质量合格；三是从社会聘请资质水平高、经验丰富的建筑设计专家、景观咨询机构和造价咨询机构组成专家顾问团队，负责图纸、造价的审核把关，为项目的总体规划、建筑设计、景观提升、造价控制等提供技术辅助服务；四是由征拆村社选派村社干部、村民代表或由其聘请的社会咨询机构组成村社质量监督小组，全程参与安置新社区的设计、建设、施工质量管理和验收过程，提高村民参与力，为安置房建成后的分配工作奠定群众基础（图2-5）。

六、落实物业管理

在广东省、广州市大力支持下，在增城全区各相关部门的全力推动和村民群众的监督下，安置新社区及周边市政配套工程施工建设顺利推进，力促工程形象进度有成效。目前荔湖11个安置新社区及其周边市政配套已全部竣工并移交被征地拆迁村的村民回迁入住使用，回迁村民已成为荔湖新城首批新社区居民，共享城乡统筹发展的成果。

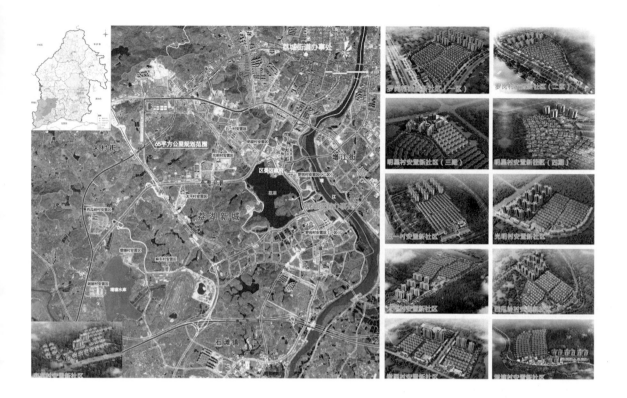

图2-5 广州市增城区荔湖新城11个安置新社区规划选址图

罗岗村安置新社区（一区）总建筑面积约43.1万平方米，共建设安置房2556套，2014年1月29日取得立项批复，2015年5月27日动工，2018年12月5日竣工验收，2018年12月18日完成摇珠分房，回迁安置963户村民，村民于2019年3月1日收楼回迁。

挂绿新城安置新社区（一期）总建筑面积约7.65万平方米，共建设安置房440套，2013年3月20日取得立项批复，2015年5月8日动工，2018年12月11日竣工验收，2019年9月20日完成摇珠分房，回迁安置160户村民，村民于2020年3月28日收楼回迁。

五一村安置新社区总建筑面积约30.4万平方米，共建设安置房1947套，2015年9月21日取得立项批复，2017年1月22日动工，2019年3月29日竣工验收，2019年5月14日完成摇珠分房，回迁安置752户村民，村民于2019年10月29日收楼回迁。

西瓜岭村安置新社区总建筑面积约34.3万平方米，共建设安置房2099套，2014年1月29日取得立项批复，2016年7月19日动工，2019年5月5日竣工验收，2019年10月31日完成摇珠分房，回迁安置855户村民，村民于2020年3月28日收楼回迁。

明星村安置新社区总建筑面积约12.6万平方米，共建设安置房760套，2016年1月5日取得备案证，2016年11月18日动工，2019年8月20日竣工验收，2019年9月24日完成摇珠分房，回迁安置318户村民，村民于2020年3月28日收楼回迁。

太平村安置新社区总建筑面积约25.6万平方米，共建设安置房1616套，2016年10月21日取得备案证，2017年3月27日动工，2019年8月30日竣工验收，2019年10月24日完成摇珠分房，回迁安置603户村民，村民于2020年3月27日收楼回迁。

罗岗村安置新社区（二区）总建筑面积约18.3万平方米，共建设安置房1086套，2016年1月5日取得备案证，2016年11月18日动工，2019年9月2日竣工验收，2019年12月4日完成摇珠分房，回迁安置462户村民，村民于2020年3月31日收楼回迁。

光明村安置新社区总建筑面积约39万平方米，共建设安置房2370套，2015年11月30日取得备案证，2017年4月18日动工，2020年6月19日竣工验收，2020年11月6日完成摇珠分房，回迁安置939户村民，村民于2020年11月25日收楼回迁。

麻车村安置新社区总建筑面积约2万平方米，共建设安置房100套，2014年5月26日取得立项批复，2016年11月8日动工，2019年4月19日竣工验收，2019年3月31日完成摇珠分房，回迁安置70户村民，村民于2019年12月26日收楼回迁。

增塘村安置新社区总建筑面积约15.9万平方米，共建设安置房846套，2016年6月29日取得备案证，2017年2月13日动工，2019年6月25日竣工验收，2019年6月22日完成摇珠分房，回迁安置473户村民，村民于2019年12月15日收楼回迁。

谢屋村安置新社区总建筑面积约17.1万平方米，共建设安置房1030套，2015年11月30日取得备案证，2017年6月13日动工，2019年8月27日竣工验收，2019年9月4日完成摇珠分房，回迁安置430户村民，村民于2020年4月22日收楼回迁。

安置新社区建设工程全面建成和回迁安置工作有条不紊地推进（表2-1、表2-2），凝聚了无数建筑人的智慧与汗水，为共同维护多年以来共同建设的工作结晶，下一步建设的核心任务将是提升安置新社区的宜居建设、提升村民爱护与共同维护安置新社区和新城建设的主体责任感，通过加强物业管理，保障村民生活的各方面权益，使村民能在最短的时间内习惯并爱上新社区的新生活。

荔湖安置新社区EPC项目建设进展情况表 表2-1

序号	项目名称	项目进程				
		项目备案	项目动工	竣工验收	摇珠分房	安置回迁
1	罗岗村安置区（一区）	2014年1月29日	2015年5月27日	2018年12月5日	2018年12月18日	2019年3月1日
2	五一村安置区	2015年9月21日	2017年1月22日	2019年3月29日	2019年5月14日	2019年10月29日
3	麻车村安置区	2014年5月26日	2016年11月8日	2019年4月19日	2019年3月31日	2019年12月16日
4	西瓜岭村安置区	2014年1月29日	2016年7月19日	2019年5月5日	2019年10月31日	2020年3月27日
5	挂绿湖新城安置区（一期）	2013年3月20日	2015年5月8日	2018年12月11日	2019年9月20日	2020年3月28日

荔湖安置新社区PPP项目建设进展情况表 表2-2

序号	项目名称	项目进程				
		项目备案	项目动工	竣工验收	摇珠分房	安置回迁
1	增塘村安置区	2016年6月29日	2017年2月13日	2019年6月25日	2019年6月22日	2019年12月15日
2	太平村安置区	2016年10月21日	2017年3月27日	2019年8月30日	2019年10月24日	2020年3月27日
3	明星村安置区	2016年1月5日	2016年11月18日	2019年8月20日	2019年9月24日	2020年3月28日
4	罗岗村安置区（二区）	2016年1月5日	2016年11月18日	2019年9月2日	2019年12月4日	2020年3月31日
5	谢屋村安置区	2015年11月30日	2017年6月13日	2019年8月27日	2019年9月4日	2020年4月22日
6	光明村安置区	2015年11月30日	2017年4月18日	2020年6月19日	2020年11月6日	2020年11月25日

为引导回迁村民转变传统生活观念，树立现代化文明生活方式，向新型城市社区的生活方向发展，增城区以罗岗村为试点，指导和监督各回迁村成立物业管理公司。目前，11个安置小区均成立了物业管理公司，物业公司已进驻社区综合服务中心办公，11个安置小区已由村委及物业公司全面接管进行物业管理服务工作。针对安置小区的实际情况，选择了优质物业管理公司对社区内环境卫生有规律地进行地毯式清理；村社干部带头整治，分组包片地对社区内私搭乱建问题进行维护和整治，这样的小区环境清理不但美化、净化、亮化了家园，促进了社区生态文明建设，而且增强了社区居民创建美好和谐家园的信心，上下联动、齐抓共管社区秩序和环境卫生。

第三节 项目建设实施模式

根据不同村的具体情况，增城区委、区政府通过多次分析、论证，确定荔湖安置新社区项目招投标采取以下三种模式实施：分别是政府投（融）资+传统招投标模式、政府投（融）资+EPC（设计施工总承包）招投标模式和"项目法人+勘察设计"招标模式（即社会企业投资模式）。其中，"项目法人+勘察设计"招投标模式是指"通过公开招标的方式选定项目法人及勘察设计单位，再由项目法人按国家、省、市招投标相关规定依法选定监理、施工等参建单位"进行建设，即中标项目法人作为建设业主、勘察设计单位、投融资单位实施项目建设，建设完成后由政府回购并进行安置房分配。

一、政府投（融）资+传统招投标模式

该模式为勘察设计、施工分开招标的传统模式，先进行勘察设计招标，待施工图设计、工程概（预）算、工程量清单、招标控制价审查确定后，再进行施工总承包招标。该模式优点是勘察设计、投资控制不受制于外部因素，免除反复磋商时间；缺点是施工招标必须具备用地批准书（或国有土地使用证）、建设工程规划许可证，而且分开招投标周期长，不利于早日动工建设。

二、政府投（融）资+设计施工总承包招投标模式

EPC即Engineering Procurement Construction，即设计—采购—施工。EPC总承包模式是指建设单位作为业主将建设工程发包给总承包单位或联合体，由总承包单位承揽整个建设工程的设计、采购、施工，并对所承包的建设工程的质量、安全、工期、造价等全面负责，最终向建设单位提交一个符合合同约定、满足使用功能、具备使用条件并经竣工验收合格的建设工程承包模式。该模式为获得立项、选址、用地意见、规划条件、可行性研究报告批复后，以可行性研究报告投资估算价作为招标控制价，开展设计施工一体化公开招标，由中标单位负责初步设计、施工图设计、概（预）算编制及施工总承包等工作。EPC招标模式相对于传统招标模式，优点是公开招投标周期较短，在确定修详规和建筑设计方案后可先行开展土方工程、基坑支护工程施工，在土方施工期内同步完善施工图设计及各项行政审批手续，更有利于促进项目主体建筑早日动工建设；缺点是设计、造价控制能力和技术要求高，需要强有力的措施进行控制。

三、"项目法人+勘察设计"招投标引入社会投资模式

该模式按照"通过公开招标的方式选定项目法人及勘察设计单位，再由项目法人按国家、省、市招投标相关规定依法选定监理、施工等参建单位"进行建设，即中标项目法人作为建设业主、勘察设计单位、投融资单位实施项目建设，建设完成后由政府分三年等本金回购并进行安置房分配。该模式优点是资金由项目法人自行融资，项目完工验收后分三年回购，资金压力较小；缺点是对项目法人财务管理能力和资金筹措能力要求较高，项目建设容易受制于项目法人财务状况等外部因素影响。

"项目法人+勘察设计"模式实施过程中，因受现行国土政策和融资政策的制约，经区政府研究后，在"项目法人+勘察设计"模式基础上进一步进行优化和完善，以PPP模式（政府和社会资本合作模式，即Public-Private-Partnership）继续推进建设。

总的来说，EPC模式与PPP模式的优点在于在平行推进设计、报批、施工方面更灵活，根据相关绿色通道管理办法，在确定修详规和稳定方案设计后可先行开展土方工程、基坑支护工程施工，在土方施工期内同步完善图纸设计及各项行政审批手续，更有利于促项目主体建筑动工建设，最大力度争取施工时间。同时，EPC模式与PPP模式对业主单位在设计控制、造价控制、质量安全控制方面的能力要求特别高，需要建立一支经验丰富、专业能力强的队伍进行总体把控。

第四节 PPP项目模式优化

鉴于项目启动建设当年增城区财政资金安排较为紧张，11个安置新社区的用地手续并未完善，同时安置新社区建设与回迁任务迫在眉睫。经研究后，决定1个项目采取政府投（融）资+传统招投标模式建设（挂绿新城安置新社区一期，即明星村三期），在项目进行过程中逐步转化为EPC项目模式；有4个项目采取政府投（融）资+EPC（设计施工一体化）招投标模式，分别为罗岗村一区、五一村、西瓜岭村、麻车村4个安置新社区，共有6个项目采取项目法人+勘察设计招投标模式建设，分别为罗岗村二区、明星村、太平村、光明村、增塘村、谢屋村6个安置新社区，政府投资建设项目及社会投资建设项目比例约各占一半。其中项目"项目法人+勘察设计"模式因受现行国土政策和融资政策的制约，经区

政府研究后，在"项目法人+勘察设计"模式基础上进一步进行优化和完善，以PPP模式（政府和社会资本合作模式）继续推进本项目的规划建设。

一、项目以PPP模式优化的背景

（一）安置新社区建设的必要性

荔湖安置新社区建设项目旧村房屋拆迁已基本完成，根据与动迁村民签订的拆迁安置协议，须早日建成安置新社区并回迁安置村民。荔湖安置新社区规划建设工作关系到被征地拆迁村民的安居乐业，关系到政府承诺的兑现及政府诚信的高低，关系到增城区社会发展的长治久安，是增城区当前的重大民生工程，因此安置新社区的规划建设工作必须做好。

（二）安置新社区建设的迫切性

根据拆迁安置协议，在安置房建成之前，政府需以1600元/月的标准支付临迁费给拆迁户。越拖后完成安置新社区的建设，每天、每月都需支付巨额临迁费，因此建设安置新社区尤为迫切。

（三）安置新社区建设资金存在缺口，需引入社会资金

由于安置新社区建设资金需求巨大，增城区各级特别是增城区委、区政府已意识到安置新社区必须建设并且十分紧急。为此，增城区委、区政府也在目前财力不足的情况下做出了恰当的安排，即引入社会投资，采用项目法人模式实施建设。鉴于增城区当时的财力仍处于较低状况，建设资金需要依靠土地出让收入和平台融资。基于2014年以前，增城区的土地出让收入不甚乐观，再加上较多不确定因素的存在，平台融资更是受政策影响无法继续，PPP模式可以较好地实现融资，助力安置新社区的建设。

（四）安置新社区建设模式需优化

按照增城区政府办公室印发实施的《关于印发挂绿湖水利工程安置新社区建设（项目法人+勘察设计）实施方案的通知》（增府办函〔2014〕7号）要求，增城区荔湖水利综合整治工程罗岗村安置新社区（二区）、明星村安置新社区、光明村安置新社区、太平村安置新社区、增塘村安置新社区、谢屋村安置新社区6个建设工程项目已完成"项目法人+勘察设计"单位的招投标工作。因受现行国土政策和融资政策的制约，根据《国家财政部关于印发政府和社会资本合作模式操作指南（试行）的通知》（财金〔2014〕113号）和《国家发改委关于开展政府和社会资本合作的指导意见》（发改投资〔2014〕2724号）等文件，结合增城区建设安置新社区的迫切需要和当前实际情况，在"项目法人+勘察设计"模式

基础上进一步进行优化和完善，以PPP模式继续推进有关项目的规划建设。

二、项目以PPP模式实施的依据

（一）主要政策文件依据

《国务院关于创新重点领域投融资机制鼓励社会投资的指导意见》（国发〔2014〕60号）、《国家发改委关于开展政府和社会资本合作的指导意见》（发改投资〔2014〕2724号）、《国家财政部关于推广运用政府和社会资本合作模式有关问题的通知》（财金〔2014〕76号）、《国家财政部关于印发政府和社会资本合作模式操作指南（试行）的通知》（财金〔2014〕113号）等文件。

（二）本项目以PPP模式实施的可行性

（1）荔湖安置新社区建设项目是增城区政府主导的重点建设项目，项目投资规模大，是一项民生工程，实质为提供公共产品，亦是PPP模式重点关注的保障性安居工程范畴项目。本是应由政府投资建设的项目，现交由社会资本来投资建设，符合特许权授予的特点，政府可对项目进行特许权授予。

（2）本项目除用于安置拆迁村民外，还将建设部分可由政府持有的房产、车位、商铺等，拥有合理的定价和价格调整机制，并可出租、出售，其经营的内容并作为安置房项目的补充收入。

（3）按照拆迁安置方案，符合安置要求的拆迁户除可免费获取240平方米的安置房外，还能按优惠价回购相应条款中限定的高层指标（40平方米），为使用者付费；拆迁户免费获得的安置房（240平方米以内）为政府财政补贴。因此，项目是使用者付费和政府付费并存，市场化程度相对较高。

（三）前期研究和论证

经专业咨询机构对"项目法人+勘察设计"模式实施本项目建设继而以PPP模式实施进行优化和完善的可行性进行了前期研究和论证，结合上述最新的政策文件，提出以PPP模式实施该批项目是可行的。

综合上述，本项目完全符合PPP模式的基本特点，同时符合发改投资〔2014〕2724号文件中"准经营性项目"和"公益性项目"的操作模式。因此，以PPP模式实施该批项目完全可行，不存在政策障碍。

三、项目以PPP模式实施的优势

推动本项目优化和完善以PPP模式实施，主要是为实现以下目的：一是继承和沿用原公开招标成果，避免政府部门毁约，顺利推进安置新社区项目建设。节约前期工作的时间,从而维护政府信用,降低政府安置成本。二是顺应当前政策和融资形势,排除违规融资问题,引入社会资本,保障项目建设资金供给,并且可在短期内缓解财政压力,从而解决融资的政策障碍。

四、项目以PPP模式实施的思路

(一)总体思路

鉴于此前已实行公开招标确定"项目法人+勘察设计"中标单位,且增城区人民政府荔城街道办事处和增城区石滩镇人民政府已按照招标文件要求分别与各中标单位签订"项目法人+勘察设计"合同,为继续顺利、快速推进安置新社区项目规划建设并建立诚信政府,将原中标单位作为合作伙伴以PPP模式开展项目规划建设,增城区政府授予由中标单位依法成立的项目公司对项目的开发建设特许权,由其具体负责实施项目规划建设。项目公司(假设为公司A)在项目完工建成后采取存续分立方式设立一个新公司(公司B),土地、房屋资产及权属全部通过财产分割划转到公司B名下。经增城区政府授权,广州景业投资有限公司(以下简称景业公司)代表政府收购公司B全部股权,股权转让采取分次支付股权转让价款、分次办理股权转让手续的方式,最终达到使土地、房屋资产及权属均在景业公司名下的目的。

(二)总体操作流程图(图2-6)

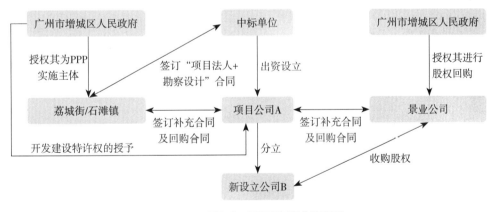

图2-6 PPP项目操作流程图

(三)具体操作步骤

1. 签订"项目法人+勘察设计"合同

由增城区人民政府荔城街道办事处和增城区石滩镇人民政府牵头,有关中标单位及增城荔湖安置办配合，依据招标文件及投标文件，双方根据项目实际情况进行友好协商对部分条款进行调整、完善，达成统一意见后完成合同签订工作。

2. 成立项目公司

由中标单位按照合同约定及工商局的相关程序自行办理。

3. 确定PPP合作伙伴

由增城区人民政府荔城街道办事处和增城区石滩镇人民政府牵头，中标单位配合，确定PPP合作伙伴。

4. 开发建设特许权授予

增城区人民政府发文至项目公司，授予项目公司对安置新社区项目的开发建设特许权，文件同时抄送增城区人民政府荔城街道办事处和增城区石滩镇人民政府。

5. 开展项目物有所值（VFM）评价及财政承受能力论证

由增城区财政局会同增城荔湖安置办、增城区人民政府荔城街道办事处和增城区石滩镇人民政府及增城区各相关职能部门开展安置新社区PPP项目的物有所值（VFM）评价和财政承受能力论证工作。

6. 签订补充合同

①广州市增城区人民政府授权景业公司作为股权回购主体，将财政划拨资金以财政补贴形式安排给景业公司，通过股权回购方式支付至项目公司。②补充合同谈判及签订：在已签订的"项目法人+勘察设计"合同基础上，对合同条款未尽事宜进一步进行补充、明确，对三方的权利义务进行划分。

7. 签订回购合同

根据"项目法人+勘察设计"合同及其补充合同的约定，增城区人民政府荔城街道办事处或增城区石滩镇人民政府、项目公司、景业公司三方就项目产权接收及回购款支付事宜进行明确约定，达成统一意见后完成合同签订工作。

8. 土地划拨

①落实项目用地合法性手续，根据广州市国土部门意见，广州市增城区人民政府同意将项目建设用地划拨到项目公司名下。②待地块获上级批复后1个月内，由增城区国土部门办理土地划拨手续，项目公司作为项目地块的权属人，增城区相关职能部门协助其办理用地手续。

9. 前期手续办理

在实施规划建设过程中，包括并不限于项目的企业投资项目备案证、国有土地使用证（或用地证明）、建设用地规划许可证（或选址意见）、修建性详细规划审批、建设工程规划许可证和建筑工程施工许可证等报批手续的办理由项目公司在增城区人民政府荔城街道办事处和增城区石滩镇人民政府、增城荔湖安置办、增城区各相关职能部门及审批部门的协助下完成。

10. 项目概算评审

项目公司根据审批后的初步设计编制初步设计概算，经增城区人民政府荔城街道办事处和增城区石滩镇人民政府同意后报增城区财政局评审。

11. 项目公司与施工总承包、监理等单位分别签订合同

①项目公司拥有项目开发建设的特许权，根据《中华人民共和国招标投标法实施条例》第九条第（三）款"已通过公开招标方式选定的特许经营项目投资人依法能够自行建设、生产或提供"的，可以不进行招标，本项目由项目公司自行选定施工总承包、监理等单位。②项目公司将签订的合同报增城区人民政府荔城街道办事处或增城区石滩镇人民政府、增城荔湖安置办备案，同时应在网上办理建设工程合同备案工作。

12. 项目建设和监督

①项目公司筹措项目建设资金，对安置新社区项目实施建设。②项目公司对项目的安全、质量、进度负责，保证按期交工。③增城区人民政府荔城街道办事处和增城区石滩镇人民政府、增城荔湖安置办及增城区有关职能部门对项目进行监管。④项目建设过程中涉及的税费问题按照合同约定执行。

13. 项目竣工验收及移交

由项目公司组织，按规定程序办理工程竣工验收及移交手续。

14. 房屋的分配、办证

①按合同约定各负其责。②政府持有部分的商业、物业、车位、房产的处置。

15. 项目公司分立

存续分立是将项目公司A分立成两个公司，项目公司A继续存在（假设为公司A），并设立一个新的公司（假设为公司B），公司B的设立需增城区国资办配合办理相关手续。存续分立方式，公司A继续存在但注册资本减少，原股东在公司A、公司B的股权比例保持不变。

16. 股权转让

新设立公司B的股东将其股权转让给景业公司，即进行公司外部的股权转让。按规定变更公司章程、股东名册以及相关文件外，还须向工商行政管理机关变更登记。股权转让的实施，可先履行程序性和实体性要件后，与确定的受让人签订股权转让协议，使受让人成为公司的股东，这种方式双方均无太大风险。

本章小结

　　荔湖安置新社区规划建设工作以荔湖水利工程整治为契机，作为荔湖新城建设的重点工程和示范项目，增城区委、区政府集全区力量组织成片征收拆迁、成片规划建设，统筹城乡一体化发展。在工作的开展过程中始终坚持以人为本、政策惠民、以造福人民为最大政绩，高标准建设荔湖安置新社区。荔湖安置新社区的规划设计结合荔湖新城"四区四地"的发展目标，助力了增城"一核三区"的发展格局，完善了荔湖新城"一心、一轴、两核、一环、多廊道、多组团"的规划结构，带动了荔湖新城空间品质的提升。在荔湖11个安置新社区及其周边配套市政景观的方案设计、初步设计、施工图设计等设计管理阶段均要求通过增城荔湖安置办组织的增城区各有关职能部门和有关专家会审，征求各征地拆迁村的村民代表意见和公示，汇总各有关人员专业审查意见等方式，结合专业部门和专业人士意见，层层把控、完善设计，确保设计图纸满足国家、地方设计规范和使用需求，并重点关注建筑立面效果和小区整体景观环境，提高空间使用合理性，提升设计质量。为充分保障设计质量及时高效高质量的落地实施，增城区委、区政府组织增城荔湖安置办探索项目工程建设模式，并最终以政府投（融）资+传统招投标模式、EPC模式和PPP模式等多种模式推动项目建设，通过不同管理模式的探索，特别是对EPC模式与PPP模式在平行推进设计、报批、施工方面总结了丰富的管理经验，反映出政府各部门间联动管理、深度配合的巨大优势。

第三章
部门联动管理

部门联动的高效管理是推动项目建设发展的重要保障。增城区荔湖安置新社区采用政府主导统一征拆、集中建设、集中安置的方式，涉及增城区2个镇街、9个行政村、11个安置新社区的征地、拆迁、建设、安置的全过程工作。为全面快速推进工作，需要增城区各级政府、各相关部门的密切配合，保障荔湖安置新社区从用地红线确认、制定建设标准、规划设计、土地出让和划拨、土地确权、建设招标、施工建设、竣工验收、移交使用等的具体工作最高效率的实施推进。增城区确定了各级政府、各相关部门联动管理的建设管理思路，制定了相关管理制度、明确了相关管理工作流程，有效地保障了荔湖安置新社区建设工作的顺利开展。管理体系的架构通过增城区各有关政府部门、拆迁村民、专家团队等多方参与，保障了管理工作的全面性和权威性，标准化的管理制度大大提高了精细化管理的可操作性，部门之间的默契配合与平行推进更是发挥了相关管理部门的主观能动性，确保了项目管理绩效得到切实有效的提升。

第一节　架构管理体系

荔湖安置新社区是增城区重大的民生工程，增城区委、区政府及其主要领导高度重视，快速成立领导小组和组织架构，建立多级管理体系，印发工作方案和责任分工方案，明确责任分工，各司其职，齐抓共管，全力开展荔湖安置新社区建设工作。

一、成立领导保障小组

为加强组织保障，成立增城区荔湖水利工程安置新社区规划建设领导小组。以增城区的区长为总指挥，副区长为副总指挥，增城区各职能部门、相关镇街为责任单位，并指定各单位局长、各镇（街）书记为第一责任人，全面负责安置新社区规划建设的决策部署和统筹协调工作。

领导小组成员单位，包含纪委监委、审计、发改、财政、规划和自然资源、环保、住房城乡建设、水务、司法、荔城街、石滩镇、广州景业投资有限公司、广州挂绿湖开发建设投资有限公司等职能部门、镇街和单位。负责对荔湖水利工程安置新社区项目的规划建设进行决策研究，贯彻落实增城区委、区政府部署的建设任务，统筹处理和协调解决项目建设中的重大问题。

领导小组对推进滞后的项目，逐个环节查找原因，召开专门协调会解决存在困难和问题，敦促项目早日建设完工。各项目全面动工前原则上每半个月召开一次协调会，进入正常施工程序后，视实际情况需要不定期召开协调会。

二、搭设统筹建设单位

领导小组下设广州市增城区挂绿湖安置新社区规划建设办公室（以下简称"增城荔湖安置办"），经增城区委、区政府同意，并经增城区委组织部多次抽调和充实人员，最终确立由住房城乡建设、规划和自然资源、交通运输、机关事务管理等职能部门及荔城街、石滩镇抽调的业务分管负责同志组成领导班子，由领导小组成员单位抽调全职脱产业务骨干、从社会聘请专业技术人员为成员的组织架构，作为统筹建设单位，负责项目的全过程建设管理工作，指导、管理和协调各有关参建单位。增城荔湖安置办内设综合管理部、技术管理部、工程管理部、质安验评部、财务审价部5个部门，根据项目实际下设15个项目管理组。安置新社区及市政配套工程由主任为项目总负责人，6个副主任为各有关项目的项目负责人，以15个项目管理组为主线开展全过程工作，同时办公室5个部门根据不同的实施阶段、建设节点及工作实际介入共同开展工作或提出审核把关意见，形成"项目负责人—安置办管理部门—项目管理组"三级管理机制，推动各项工作层层审核、严格把控、有序开展。

（一）增城荔湖安置办的主要任务

负责荔湖水利综合整治工程11个安置新社区及周边市政配套工程的组织实施和监督管理工作。按照领导小组的决策部署，负责制定总体工作计划和年度实施任务安排，统筹协调各成员单位落实具体工作事项和要求；负责安置新社区及周边市政配套项目的用地红线确认、制定建设标准、规划设计、土地出让或划拨、土地确权、建设招标、施工建设、竣工验收、移交使用等的具体组织实施工作；负责领导小组的日常办文、办事、办会、信息通报和后勤保障工作，以及区委、区政府交办的其他事项。

(二) 增城荔湖安置办的工作职责

增城区委组织部从增城区各有关单位抽调熟悉规划、建设及项目管理的业务骨干到增城荔湖安置办，负责统筹协调相关管理工作；同时按照工作职能和实际工作需求，领导小组下设相关专项工作组，专项工作组由各成员单位主要领导及指派业务人员组成，根据职责分工，具体做好安置新社区的各项工作。

增城荔湖安置办按照领导小组的决策部署，负责制定总体工作计划和年度实施任务安排，统筹协调各成员单位落实具体工作事项规划设计、土地出让、土地确权、建设招标、施工建设、竣工验收、移交使用等的具体组织实施工作；负责领导小组的日常办文、办事、办会、信息通报和后勤保障工作，以及增城区委、区政府交办的其他事项。

(三) 荔湖安置办的部门设置

增城荔湖安置办下设综合管理部、技术管理部、工程管理部、质安验评部、财务审价部5个部门，负责日常相应的协调统筹及管理工作，具体抓好每个安置新社区的各项工作。

其中，综合管理部是安置办的综合办事部门；技术管理部是安置办项目建设前期、设计管理以及施工过程中、完工后的各项技术管理的主管部门；工程管理部是安置办的项目建设施工阶段组织、指挥、协调和现场综合管理的主管部门；质安验评部是安置办工程项目质量、安全、文明施工的监督管理，主持工程竣工验收，主持对施工单位、监理单位综合考评的主管部门；财务审价部是安置办财务、建设单位管理费管理、工程项目成本控制及造价控制的监督审查、审计监督、合同管理主管部门。

(四) 项目管理组

根据项目实际，办公室下设罗岗村（一区）、罗岗村（二区）、明星村（三期）、明星村（四期）、五一村、光明村、太平村、西瓜岭村、麻车村、谢屋村、增塘村等11个安置新社区项目管理组，以及荔城片区市政配套工程、石滩片区市政配套工程各标段项目管理组。项目管理组负责项目的立项申报、招投标组织、勘测、规划设计方案、修详规、初步设计方案、施工图设计、概（预）算编报、规划报建、施工报建、建设组织、竣工验收、结算、决算、档案建立、移交等建设实施全过程管理工作，以及包括但不限于合同拟定、管理、费用支付等一切事项的具体审核把关工作。

安置新社区有关工作须先汇报项目管理组分管领导，得到分管领导认可后方可开展工作。为促进工作开展、简化工作程序，与安置新社区项目有关的文件若不涉及重大变更、财务及需要征求部门意见等问题的，原则上可由项目管理组分管领导直接签发。安置新社区项目的设计变更需以造价作为支撑，结合变更的必要性和基建程序，项目管理组分管领导有权自行把握尺度进行决策。

（五）工作关系图

安置新社区的有关工作以项目管理组为主线，由项目管理组负责根据不同的实施阶段、建设节点及工作实际，提出需要增城荔湖安置办各部门介入共同开展工作或进行审核把关的要求。各部门需按限时办结要求（原则上不得超过3个工作日）执行。

项目管理组与5个部门之间的横线、纵线关系分解如图3-1。

（六）工作协调会议制度

（1）增城荔湖安置办协调工作会议。安置新社区项目正式全面动工前原则上每周召开一次会议，项目实施进入正常程序后，视实际情况需要，每半个月召开一次。会议主要研究及解决工程推进的问题和困难，听取各个项目质量监督管理小组的工作汇报，协调解决各个村社质量监督小组反馈的问题，对重大的工程

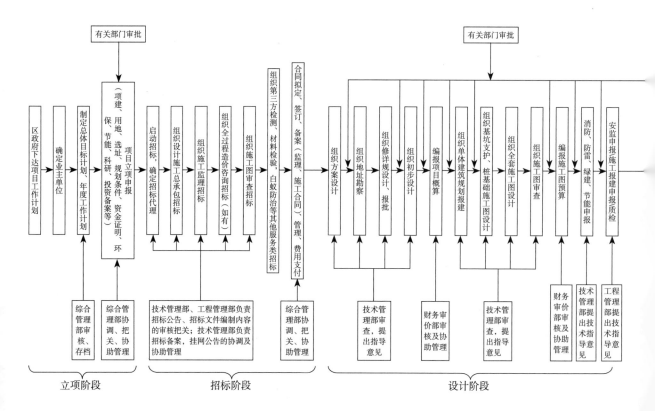

变更进行决策，整理需向增城区委、区政府请示的问题及向村社质量监督小组通报的问题。

（2）各项目管理组工作会议。各实施项目原则上每周召开项目工程管理小组工作会议，研究参建各方的履行合同情况、工程质量存在问题、工程变更及签证等问题。

三、建立质量监督机构

增城荔湖安置办联合增城区建设工程质量安全监督站（行政监督机构）共同成立质安验评部（专业质量安全监督机构），质安验评部成员由增城区建设工程质量安全监督站、增城荔湖安置办安排人员组成，并以增城区建设工程质量安全监督站技术骨干为主，共同监管荔湖11个安置新社区及周边市政配套工程，负责对项目的施工方案、进度、质量、安全、文明施工等工作进行全过程监督管理，对工程质量和安全实行常态化的监督管理，强化施工现场管理，确保安全生产及施工质量合格。

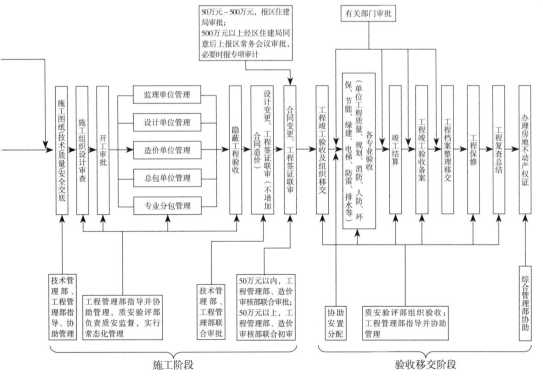

图3-1 项目管理组与5个部门之间的横线、纵线关系分解图

四、引入专家顾问团队

增城荔湖安置办聘请资质水平高、经验丰富的设计专家和造价咨询机构作为安置新社区的专家顾问团队，为各项目的方案设计、初步设计、施工图设计、设计变更管理等设计工作，以及造价控制、进度款支付审核管理、合同变更管理等投资控制工作提供技术咨询辅助服务，通过由专家顾问团队审核图纸、造价材料提出审查意见，联合召开技术内审会等多种形式，科学严谨地解决设计、造价控制的技术问题。

五、组建村社监督小组

在增城区人民政府荔城街道办事处和增城区石滩镇人民政府的指导下，各有关征地拆迁村组建村社质量监督小组，由属地村社选派村社干部、村民代表或由其聘请的社会咨询机构为小组成员，全程参与安置新社区的设计管理、施工质量、竣工验收的监督工作，根据各有关征地拆迁村村民的安置意愿和实际需求，随时书面反馈设计方案、建设标准、装修标准、施工质量及使用需求等方面问题，提高安置村民参与力，为安置房建成后的分配工作建立群众基础。

第二节 编制管理制度

增城荔湖安置办总结各地方建设安置房的先进经验，参考广州市重点办及优秀企业的管理制度，编制设计标准，制定推进计划，健全各项管理规章制度，能更好地指导设计、建设、施工管理工作的规范、有序开展。

一、制定设计指引，统一建设标准

组织编制和多次修编《增城区挂绿湖水利综合整治工程安置新社区设计指引（试行）》《增城区挂绿新城基础设施建设（道路及市政配套）工程实施规划方案》《增城区挂绿湖安置新社区周边市政配套工程总体设计标准（试行）》《增城区挂绿湖安置新社区周边市政配套景观设计标准（试行）》《增城区挂绿湖安置新社区周边市政配套工程市政景观美学提升设计顾问指导（试行）》等指导性文件，为11个安置新社区及周边市政配套工程规划建设提供框架性的指引文件，统一和规范各参建单位的设计、建设标准，为设计与施工的结合提供粘合力。

二、制定推进计划，指导工作流程

制定总体工期推进总控制度（《建设工程项目总体工期推进节点计划表》，共41项程序）、月报详控制度（《建设工程项目基本建设程序及总体工期推进节点计划表》，安置新社区共88项程序、市政工程共74项程序）、周报细控制度（《项目规划建设每周工作进度情况动态更新表》，报批、设计、施工动态小结），指导各建设单位、参建单位、办各部门、各项目管理组科学开展建设前期阶段的用地报批、立项申报、项目招投标、勘察设计、办理行政审批手续等工作，以及建设实施阶段和完工后竣工验收、结算阶段等工作。

三、健全管理制度，规范管理开展

参考广州市重点办及优秀企业的管理制度，结合安置新社区规划建设工作特点，制定并印发实施《各部门职能、职责、岗位设置及工作流程》《日常工作管理制度》《财务管理制度》《技术管理部制度》《工程管理部制度》《质安验评部管理制度》《村社质量监督小组管理制度》《工程季度巡查评价制度》等制度，明确领导分工及各部门和项目管理组的职能、职责、岗位设置、工作流程，规范各部门工作职责和管理制度，让一切工作有章可循，有据可依。

第三节　成立管理部门

管理工作流程作为管理制度中一个重要的部分，是增城荔湖安置办管理工作开展的重要依据，从思路上保障了管理工作的有序开展。

一、综合管理部

（一）部门职能

综合管理部是本办的综合办事部门，对外以组织协调为主，对内以管理协调为主，负责文秘、行政、后勤和资料管理工作。

（二）主要职责

（1）负责组织协调日常管理工作，传达贯彻落实上级领导机关下达的任务和交办事项，承办本办行政决策的上传下达以及各级职能部门和其他各相关单位报请事项。

（2）负责日常办文、办事、办会、宣传、信息通报、保密工作。

（3）负责对外联系、接待和重要会议、活动的组织协调工作。

（4）负责协调各部门之间办公资源分配及使用工作，统筹项目部门后勤保障工作。

（5）负责协助做好项目前期的土地报批、立项、招投标等工作，配合协调各部门、各安置区工程组进行项目前期运作，协助办理各项前期手续。

（6）负责协助做好各部门资料的归档及档案管理。

（7）负责落实完成主任、副主任安排的其他工作。

由部长负责主持部门全面工作，组织本部门工作人员努力完成所承担的各项工作任务，协调部内外各方面联系工作，做好本部门行政决策和建议意见的上传下达，完成领导交办的其他工作。分管人力资源工作，统筹组织全办的人力资源战略规划、用人总体需求计划、人员培训计划等工作。

部门副部长协助部长开展计划统筹、文秘督办工作，负责年度总体工作计划的编写及项目前期立项审批工作的事项跟进；负责日常办文、信息通报、工作简报、督办事项等的监督和审核工作；负责督促、检查行政管理规章制度的贯彻执行；分管保密（印章）档案工作；完成领导交办的其他工作。

副部长协助部长开展行政后勤保障工作。负责对外联络、接待、信访工作，协调、统筹本办各种大型活动计划安排及会务保障工作，组织相关工作人员努力完成所承担的各项工作任务，完成领导交办的其他工作。

此外，分别具体设置人力资源岗、文秘和督办岗、秘书督办岗、行政后勤管理岗、资料档案管理岗、接待管理工勤岗、车辆驾驶工勤岗，从人力资源管理、收发文件、情况通报、活动安排、资料登记以及技能管理等方面逐步落实管理。

（三）岗位设置构架图（图3-2）

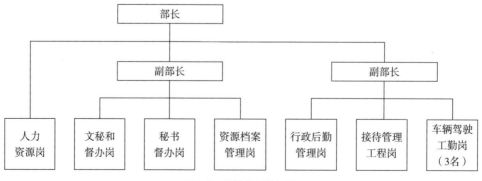

图3-2 岗位设置构架图

（四）工作流程

1. 用章办理流程（图3-3）

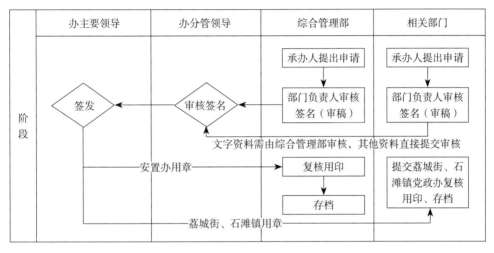

图3-3　用章办理流程图

2. 收文办理流程（图3-4）

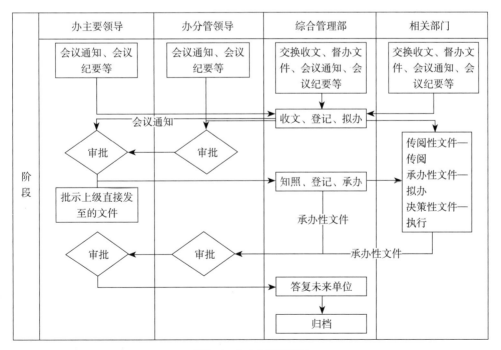

图3-4　收文办理流程图

3. 发文办理流程（图3-5）

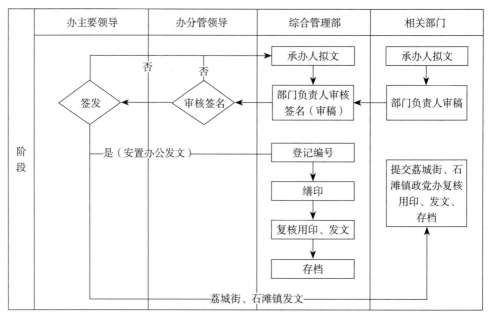

图3-5　发文办理流程图

4. 项目立项等前期工作办理流程（图3-6）

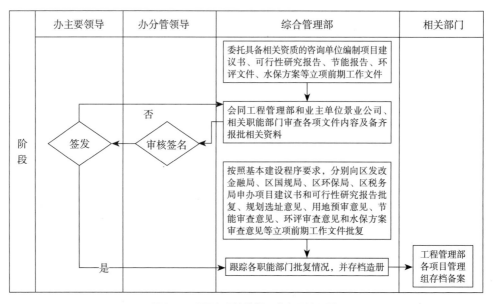

图3-6　项目立项等前期工作办理流程图

二、技术管理部

（一）部门职能

技术管理部是本办项目建设前期、设计管理以及施工过程中、完工后的各项技术管理的主管部门，为本办的重大决策提供技术支持。负责编制、修订设计任务书、设计指引及审核村民安置需求；负责工程项目勘察、设计的组织管理工作，项目前期报审报批工作，技术档案及相关信息的管理工作；统筹协调和处理项目实施中的技术问题，负责本办的技术审核，组织技术论证、评审，确定重大的技术选向、技术方案；并对勘察、设计、施工图审查单位现场配合情况进行监督管理。

（二）主要职责

（1）负责在项目前期阶段，根据安置需求、项目定位及特点，组织编制用于指导设计招标或规划设计工作所需的设计任务书及设计指引等技术文件，对11个安置新社区的规划、设计、建设、装修标准进行平衡统一；负责与村民沟通协调方案设计需求工作，审核规划、设计文件是否满足村民安置需求，是否按村民安置需求将技术选向、功能要求、技术合理性落实到施工图，并根据村民安置使用需求对设计方案、施工图、建设标准、装修标准等提出合理优化调整意见。

（2）负责安置新社区的立面景观审核工作，重点对11个安置新社区单体建筑方案的立面效果（形态、色彩、选材、屋顶形式）等进行把关。

（3）负责项目勘察、规划设计、方案设计、初步设计（含设计概算）、施工图设计（含施工图预算）、施工图审查的组织管理工作；负责项目实施过程中的技术交底、设计配合、驻场设计服务、设计巡查管理工作；负责项目的设计变更管理工作。

（4）负责工程项目施工建设前的报建、报审、报批工作。

（5）负责组织工程建设项目初步设计阶段技术方案的审核工作，组织专家评审新技术、新设备、新材料及新工艺；负责组织工程建设项目各阶段中的设计、采购及施工等方面的重大技术方案以及重要技术文件的审核工作。

（6）负责各类（包括上级部门变更、安置办变更、安置需求变更、设计单位变更、监理单位变更、施工单位变更）设计变更的审核。

（7）负责项目实施各阶段技术图纸（含设计变更）及技术文档的归档、下发、借阅及移交工作；负责项目工程竣工档案资料的归档、移交工作。

（8）完成主任、副主任安排的其他工作。

由部长主持技术管理部全面工作，组织本部工作人员努力完成所承担的各项工作任务，协调部内外各方面联系工作，当好领导的参谋和助手。

部门副部长配合部长分管本办项目建设前期、报建报批协调、项目设计方案、规划总图信息控制及档案资料管理工作。组织相关工作人员努力完成所承担的各项工作任务，完成领导交办的其他工作。

同时，副部长协助部长分管勘察、设计组织管理、设计技术评审及设计变更管理工作。组织相关工作人员努力完成所承担的各项工作任务，完成领导交办的其他工作。

设置综合协调管理岗负责本部技术评审会议召集、组织专家评审会议并撰写会议纪要；负责各专业技术信息、资料的收集、编制工作；负责本部接待管理、收文管理及回复发文工作。

设置报建协调管理岗负责向建设行政主管部门以及规划、消防、人防、卫生防疫、水保、文物保护等相关专业主管部门报审报批及相关协调工作。规划总图管理岗、建筑设计管理岗、结构设计管理岗、装修设计管理岗、设备专业管理岗、市政园林设计岗负责项目初步设计、施工图设计、施工图审查的组织工作；以及项目实施过程中的设计技术交底、设计配合、驻场设计服务、设计巡场等管理工作；负责项目的设计变更管理工作。

设置档案信息管理岗，负责项目各阶段技术图纸、项目勘察资料、方案文本、过程文件的登记、归档、下发、借阅，项目工程变更、工程签证的汇总、归档，项目工程竣工档案资料、办内技术图纸、技术文档的归档、移交工作。

（三）岗位设置构架图（图3-7）

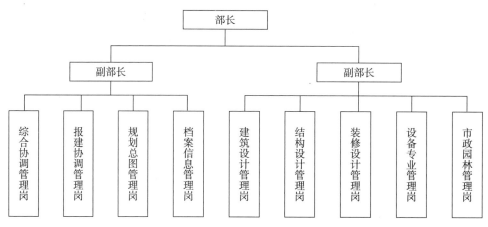

图3-7 岗位设置构架图

（四）工作流程

1. 设计任务书编制审核流程（图3-8）

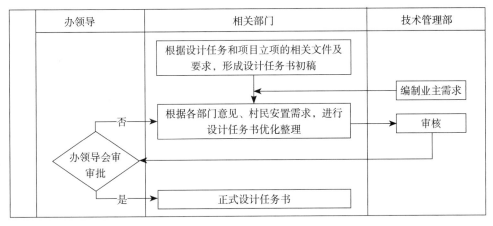

图3-8 设计任务书编制审核流程图

2. 方案设计确认流程（图3-9）

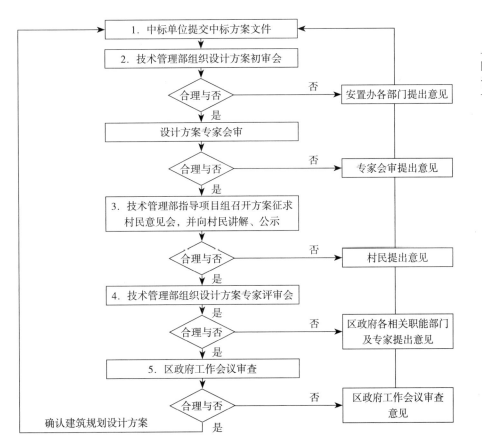

图3-9 方案设计确认流程图

3. 设计总控计划流程（图3-10）

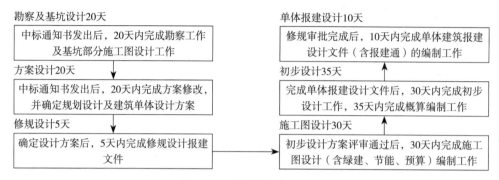

图3-10　设计总控计划流程图

4. 设计变更提起流程（图3-11）

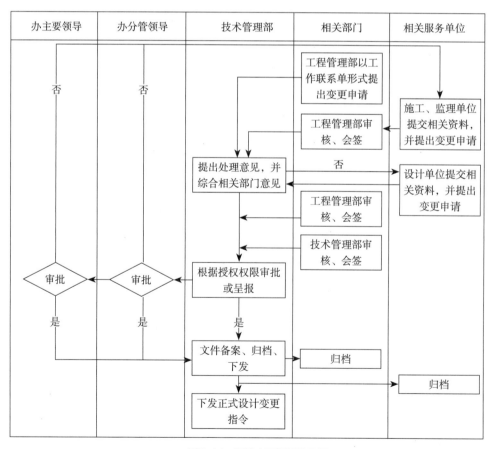

图3-11　设计变更提起流程图

5. 设计变更审批流程（图3-12）

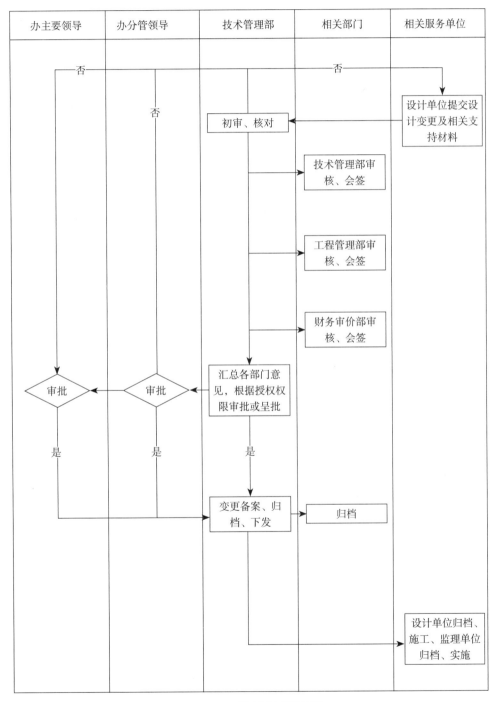

图3-12　设计变更审批流程图

6. 技术成果审核确认流程（图3-13）

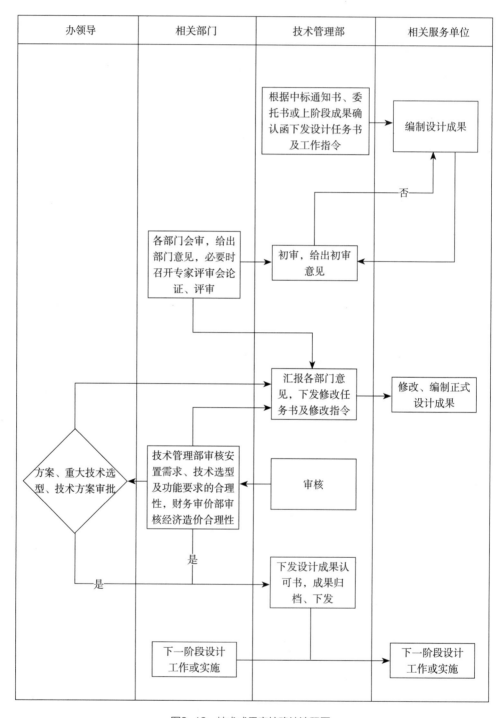

图3-13 技术成果审核确认流程图

7. 设计成果业主内部评审流程（图3-14）

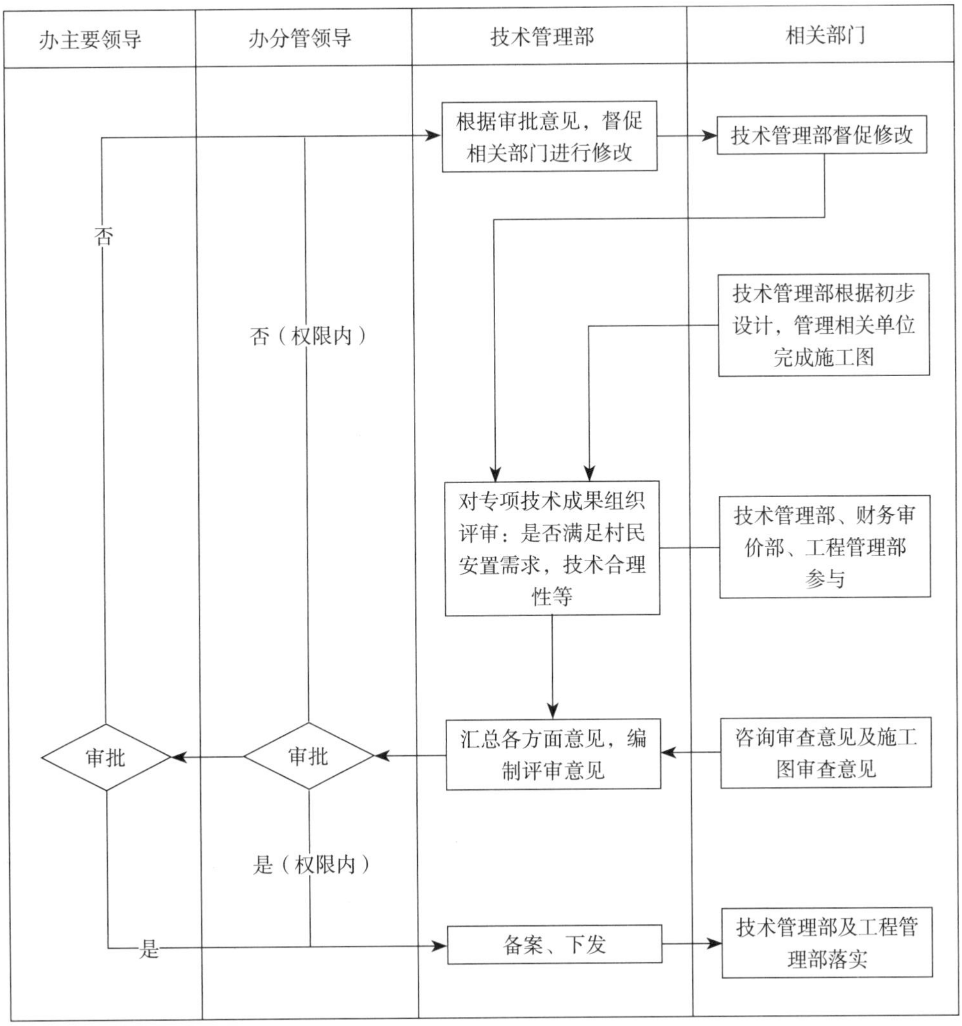

办主要领导	办分管领导	技术管理部	相关部门
		根据审批意见，督促相关部门进行修改 →	技术管理部督促修改
		技术管理部根据初步设计，管理相关单位完成施工图	
		对专项技术成果组织评审：是否满足村民安置需求，技术合理性等	技术管理部、财务审价部、工程管理部参与
审批 ←	审批 ←	汇总各方面意见，编制评审意见 ←	咨询审查意见及施工图审查意见
否	否（权限内）		
是	是（权限内）	备案、下发 →	技术管理部及工程管理部落实

图3-14 技术成果业主内部评审流程图

三、工程管理部

（一）部门职能

工程管理部是本办的项目建设施工阶段组织、指挥、协调和现场综合管理的主管部门。负责项目进度、质量、安全、文明施工、环境、收尾等建设管理工作，征地拆迁的协调、联系工作。工作范围包括项目准备阶段、施工阶段、工程收尾阶段（包括但不限于竣工验收、整改、工程移交及实物移交、工程结算等）及工程质量保修等阶段的质量控制、安全生产监督管理、投资控制、进度控制、合同管理、信息管理、组织协调等管理工作。

（二）主要职责

（1）负责工程质量管理。进行工程质量策划、确定质量目标，编制质量计划、运用动态控制原理进行工程质量控制，对项目质量状况进行检查、分析并制定和实施质量改进措施。组织设备、材料看样定板工作，对材料进行过程控制，落实本办的工程质量目标。

（2）负责项目进度管理。根据项目管理规划或项目总体计划的安排，编制施工进度计划，并按项目实施过程、专业、阶段、承包单位进行分解；实施进度计划，跟踪检查与调整，及时解决存在的问题与偏差，落实本办的工期目标。

（3）负责项目投资的事中控制。根据合同约定审批工程签证；审核施工图预算、计量支付、工程签证的工程量；负责50万元以下设计变更的审批；负责50万元（含50万元）及以上设计变更的初审。

（4）负责项目环境管理。根据批准的建设项目环境影响报告，通过对环境因素的识别和评估，确定管理目标及主要指标，对工程项目环境管理工作进行总体策划和部署，建立组织，制订措施，对环境因素进行控制，实施文明施工。

（5）负责合同的实施控制。根据合同要求落实人工、材料、机械设备等计划，保证实现合同约定的工期、质量、安全等目标。

（6）负责工程项目建设的组织、指挥与协调工作。

（7）负责项目施工阶段的施工报建、报监、审批，及申报绿色建筑设计标识等工作。

（8）负责征地拆迁的协调、联系工作，协调解决各安置新社区村社质量监督小组反馈的问题。

（9）负责工程项目的收尾管理。负责编制项目竣工收尾工作计划，组织工程竣工验收，组织绿色建筑竣工标识申报，主持项目移交以及保修期的全部工作。

（10）负责工程施工单位、监理单位进行协调管理，检查与督查施工单位及驻地监理认真履行施工合同、监理合同。

（11）负责工程实施各阶段技术图纸（含设计变更）及技术文档的档案收集、整理工作，整理完毕后移交技术管理部存档。

（12）完成主任、副主任安排的其他工作。

设置管理岗由部长主持工程管理部全面工作，负责部门内部及对外的协调工作，确保完成办交付的工作任务。荔城组副部长协助部长分管有关安全、质量、进度、投资等方面的管理工作，负责荔城街8个安置新社区的施工组织、现场管理工作及荔城街征地拆迁安置协调工作。石滩组副部长协助部长分管有关设计协调、造价协调及信息管理、综合计划管理、档案汇编工作，负责石滩镇3个安置新社区的施工组织、现场管理工作及石滩镇征地拆迁安置协调工作。综合计划管理岗负责部内计划统计、合同管理、竣工档案、计量等管理工作，上报各类资料和处理文件。

设置专业技术岗位，特别是现场管理技术服务岗指导各安置新社区项目组执行落实上级部门、增城荔湖安置办、工程管理部的各项技术标准和工作要求；协助各项目组管理有关安全、质量、进度、投资等方面的工作；协助各安置新社区的施工组织、现场管理工作；针对各安置新社区现场管理中存在的安全、质量、进度等问题提出专业技术意见、建议并编制纠正措施和实施方案；完成工程管理部安排的其他工作。

（三）岗位设置构架图（图3-15）

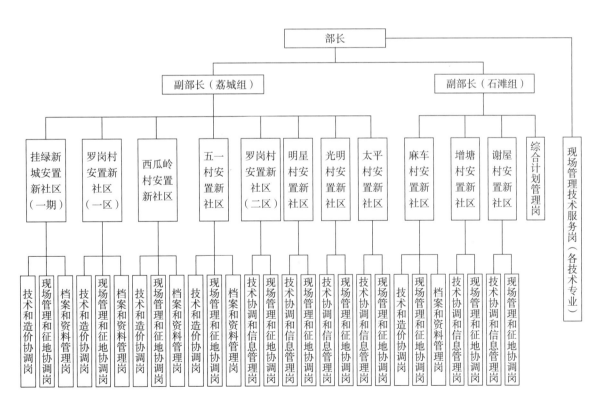

图3-15 岗位设置构架图

（四）工作流程

1. 工程签证工作流程（图3-16）

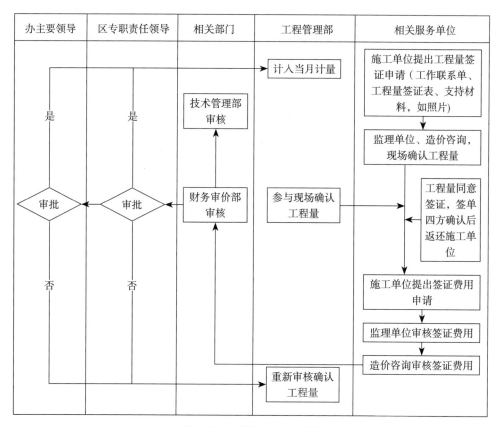

图3-16　工程签证工作流程图

2. 施工图会审流程（图3-17）

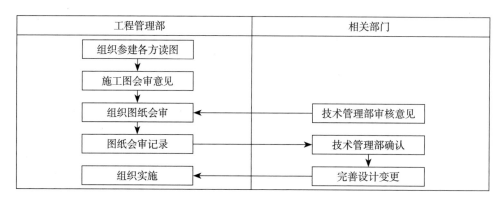

图3-17　施工图会审流程图

3. 重大施工组织方案评审流程（图3-18）

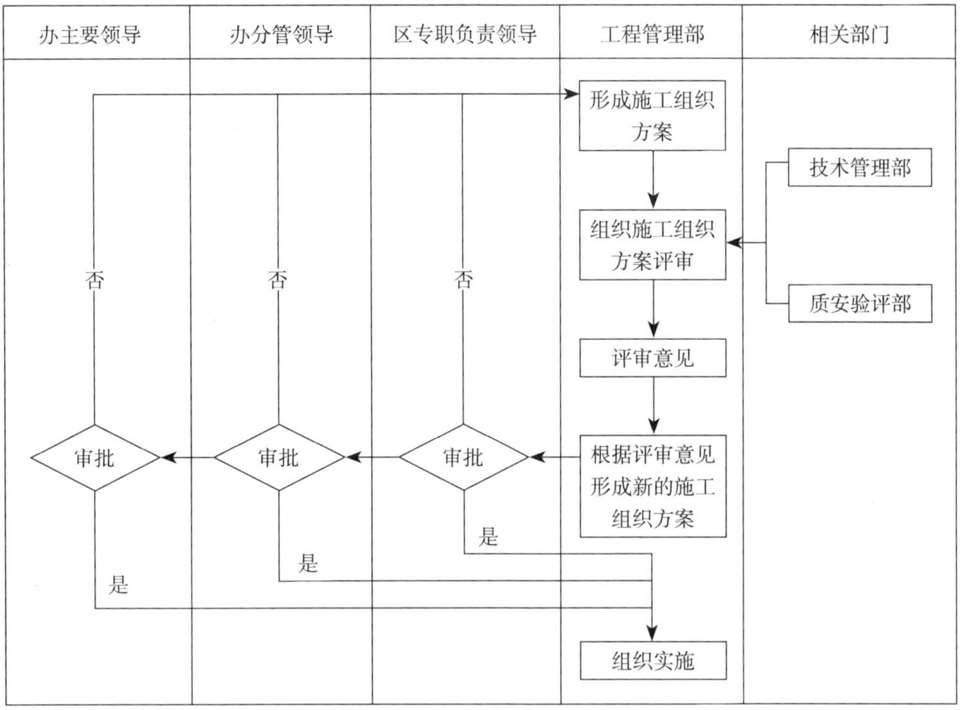

图3-18　重大施工组织方案评审流程图

4. 质量控制流程（图3-19）

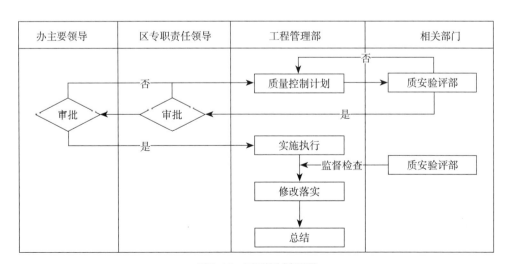

图3-19　质量控制流程图

5. 进度控制流程（图3-20）

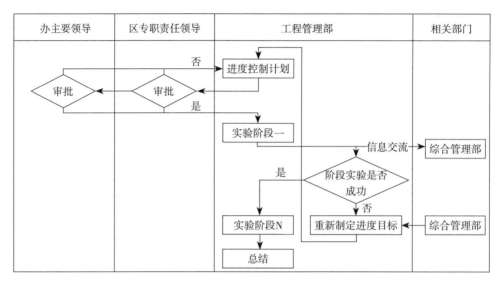

图3-20 进度控制流程图

6. 施工竣工工作流程（图3-21）

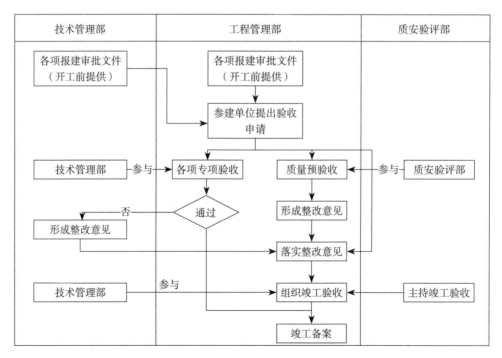

图3-21 竣工验收工作流程图

7. 安全控制流程（图3-22）

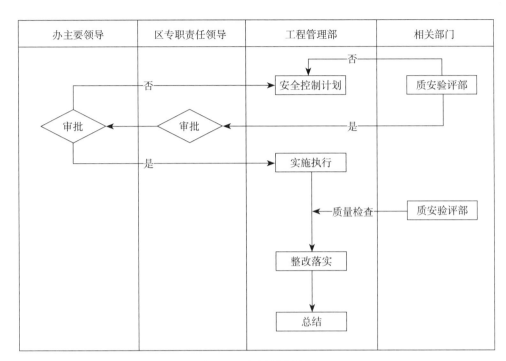

图3-22 安全控制流程图

四、质安验评部

（一）部门职能

质安验评部是本办工程项目质量、安全、文明施工的监督管理，主持工程竣工验收，主持对施工单位、监理单位综合考评的主管部门。负责主持落实法人建设单位、设计、勘察、施工、监理和检测单位的质量安全管理责任；对施工单位、监理单位综合考评；全面掌握施工现场生产活动状况，及时消除事故隐患，防止质量、安全事故发生，提高各项目施工质量、安全生产和文明施工的实施标准；主持工程竣工验收。

（二）主要职责

（1）负责制定11个安置新社区的工程项目质量安全监督管理方案，根据建设工程质量管理有关规定，建立和遵循严格的工程质量监督程序，落实建筑工程各方主体项目负责人的质量安全责任，加大建设工程质量监督的力度，确保建设工程质量。

（2）对暂不具备质量安全监督登记的项目，提前介入对工程质量和安全实行常态化的监督管理；对具备质量安全监督登记的项目，负责与区建设工程质量监督机构共同对工程质量和安全实行监督管理。

（3）负责工程项目施工质量、职业健康安全、环境管理工作的指导、检查和监督；负责督促监理单位按规范要求对主要及关键工序和隐蔽工程进行检查、验收；负责督促监理单位组织对进场材料、半成品、成品、设备的检查和验收；负责对施工过程中出现的重大质量、职业健康安全和环境问题（事故）的处理。

（4）负责与增城区建设工程质量安全监督机构的沟通和协调工作，确保每个安置新社区均由质量安全监督机构安排专人（2名监督员）进行专职监督管理，监督员参加工地例会，协调解决工地的技术问题，向项目管理组报告工作，针对项目工地存在的质量、安全问题进行专题研究，向本办定期反馈工作建议。

（5）督促施工、监理单位加强对深基坑、高大支模、大型起重设备、超高排栅等危险性较大的分部分项工程安全管理，并按实施节点落实各项安全管理规定：专项施工方案编制和审批、专家论证、双确认验收、实时监测、对其中设备定期检测维保等，落实监理监管责任，有效保证防范和遏制建筑施工生产安全事故的发生。

（6）负责参与项目管理组主持的工程建设项目竣工验收工作；负责对各工程建设项目分部工程验收及专项验收的指导和督查工作。

（7）负责主持施工单位、监理单位等参建单位的综合考评工作及项目评优工作；负责编制合同履约综合考核、考评管理规定。

（8）完成主任、副主任安排的其他工作。

部长主持部门全面工作，分管计划综合考评的管理工作，协调联系部内外工作。

副部长协助部长分管质量、职业健康安全环境管理组工作；分管督察组质量、职业健康安全环境巡检督察工作；负责与政府相关质量、安全监督管理部门及建筑业联合会的沟通与协调工作。

（三）岗位设置构架图（图3-23）

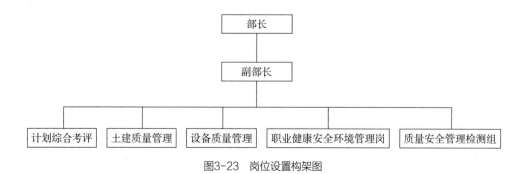

图3-23 岗位设置构架图

（四）工作流程

1. 工程质量监控流程（图3-24）

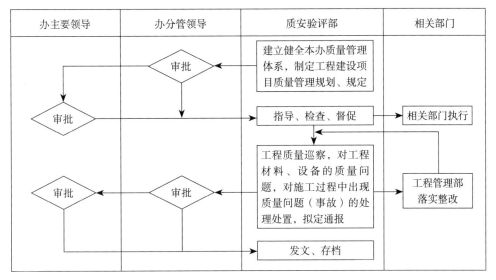

图3-24　工程质量监控流程图

2. 工程创优流程（图3-25）

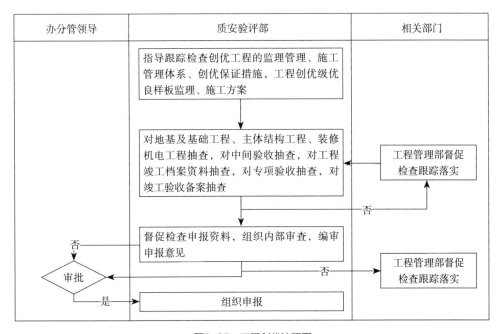

图3-25　工程创优流程图

3. 工程职业健康安全环境监控工作流程（图3-26）

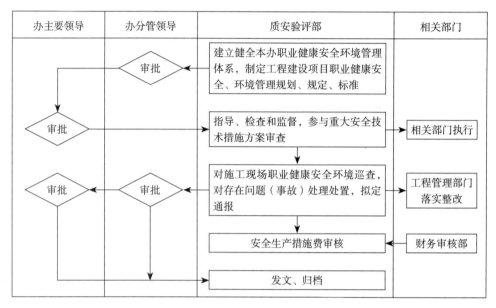

图3-26　工程职业健康安全环境监控工作流程图

4. 综合考评流程（图3-27）

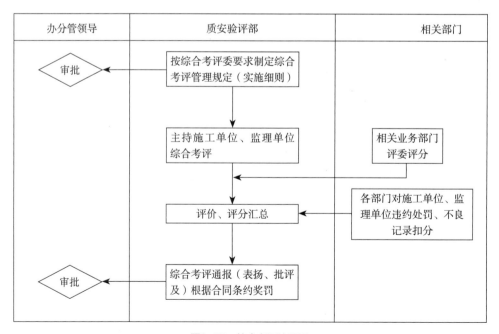

图3-27　综合考评流程图

五、财务审价部

(一) 部门职能

财务审价部是本办财务、建设单位管理费管理、工程项目成本控制及造价控制的监督审查、审计监督、合同管理主管部门,负责建设单位管理费的筹措、核付与核算;负责工程造价控制及监督检查;负责协助审计部门开展项目全过程审计跟踪工作。

(二) 主要职责

(1) 负责建设单位管理费的筹措、管理、使用、核付与核算。

(2) 负责办理资金的申请手续及支付手续,编制项目年度资金计划、额度调整等手续;负责建设项目投资成本、工程概算、预算的内部审核,负责工程造价控制及工程结算的内部审查;负责项目竣工决算财务资料移交;协助做好各项成本分析、签证、设计变更的造价审核,对合同变更引起的合同价款(造价)调整进行审查、复核,为项目的投资控制和造价控制提供咨询和决策支持。

(3) 负责各合同的归口管理,审核合同的合理、合法性,监督合同承诺的实现及合同改造的手段,对各参建单位的合同应承担责任进行管理。

(4) 负责项目的全过程审计跟踪工作。

(5) 负责落实完成主任、副主任安排的其他工作。

部长主持部门全面工作,组织本部门工作人员努力完成所承担的各项工作任务,协调部内外各方面联系工作,完成领导交办的其他工作。副部长协助部长分管工程造价审查管理工作。负责建设项目工程造价、工程概算、预算和结算的内部审核,协助做好各项成本分析、签证、设计变更的造价审核,对合同变更引起的合同价款(造价)调整进行审查、复核。协助部长分管财务资金管理工作。负责资金的申请及支付手续的审核,编制项目年度资金计划、额度调整等手续。

(三) 岗位设置构架图(图3-28)

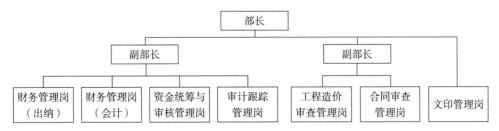

图3-28 岗位设置构架图

（四）工作流程

1. 财务报销流程（图3-29）

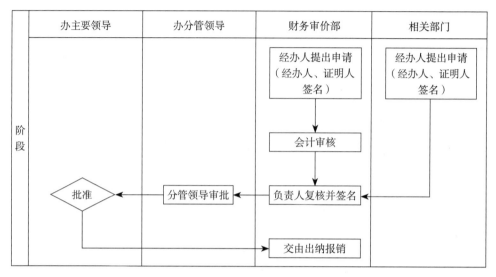

图3-29　财务报销流程图

2. 项目初步设计概算审核流程（图3-30）

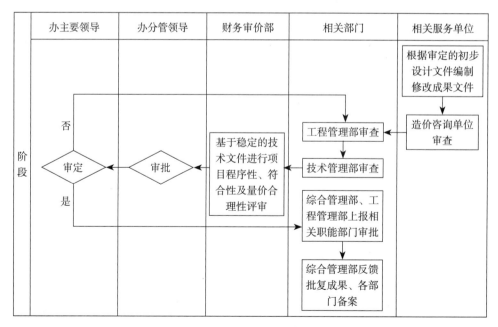

图3-30　项目初步设计概算审核流程图

3. 施工图工程量清单预算审核流程（图3-31）

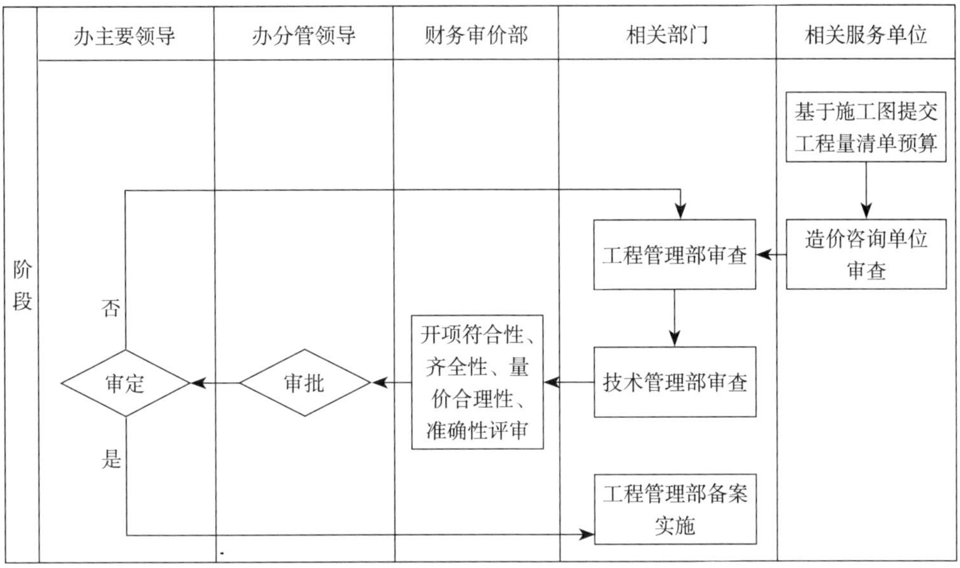

图3-31 施工图工程量清单预算审核流程图

4. 工程变更造价审核流程（图3-32）

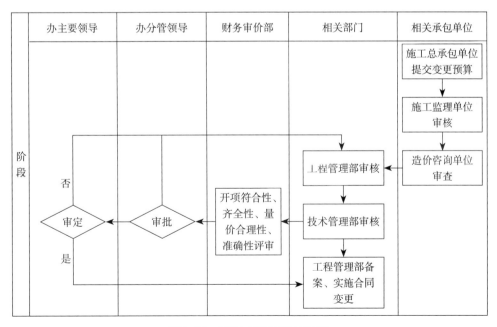

图3-32 工程变更造价审核流程图

5. 合同审批及签订工作流程（图3-33）

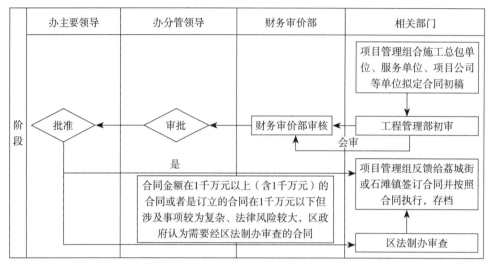

图3-33　合同审批及签订工作流程图

6. 项目全过程审计跟踪工作流程（图3-34）

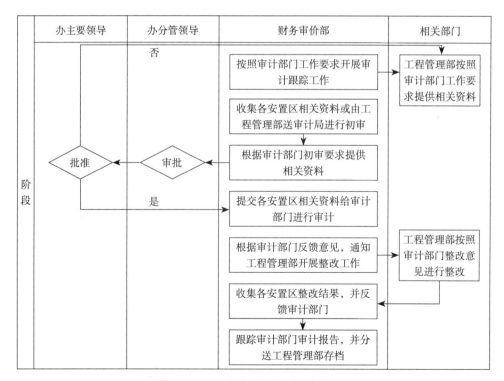

图3-34　项目全过程审计跟踪工作流程图

7. 建设工程款、服务类及其他款项请款、做基建账流程（图3-35）

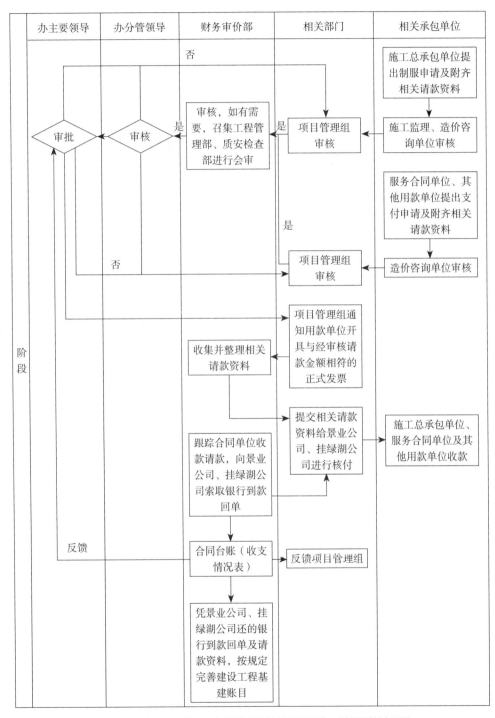

图3-35 建设工程款、服务类款项及其他款项请款、做基建账流程图

第四节　提升管理绩效

管理绩效的提升有赖于政府的全过程参与主导工作，在征地拆迁、规划建设、回迁安置等项目实施过程中，增城区各职能部门对荔湖安置新社区及周边市政配套工程开通绿色通道，平行推进、容缺受理行政审批手续。同时，增城区各职能部门实行审批通关"路条制"、谁审批谁负责组织落实、指定专人专管，避免政出多门等一系列管理思路，充分体现了增城区各职能部门的相互配合对建设管理绩效提升的重要性。

一、政府主导，优化管理

在增城区委、区政府的领导的支持下，增城荔湖安置办制定节点倒逼计划。按照倒逼机制，增城荔湖安置办在遵循增城基本建设程序的前提下，根据各节点计划要求，从规划建设、办理程序、工程建设等方面同步落实，平行推进。

（一）确定用地红线、选址

荔湖街、石滩镇9条村的11个安置新社区用地红线于2013年7月底前全部确认并获得增城区规划部门的用地选址正式批复，并在荔湖新城控规中落实用地规划。

（二）组织编制模拟修规方案

聘请设计单位根据现有分户数情况，于2013年8月底前编制9条村安置新社区模拟修规方案及效果图，提供给各村拆迁工作组入户宣传，增强村民对征地拆迁的信心。

（三）拟定规划设计条件和建设标准

拟定安置房的规划设计条件、设计任务书、户型条件、建设和装修标准、移交时间、回购价格等，并在安置用地划拨、出让和政府开发建设文件中予以明确。

（四）协调市功能片区土地利用规划调整及办理土地征收用地报批手续

荔湖水利工程核心区范围内因水利工程建设等不再保留的现有村庄建设用地，由增城区国土部门统一将土地利用规划和建设用地指标调出，按照广东省、广州市和增城区土地利用规划调整、统筹城乡用地试点和城乡建设用地增减挂钩等政策办理新选址安置区用地报批。征地与办理用地报批手续同步推进。

（五）项目公开招标

项目拟采取政府投（融）资建设及"项目法人+勘察设计"公开招标等多种

模式同时进行。视各安置新社区土地手续成熟程度及增城区财政资金安排情况调整建设模式。

1. 政府投（融）资建设模式

由广州挂绿湖开发建设投资有限公司、广州景业投资有限公司作为承接荔湖安置新社区建设的立项、融资主体单位，属地镇街为建设实施单位，增城荔湖安置办负责安置新社区建设的各项具体工作，增城区发改、国土、规划、环保、财政、建设等有关职能部门配合，完成立项、用地、选址、环评、节能、修详规、施工图设计、财评、报建、招标等施工前期准备工作。由政府投（融）资建设的项目有：挂绿新城安置新社区一期（即明星村三期）及罗岗村（一区）、西瓜岭村、五一村、麻车村等5个安置新社区项目。

2. "项目法人+勘察设计"公开招标建设模式

政府编制安置新社区用地规划设计条件，拟定安置需求、设计任务书及建设、装修标准等，通过公开招标的方式，选定项目法人，政府将安置新社区用地划拨到中标人名下，由中标人负责承担用地范围内安置房的立项、融资、勘察设计、报建、建设组织及协助安置房分配等工作。采用"项目法人+勘察设计"公开招标建设模式的项目有：罗岗村（二区）、明星村、光明村、太平村、增塘村、谢屋村等六个安置新社区项目。

（六）项目建设实施

1. 政府投（融）资建设模式

政府通过公开招标选定设计施工总承包单位。设计施工总承包单位在增城荔湖安置办的指导和监督下，根据相关规划，完成设计和建设等任务。安置房建成后，高层公寓住宅由政府通过补交土地出让金办理完善房地产权手续，低层住宅保留划拨性质（未办理土地有偿使用，不可上市）。

2. "项目法人+勘察设计"公开招标建设模式

政府通过公开招标的方式选定项目法人及勘察设计单位、再由项目法人按国家、广东省、广州市招投标相关规定依法选定监理、施工等参建单位。项目法人在增城荔湖安置办的指导和监督下，根据地块规划设计条件、安置需求和设计任务书等要求进行规划建设。安置房竣工验收合格后整体移交给政府安置，政府按合同约定分三年支付回购价款。高层公寓住宅由政府通过补交土地出让金办理完善房地产权手续，项目法人配合政府安置和办理房产证。

（七）竣工验收、搬迁安置

荔湖街、石滩镇9条行政村的11个安置新社区建成并办理相关竣工验收后，分阶段逐步回迁安置约6000户、2.5万多名村民。

二、平行推进，容缺管理

（一）制定审批工作原则

1. 实行审批通关"路条制"

根据增城区政府的有关部署及增城区绿色通道管理办法，11个安置新社区实行审批通关"路条制"，在国土手续尚未完善前，由增城区国土规划部门出具项目供地证明后，增城区各职能部门正式受理项目的立项、修详规、人防报建、单体报建、工程招标、质量安全登记、施工许可等有关行政审批、备案手续，符合技术审查要求的给予核发正式的批准文件或证书，同时实行平行审批，容缺受理业务，各项业务不互为前置条件。

2. 谁审批谁负责组织落实

根据增城区政府有关部署及增城区稳增长促项目动工建设实施办法，增城区各行政审批部门为11个安置新社区的业务审批组织落实单位，由增城区各行政审批部门负责与安置新社区的各建设单位沟通对接，提供审批服务的路径和指引，根据职能指导和跟踪对应行政审批业务及辅助审批业务的全过程工作。

3. 指定专人专管，避免政出多门

根据增城区政府的工作部署，增城区各行政审批部门指定1名业务分管负责人统筹协调有关审批工作，指定一名业务科室负责人全程跟踪该局的所有行政报批事项，避免政出多门，提高审批效率（图3-36）。

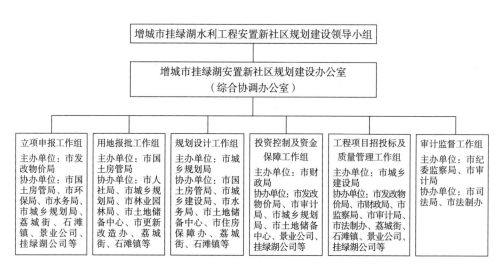

图3-36 荔湖水利工程安置新社区规划建设领导小组工作机构示意图

（二）设置专项工作小组

为扎实推进荔湖水利工程安置新社区各项工作，全面完成安置新社区项目的规划、建设、安置工作，结合增城区荔湖水利工程安置新社区规划建设领导小组（以下简称"领导小组"）工作职责和实际工作需要，领导小组下设立项申报、用地报批、规划设计、投资控制及资金保障、工程招投标及质量管理、监察审计等六个专项工作组，具体抓好每个安置新社区的各项工作。

1. 立项申报工作组

负责组织开展政府投（融）资建设安置新社区项目的立项、规划选址、土地预审及环境评价、节能评估、水土保持方案、可行性研究报告等的编制、申请和有关报批工作，完成政府投（融）资项目的工程可研立项申报；负责组织开展"项目法人+勘察设计"招标模式建设安置新社区项目的前期工作立项和项目法人中标后的立项申报工作，完成前期工作立项，完成"项目法人+勘察设计"招标项目的工程可研立项申报；解决安置区外接排水设施的问题。

2. 用地报批工作组

负责组织安置用地的土地利用规划调整、组织材料申报用地报批手续；拟订安置用地的供地方案及安置地块的土地收储、整合出让、划拨等各项工作；负责办理土地预审、土地使用证，低层住宅用地办理国有建设用地划留手续，以及高层安置房办理土地登记和房屋产权登记等工作。根据增城区政府部署，完成有关用地材料的上报工作，争取尽早获得广东省规划和自然资源部门的农转用指标批复；安置房建成移交使用后，一年内完善土地登记和房屋产权登记等手续。

3. 规划设计工作组

负责组织编制安置新社区用地规划设计条件，拟定安置需求、设计任务书及安置房和配套设施的建设标准、装修标准等，并组织有关专家审查、研定；负责项目规划、勘察、设计的组织和管理工作，并做好安置新社区规划设计方案研定、修详规审批、民用建筑应建防空地下室的项目审核、初步设计审查、规划报建、建筑节能审查、施工图纸审查等相关工作，完成项目施工前期的报批报建工作；负责项目建设实施过程发生的规划设计调整、项目完工后规划验收等的组织和审查、研定工作。

4. 投资控制及资金保障工作组

负责组织安置新社区项目的初步设计概算、工程预算、工程结算、财务竣工决算审核管理工作，组织招标参考价编制和工程量清单、设备采购清单、招标控制价审查，协助做好签证、设计变更造价审核，以及负责工程建设全过程造价、投资控制；负责项目资金计划的制定，工程计量、进度款支付的审核，以及项目资金的支出、使用的财务管理工作；负责筹集土地收储资金及项目建设资金，负责土地收储资金、安置新社区项目建设资金、土地出让收入的分配、使用、监管，保障安置新社区项目建设资金的来源。

5. 工程项目招投标及质量管理工作组

负责组织编制招标公告、资格审查文件、招标文件、组织招投标等项目招标的组织和管理具体工作；负责合同制定、签署和合同跟踪管理；负责项目施工报建及项目进度、质量、安全、文明施工、环境、收尾等建设管理工作；负责审核各种施工方案和工程设计变更，组织专家评审新技术、新材料和各工艺样板，及时解决项目建设过程中的各种技术问题，对设计单位、施工单位进行协调管理；负责组织工程竣工验收及对建设单位、施工单位、监理单位的跟踪考评等工作。如发生项目法人严重延迟项目建设或严重影响公众利益的紧急情况下，介入项目建设或接管项目。根据增城区政府部署，启动政府投（融）资项目、"项目法人+勘察设计"模式项目的挂网公开招标，在合理的时间内完成安置新社区的项目招标工作；项目建成后办理主体工程和专项工程的验收和办理移交手续。

6. 监察审计工作组

负责安置新社区项目从立项、设计、建设到回购、安置的全程跟踪和督办；对项目的责任单位进行纪律监督，对资金规范使用情况及有关建设程序进行全程审计监督；负责对项目实施过程起草的有关文件、合同、协议书等进行分析、研究和合法性审查。

（三）落实专项工作机制

1. 统一领导，分工负责

各专项工作组根据倒逼机制，制定落实、保障完成任务的工作方案，专项工作组组长为牵头职能部门一把手，视情况落实各专项工作组的人员架构，细化专项工作组成员单位的工作责任分工，分解工作任务，明确工作节点，落实工作责任，强化节点性工作的推进。工作方案报送至增城荔湖安置办汇总后，上报领导小组决策。

2. 建立工作保障机制

各成员单位局长为第一责任人，指定1名副局长统筹协调有关工作，指定1名业务科长全程跟踪安置新社区事项，根据各节点工作需要及部门工作完成情况，必要时抽调业务科长入驻增城荔湖安置办专职工作。各职能部门必须按照"谁审批谁负责落实"的原则开展工作，切实发挥职能作用，优化办理程序，容缺受理审批，平行推进工作，涉及安置新社区项目的各项征求意见回复和审批业务的办理期限原则不超3天。

3. 建立协调工作会议机制

领导小组根据增城区委、区政府的工作部署、工作指示或各成员单位提出的工作建议，适时召开相关协调工作会议。安置新社区项目正式全面动工前原则上每周召开一次会议，项目实施进入正常程序后，视实际情况需要，每半个月召开一次。

4. 建立信息报送机制

实行每周一报定期信息报送制度，各专项工作组牵头单位于每周五15:00前将职责工作进展情况、存在问题、工作计划和建议措施，报送增城荔湖安置办，由增城荔湖安置办汇总梳理相关情况后上报领导小组。特别重大的问题，由增城荔湖安置办提交领导小组工作会议研究协调解决。

5. 建立工作督办机制

增城荔湖安置办除完成本职工作任务外，还需就增城区委、区政府及领导小组作出有关安置新社区项目规划建设的重要决策、重要工作部署以及项目推进中的节点性工作，对各专项工作组和其他职能部门的完成情况进行督办。检查督办情况汇总后报送领导小组和相关区领导。

三、部门联动，高效管理

（一）部门联动，平行推进工作

荔湖水利工程安置新社区为增城区重点工程，建设任务重、周期长，为确保各个环节、各项工作顺利推进，各成员单位切实发挥职能作用，优化办理程序，容缺受理审批，平行推进工作。按照"谁审批谁落实"的原则，明确部门职责如下：

（1）广州市规划和自然资源局增城分局负责落实项目的有关规划审批工作，依法出具项目选址意见、规划设计条件、规划方案审查和规划报建证等；负责为政府融资土地出具供融资使用的规划条件。负责落实项目的用地预审报告审批及安置地办证工作；同时负责办理安置区建设用地的土地利用规划调整及土地征收报批手续，为安置区建设提供用地指标保障。负责拟订安置用地的供地方案及安置区选址地块的土地收储、整合出让、划拨等各项工作。负责落实纳入"三旧"改造的安置地的土地权属登记、用地报批及具体组织协调工作。

（2）广州市增城区住房和城乡建设局负责将安置新社区项目纳入2014年的保障房任务预备项目，并与年度土地供应计划相衔接，优先确保安置房项目用地供应，同时落实保障性住房的各项税费政策。负责项目的工程建设招标备案、施工图设计审查、施工许可审批工作，并对工程招投标活动进行监督管理，对工程质量、施工安全等进行监督管理。

（3）广州市增城区发展和改革局负责落实项目的立项、节能评估、可行性研究报告等的审批工作。

（4）广州市生态环境局增城分局负责落实项目的环境影响评价审批工作。

（5）广州市增城区水务局负责协调荔湖水利工程湖区建设与安置新社区规划建设的用地关系，保障安置新社区用地需求；负责安置新社区建设的用水报装和排水排污审批、验收等工作。

（6）广州市增城区财政局根据项目所需资金，负责资金筹集、支付、管理等的具体工作，完善资金使用流程；同时负责对整个安置新社区规划建设工程项目资金进行融资，多渠道筹集建设资金；负责工程概（预）算、工程招标最高限价备案等评审工作。

（7）广州市增城区司法局负责对项目实施过程起草的有关文件、协议书等进行分析、研究和合法性审查，并提出意见和建议等。

（8）广州市增城区纪委监委机关负责对项目的责任单位进行纪律监督。

（9）广州市增城区审计局负责对项目的资金管理和规范使用情况及有关建设程序进行全程监督。

（10）广州挂绿湖开发建设投资有限公司、广州景业投资有限公司为承接安置新社区建设的立项、融资主体单位，负责对安置新社区项目资金进行融资，多渠道筹集资金，同时确保安置新社区建设工程进度款及时拨付到位。

（11）增城区人民政府荔城街道办事处、增城区石滩镇人民政府为安置新社区建设项目的前期业主单位和实施建设单位，负责完成安置新社区项目立项、规划、建设等的有关报批手续，协助做好土地收储、出让及施工协调等工作。

（二）政府协调，落实建设资金

根据荔湖水利工程11个安置新社区规划方案，共需建设安置新社区总建筑面积约250万平方米，项目建设、投资规模数额大，需增城区政府通过土地储备整理融资资金、开发地块土地出让收入等多种模式筹资建设资金，针对安置新社区建设操作模式的特点，采取短、中、长相结合的方式，按照安置新社区建设进度予以分步安排，统筹落实建设所需资金。

（三）联动机制，提高工作效率

1. 统一领导，分工负责

细化增城荔湖安置办、荔湖水利工程安置新社区规划建设领导小组各成员单位和专项工作组工作分工，分解工作任务，明确工作节点，落实工作责任，强化节点性工作的推进。专项工作组组长为各牵头职能部门一把手，按照"谁审批谁负责落实"的原则，各成员单位要切实发挥职能作用，根据倒逼机制，优化办理程序，容缺受理审批，平行推进工作。

2. 建立协调工作会议机制

荔湖水利工程安置新社区规划建设领导小组根据增城区委、区政府的工作部署及工作指示或各成员单位提出的工作建议，适时召开相关协调工作会议。安置新社区项目正式全面动工前原则上每周召开一次会议，项目实施进入正常程序后，视实际情况需要，每半个月召开一次。

3. 建立信息报送机制

实行每周一报定期信息报送制度，各专项工作组牵头单位于每周一17：00前将职责工作进展情况、存在问题、工作计划和建议措施，报送到增城荔湖安置办，由增城荔湖安置办汇总梳理相关情况后报送领导小组。特别重大的问题，由增城荔湖安置办提交领导小组工作会议研究协调解决。

4. 建立工作督办机制

增城荔湖安置办除完成本职工作任务，还需就增城区委、区政府及领导小组作出有关安置新社区项目规划建设的重要决策、重要工作部署以及项目推进中的节点性工作，对各专项工作组和其他职能部门的完成情况进行督办。检查督办情况汇总后报送领导小组和相关区领导。

本章小结

　　部门联动管理的新思路快速明确了各部门分工，建立了多级管理体系，有效保障了各部门各司其职、齐抓共管，高效地推进了荔湖安置新社区规划建设。从用地红线确认、制定建设标准、规划设计、土地出让和划拨、土地确权、建设招标、施工建设、竣工验收、移交使用等具体工作。领导小组的成立强化了组织保障；以增城荔湖安置办为主的统筹建设单位的搭建，探索形成"项目负责人—办管理部门—项目管理组"三级管理机制，积极推动各项工作层层审核、严格把控、有序开展；质量监督机构的建立夯实了工程质量和安全文明的常态化监督管理，强化施工现场管理，确保安全生产及施工质量合格；专家顾问团队的引入，科学严谨地解决设计、施工、造价、美学提升等技术问题；村社质量监督小组的组建提高了安置村民参与力度，激活了村民主体的自豪感和责任心，为安置房建成后的分配工作建立群众基础。管理制度的编制与健全，更好地指导设计、建设、施工管理工作的规范、有序开展。各部门明确的工作流程及相互之间密切的配合对提升建设管理绩效发挥了极其重要的作用，强化了平行推进、容缺受理、审批通关"路条制"、谁审批谁负责组织落实、指定专人专管等一系列部门高效联动的工作机制。部门联动管理优势集中体现在工程的勘察设计管理方面，通过各部门的密切配合，平行推进，保障了拆迁村民的权益，从规划设计层面为征拆安置工作注入信心。

第四章
勘察设计管理

　　勘察、设计工作是贯彻城乡共融发展思路，展示广州增城荔湖新城风貌，体现广州增城城乡建设时代精神的重要环节。在《广州市增城副中心规划》指导下，增城从全域角度对土地资源进行再整理，通过将荔湖新城控规与增城城市总体规划、三规合一规划、土地利用总体规划等进行协调，实现对土地资源的集约节约利用，更好地发挥规划对地区开发的引领作用。规划设计阶段，管理部门遵循城乡统筹发展的政策要求和思路，组织设计单位对安置社区进行了高标准设计，荔湖安置新社区建设从房屋征收拆迁到总体规划及建筑单体设计再到建设质量以及景观提升都按高标准严格要求监督管理部门和组织实施机构。在此基础上根据城市发展、村民安置的需要明确安置需求。根据统一原则编制设计指引，在统一的设计指引下制定双控限额标准。在深化设计时根据各村不同地形及需求做出具体设计以保证各区整体风貌和合而又各不相同，强化了荔湖新城的特色。

第一节　定标准：明确管理标准

　　新城快速、健康的发展离不开政府的引导和制度的保障，充分发挥政府的调控和引导作用，明确合法合理合情的征迁标准、设计合理有效的新城开发标准，制定统一、高效的建设标准和管理标准。荔湖安置新社区及周边市政配套工程的建设以"管理制度化、制度流程化、流程表单化、表单信息化"为主线，以项目管理标准化的可操作性、可判断性、创造性以及经济性为原则。安置标准以村民利益诉求为导向，引导安置村民参与安置房建设全过程，保障征拆、安置、回迁工作顺利进行。

一、房屋征拆补偿标准化

征地拆迁工作一直是制约工程建设进程的关键因素，直接关系到工程建设的正常推进，个别征拆节点甚至贯穿整个建设过程。为确保荔湖水利工程城乡统筹示范工作如期完成项目建设，在增城区委、区政府的领导下，增城根据实际情况制定了明确的征拆标准，属地镇街配合全面完成交地工作，确保工程建设顺利推进。

（一）总则

（1）根据荔湖水利工程核心区（65平方公里）规划建设需要，拟对该区域范围内的土地进行预征收或租用，为维护被征（租）土地村社的合法权益，按照《中华人民共和国土地管理法》《关于印发广东省征地补偿保护标准（2010年修订调整）的通知》（粤国土资利用发〔2011〕21号）、《广州市人民政府办公厅关于贯彻实施<广东省征收农村集体土地留用地管理办法（试行）>的通知》（穗府办〔2012〕7号）、《印发增城市征收集体土地补偿管理办法的通知》（增府〔2009〕19号）和《增城市挂绿湖项目实施方案》（增委办发〔2012〕30号）等有关规定，结合实际，制定指导意见。

（2）政府发布的公告或通告所划定的预征收、租用范围，禁止抢种、抢栽和抢建等违法行为。对抢种、抢栽的青苗或抢建的房屋、建（构）筑物一律不给予补偿，并依照国家有关法律、法规予以处罚。对妨碍公职人员依法执行公务的，移交司法机关处理。

（3）政府组织有资质的测绘单位对预征收、租用范围内地块的权属、地类、面积、青苗和建（构）筑物等进行调查，并与被征（租）地村社共同确认调查结果。

（二）预征收土地补偿

1. 实行综合包干价

实行综合包干价，即包括土地补偿、青苗补偿、征地养老保险等补偿，自征地公告之日起2年内，国家政策征地补偿标准或政府征收周边土地价格高于本次预征收土地补偿标准的，同意向相关村社追加土地补偿差价。综合包干价满足如下条件：

（1）土地价不得低于《关于印发广东省征地补偿保护标准（2010年修订调整）的通知》（粤国土资利用发〔2011〕21号）规定的标准，对耕地、园地、林地、养殖水面等几方面都要提供具体标准。

（2）青苗补偿标准参照以下两种方式进行补偿，具体如下：

①地上青苗补偿以土地面积为基础，以荔枝、龙眼及乌榄为主，按果树的大小、密度、高度及树形、树冠等情况分等级进行补偿，每亩补偿最高价格作出具体限定。涉及土地上有其他村社的老榄树、老荔枝树及零星的果树等，按照《印发增城市征收集体土地补偿管理办法的通知》（增府〔2009〕19号）文件精神进行实地清点。

②青苗及地上附着物补偿标准按照《印发增城市征收集体土地补偿管理办法的通知》（增府〔2009〕19号）规定的标准，上浮不超过80%执行，按清点数量计算补偿，每亩补偿最高价格做出具体限定。苗圃、花圃内的苗木、花卉、盆景等由其所有权人自行处理，只作搬迁费补偿，搬迁费由镇街与所有权人协商共同委托有资质的评估机构评估确定。对承包集体土地的青苗补偿标准，根据《印发增城市征收集体土地补偿管理办法的通知》（增府〔2009〕19号）规定进行补偿，具体由发包方与承包方商定。

（3）养老保险根据《广州市被征地农民养老保险试行办法》（穗府〔2008〕12号）规定的第三档标准进行购买。购买养老保险人数=预征收土地面积÷该村2002年末人均农用地面积。

上述三种费用由被征地相关村社按上述条件制定具体补偿方案。

2. 地上附着物补偿

地上附着物补偿（以山坟为主）分两种方法，可供被征地村社选择。

第一种方式是包干价。按照标准支付给被征地村社，由其负责对地上附着物（山坟）进行包干补偿，其他地上附着物根据《印发增城市征收集体土地补偿管理办法的通知》（增府〔2009〕19号）规定进行补偿。

第二种方式是现场清点补偿。政府组织人员现场清点地上附着物，根据《印发增城市征收集体土地补偿管理办法的通知》（增府〔2009〕19号）规定进行补偿。

3. 留用地安置补偿

根据《广州市人民政府办公厅关于贯彻实施<广东省征收农村集体土地留用地管理办法（试行）>的通知》（穗府办〔2012〕7号）和《印发增城市征收集体土地补偿管理办法的通知》（增府〔2009〕19号）规定，按照预征收土地面积10%计算，通过货币补偿、物业安置、实地留用等方式，解决被征地村社留用地问题。留用地选址须符合土地利用总体规划和城乡规划，具体以市城乡规划局的选址意见为准。在办理留用地报批期间，按照政府对留用地进行返租标准。

租金标准每五年递增20%，如此类推。返租时间以被征地村社交付土地之日起计算。

（三）租用土地补偿

青苗补偿分两种方式，可供被租地村社选择。

第一种方式是包干价，按照村社租地标准，由其负责对青苗进行包干补偿。第二种方式是按果树的大小、密度、高度及树形、树冠等情况分等级进行补偿，由被征地单位实施土地整理后按标准交地的，土地整理成本以审核确定的实际发生额为准，作为预征地补偿款的一部分给予补偿。

（四）拆迁补偿

对拆迁范围内的宅基地、住宅、商业房屋、工业厂房及仓库等建（构）筑物均认定为合理的拆迁补偿对象，充分保障村民拆迁权益，对政府核发的宅基地证、政府与村社或社员签订的协议承诺给村社或社员办理宅基地证而未办理的、政府核发的准建证明的均视为合法宅基地，按宅基地补偿标准进行补偿。

房屋的货币补偿金额由有资质的资产评估公司按房屋重置成本法进行综合评估，评估结果在被拆迁人进行签名确认后核定货币补偿金额。在增府〔2012〕12号文发布之日（即2012年12月14日）后，未办理相关手续而抢建的房屋及其他建（构）筑物，一律不予补偿；在2012年12月14日前，已被城管等部门制止并发出停建通知后仍抢建的房屋及其他建（构）筑物，一律不予补偿。

对拥有合法产权，但被拆迁人未经有关部门批准"住改商"的住宅房屋，被拆迁人能提供合法有效的工商执照或税务登记证，并实际正在营业的，其实际用于商业用途的部分，按该房屋的评估价上浮100%计算补偿。计算补偿面积按房屋首层实际用于商业用途面积确定，且只限于房屋进深15米以内部分，具体面积由镇街和被拆迁人共同确认。

对现状合法的厂房及仓库用地给予村集体建设用地使用权补偿，对没有权属证明的历史用地，按荔湖新征地标准补偿，厂房和仓库等建筑物及其附属物按评估价格补偿。

（五）安置

（1）以发布征地拆迁公告之日作为被拆迁人年龄及人口户籍核定时间，安置对象确定为：户口在拆迁范围内，有合法房屋或宅基地，并在拆迁范围内农村集体经济组织享有权利和承担义务的常住人员；原籍在拆迁范围而户口已外迁的，在拆迁范围内有合法房屋和有合法宅基地，且享受村社集体分红并承担该村社集体社员义务的人员；纯女户入赘的可享受安置。

（2）对自愿选择接受安置的住户，进行分户，分户条件如下：已婚夫妇与未婚子女为一户；已婚夫妇必须与其一男孩安置在一起为一户；四代或四代以上同堂的分户安置。在已婚夫妇必须与其一男孩安置在一起为一户的前提下，如出现四代或四代以上同堂的情况，可以享受按1500元/平方米的标准回购一套70平方米的高层指标。

被拆迁人在完成拆迁签约、交付旧房屋、青苗清表、山坟迁移等事项的前提下，以户为单位进行安置。安置方式主要包括联排户型安置、高层公寓安置、货币安置等三种。其中，高层公寓安置，可办理国有土地使用证，联排户型房屋，可办理集体土地使用证。商业房屋、工业厂房及仓库不作安置，针对搬迁及停产停业做出相应补偿。

对村集体原有公共服务设施（包括村社办公用房、卫生站、祠堂）按照规划所确定的需求面积进行安置。新建设公共服务设施面积超过原公共服务设施面积的，超出部分免费提供给村集体使用；新建设公共服务设施面积少于原公共服务设施面积的，对不足部分按照建筑成本予以货币补偿。公共服务设施作为集体物业，与安置区统一规划，建设后交由村集体管理。

（六）临迁

1. 明确临迁补助标准

因荔湖建设需要进行临时搬迁，在规定时间内腾空房屋并完成交付的人员，每户发放一定额度的搬迁奖励。

选择实物安置的，从安置对象腾空房屋并交付拆迁之日起，至政府交付安置房屋之日止，在搬迁过渡期限内，安置对象可得到1600元/人/月的临迁补贴。

选择货币安置方式，放弃全部安置指标的，每户临迁补贴从该户腾空房屋并交付拆迁之日起，一次性支付12个月的临迁补贴。放弃部分安置指标的，放弃部分按其所占比例一次性支付12个月临迁补贴；其余安置面积，按照比例逐月支付，该两方面的临迁补贴具体计算如下：放弃面积的临迁补贴额=（1600元×该户安置人口数）×（放弃面积÷240平方米）×12个月；其余安置面积每月临迁补贴额=（1600元×该户安置人口数）×[（240平方米-放弃面积）÷240平方米]。

2. 确定临迁对象

（1）享受分户户主的父母、配偶及未达到法定婚龄的子女。

（2）不享受分户，但享受回购安置且在拆迁公告之日前生活生产在拆迁范围内的被拆迁人及家庭成员。

（3）在拆迁公告之日后出生的新生儿（以出生证为准）。

（4）在拆迁公告之日后新婚的夫妇（以结婚登记日为准）。对享受财政住房公积金、住房补贴、货币分房或住房维修基金等政策的被拆迁人，不再享受临迁补助。

选择实物安置的，从安置对象腾空房屋并交付拆迁之日起，至政府交付安置房屋之日止，在搬迁过渡期限内，安置对象可得到1600元/人/月的临迁补贴，若是当月的15日之前交付的，当月补贴全额支付；若是当月15号之后交付的，当月补贴支付一半。

3. 设定奖励措施

（1）被拆迁户在拆迁公告之日起60日内签订拆迁补偿协议，一次性给予奖励5000元/户。

（2）被拆迁户在签订拆迁补偿协议之日起30日内自行搬迁并交出房屋的，另外给予奖励2万元/户。

（3）被拆迁户现居住的楼房（楼房限于混合结构或框架结构，窝棚、砖瓦屋等除外）未建至三层，政府为鼓励村民不违建、不抢建，根据房屋现状以300元/平方米的奖励其未建设到三层的面积部分。

（4）被拆迁户现唯一自住的房屋是砖瓦屋的，经村社证明并公示无异议后，可参照第十九条享受未建至三层奖励。

（七）村场征用

（1）征收的村场与安置的地块等面积抵扣。村场面积超出安置地块面积的，按荔湖周边村土地征收标准进行征收。

（2）各合作社的村场征收补偿面积=各合作社旧村场面积−分户后户均占新村场面积×分户后户数。

（3）各签订拆迁协议的安置户，视为已同意村场的征收面积及标准。相关村社需按拆迁协议的约定配合村场征收的手续办理。

（八）其他

（1）安置房选房顺序以签约时间先后划分，采用"先签约先选房"的原则，以规定完成签约的时间节点（具体时间以公告为准）划分分房批次，同一批次选房人员选择安置房的顺序通过抽签或摇珠的方式决定。

（2）其他人员的补偿安置问题由相关镇政府、街道办事处依照法律、法规、规章及村规民约或习俗惯例另作处理。

（3）其他未尽事宜，参照相关的法律法规结合实际情况执行，本指导意见的解释权归荔湖项目征地拆迁领导小组办公室。

二、规划设计标准化

总体规划围绕着荔湖设计，在建筑造型色调方面主要重在烘托出荔湖的特色，设计主要以荔湖为设计重心，建筑物外立面大部分采用浅色调为主，单体建筑均采用坡屋顶形式；在住宅户型设计方面，形成了一套两梯六户的成熟标准化户型，大多数户型为南北向，户型呈十字线布局，将空间利用率控制到最高，公摊面积控制在最小；规划建设的内容除高层住宅、低层住宅回迁安置房外，同时还配建有社区服务中心、村民委员会、党建服务中心、社区活动中心、合作社办公、卫生站、物业管理等综合服务中心、幼儿园、肉菜市场、商业等公共配套设施；在周边市政配套工程方面，根据安置新社区的建设进度及实际情况，及时介入实施建设周边市政配套基础设施，共建设18条、总长约20公里的市政道路，沿路给水、排水、污水、强电、弱电、燃气等市政管线与道路同步规划及实施建设，确保满足安置新社区建成后的交通出行、生活需求，进一步促进和完善安置新社区周边的骨架路网，提升新城市大交通环境。

（一）总体规划要求

根据《广州城市副中心（增城）核心区挂绿新城控制性详细规划》和项目规划设计条件，11个安置新社区规划总体以荔湖周边地区的"沿湖一线为低层"的规划原则为出发点，营造前低后高的湖区天际线，建设低密度（密度≤30%）、低容积率（容积率控制在1.0～1.6）高绿化率、宽楼间距的宜居小区，且在项目的规划中注意挖掘商业价值，沿湖边布局低层、低密度商业街；建筑方面，绝大多数户型要求南北向，可有适当的偏角，单体建筑采用坡屋顶形式，强调建筑风格要和荔湖周边环境协调。

1. 居住区

为使土地资源更合理利用，鼓励村民"上楼"，根据区委、区政府工作部署，选择高层住宅安置的，用地可以办理国有土地使用证，房屋在用地补交土地出让金后可以获得完全产权并可向市场流转；选择低层住宅安置的，房屋用地不补交土地出让金，同时房屋不允许向市场流转。为便于下一步办理完全产权国有土地使用证和保留划拨性质国有土地使用证的用地分界及分证手续，需在规划中落实高层用地和低层用地的红线，把两个地块明确分开，其中地下室只能安排在高层用地的用地红线内，不得占用低层地块的用地。公建区应安排或靠近在低层地块内，为增加停车位，公建区可以开挖地下停车库。

安置新社区地上总建筑面积为住宅建筑面积与配套公建、商业建筑面积之和。在地块面积许可的情况下，高层住宅及配套的商业面积可适当增加。在满足建筑日照间距的基础上，尽量多布置高层建筑，增加建设规模，提高地块容积率，既可起到节约集约用地的作用，同时多出的住宅、商业套数可作为政府以后实施的重点项目征地拆迁的现成安置房和物业。

（1）高层住宅区：由于荔湖11个安置新社区的分布位置不一致，每个地块的层高控制有所不同，其中明星村（三期）、罗岗村（二区）、增塘村、麻车村等4个安置新社区建筑高度控制在40米以下，即建筑层数控制在13层以下；其余明星村（四期）、罗岗村（一区）、五一村、光明村、太平村、西瓜岭村、谢屋村等7个安置新社区建筑高度控制在60米以下，即建筑层数控制在18层以下。适当在高层住宅首层架空层中安排休息、活动空间给村民使用；并配建地下车库，按照人车分流的原则规划道路交通系统。

（2）低层住宅区：按拆迁合同约定首先采用联排住宅方案，但考虑到已建成并入住的明星中心村工程是双拼式，为便于日后对低层住宅进行安置分配，因此在地块条件允许的情况下，目前所有安置新社区均根据村民的安置诉求设计为双拼模式的低层住宅（层高为3层）。低层住宅组团则在住宅中间设置4.8米小区道路兼作消防车道，并实行机动车入户，住宅入口均设置5.5米深的入口庭院。

配建低层住宅机动车位按不低于1泊/户室内车位设置；配建高层住宅机动车位按不低于0.8泊/100平方米设置，在地块条件允许的情况下，尽量增加机动车位数；配建商业、配套设施机动车位按不低于1泊/100平方米设置，且每5000平方米商业建筑面积设置1个装卸货泊位和1个出租车上落客泊位，并考虑幼儿园接送临时停车位设置需求。

2. 公建配套区

由于荔湖安置新社区沿用乡村的管理模式，因此新社区内根据使用需求配建了村民委员会办公，并配建了社区活动中心代替原有祠堂的喜宴、集聚会等功能，各合作社可以在分配的活动中心内自行安排会所；同时根据当地生活习惯，摆酒席的场地可以结合高层住宅首层架空层摆放，这样也方便居民的使用。根据新型社区、幸福社区建设的要求，区内还配建社区服务中心、幼儿园、文化体育娱乐设施、卫生站、商业、肉菜市场、银行储蓄、物业管理等公共服务设施，为居民提供生活、办事便利。上述配套可设置在同一栋综合服务楼内。部分安置新社区设置的配套公建可根据项目实际情况增减，但保证有物业管理用房、社区活动中心、合作社办公室等配套公建。

居民健身场地宜结合小区组团绿地设置，设置乒乓球场、羽毛球场、篮球场、室外综合健身场地、儿童游戏场、室外健身器械等体育娱乐设施，丰富村民日常健康生活的需求。

3. 周边市政配套

增城区桂绿湖水利综合整治工程安置新社区是增城区重大民生工程，周边市政配套工程也是安置新社区建设任务的重要组成部分，在安置新社区项目建设步入正轨后，政府还投入资金及时实施建设，确保周边市政配套工程与安置新社区同步规划、同步建设、同步落成使用，充分保障安置新社区回迁安置村民后的出行、通水、通电等实际需要，同时也构建荔湖新城骨架路网，提升新城区大交通环境和景观环境，进一步改善人居环境。为统一荔湖新城安置新社区周边道路环境，提高道路设计水平，增城荔湖安置办委托专业设计咨询公司组织编制荔湖安置新社区周边市政配套工程总体设计标准，作为市政配套建设项目的指导性技术文件之一。编制单位在结合荔湖安置新社区的实际并总结增城区道路建设的成功经验和教训的基础上，根据国家、行业、地方有关规范、规程、标准，对相关规范、规定作了进一步补充和细化，作为荔湖安置新社区周边道路设计的共性要求。同时，在充分征求各参建单位、设计顾问的意见，对主要问题进行会议讨论，对具体内容进行反复讨论、协调和修改，并经审查定稿。

4. 水环境及竖向规划

综合考虑荔湖新城防洪、排涝、道路纵坡、污水、雨水排放等要求，以《城市用地竖向规划规范》CJJ 83-99、《城市道路设计规范》CJJ 37-90、《建筑地面设计规范》GB 50037-96等作为规划依据，充分利用及合理改造自然地形，对荔湖新城用地内的主要控制点标高进行规划设计，使其相互协调，尽量避免土方远距离调配，最终达到建设工程布局合理、造价经济、景观美好、生态自然的目标。

对接增城区整体的水环境整治方案，荔湖新城防洪标高采用珠江高程基准，现时水位6.0米，设计水位6.5米，百年一遇洪水位6.85米，千年一遇洪水位7.05米。规划近期采用50年一遇洪水设计，远期达到百年一遇洪水设计。新建道路设计标高不低于6.85米，同时应考虑道路的沉降量。荔湖新城的地形以丘陵为主，整体地形呈西高东低，南北高中间低，规划范围最高标高为168.5米。荔湖水面标高6.5米，没有堤围，但有护岸，护岸高度为百年一遇洪水位6.85米+1米左右的高度。为保证建筑防洪安全和荔湖景观风貌，设计要求建筑物控制在离荔湖护岸100米外。

荔湖周边耕地标高较低，一般在5.0~10.0米之间。根据荔湖新城的地形地貌以及水系分布情况，把全区分为4个排水分区，荔湖北部的雨水分为两个片区，东部的主要排往增江，西部的排往荔湖，荔湖南部的雨水分为两个片区，新城大道两侧主要排往荔湖的排洪沟，西部主要排往荔湖。

道路竖向规划设计的控制点主要是荔湖的水位、区内主干道、次干道及支路上的桥梁、涵洞顶标高及道路交叉口的标高。规划在充分结合现状地形，尽量少挖少填，同时满足排涝及污水排放、工程管线敷设要求的基础上，由低至高、由外及里逐点推算而得。

规划以G324、新城大道和荔新大道已建成的其他道路的标高为设计依据，对道路主要控制点的坐标标高及坡向进行控制。由于荔湖新城部分地区是平原，地势较平坦，为能减少土方量并与现状路网较好衔接，部分路段的设计坡度（纵坡）小于0.2%，可通过适当增加横坡坡度并采取锯齿边沟的处理方式，保障路面排水的顺畅。为满足防洪排涝、地面排水的要求，地坪的设计标高应比周边道路的最低路段高程高出0.2米以上。

（二）建筑设计要求

建筑设计过程中，努力平衡各村标准，打造建筑外立面、色调、建筑设计等风格统一的安置新社区风貌标准；在户型设计、建设施工、装修标准上以样板引路打造统一建设标准；规划社区综合服务中心、幼儿园、肉菜市场、商业、车位、园建、健身设施、标识系统等完善的配套服务设施标准；建设市政配套道路，水电气信各种管线入户，污水设施提质增效等设施入户标准，以科学的态度和人性化的安置思路打造宜居的安置新社区建筑设计标准，全面提升安置新社区品质。

1. 户型配比标准

根据有关文件，村民回迁安置房分为低层住宅和高层住宅，其中低层住宅户型建筑面积为218平方米，高层住宅户型建筑面积分别为70平方米、90平方米、120平方米共三种。根据荔湖街、石滩镇拆迁安置总户数、户型选择比例等实际情况，目前安置总户数和户型选择情况已明确，选择低层户型安置约占总户数的45%，选择高层户型安置约占54%，选择货币安置约占1%。

荔湖11个安置新社区回迁房屋建筑的上述四种安置户型均是按照国家、广州市现行房产测量规范的相关规定进行规划设计和计算建筑面积，符合国土房管部门办理房产证的测量登记建筑面积规定。荔湖11个安置新社区回迁房的建设标准统一，包括车库、公共花园面积等公共配套设施的建设均严格按照国家相关规定执行，标准一致。

2. 装饰装修标准

为给被拆迁村民提供较好的居住环境，并使安置新社区建设与荔湖环境规划要求相适应，安置新社区建筑的外立面、坡屋顶及小区园林绿化等参照增城城区内已建的高档住宅小区，适当提高设计和建设标准，内部装修参照政府安置房装修标准。

3. 建筑形式控制

安置新社区的总体规划设计应体现与增城生态景观的和谐统一，立面效果、建筑风格参照新行政中心、保利一号公馆、锦绣御景苑等的成功经验，单体建筑的屋面统一采用坡屋顶形式。其中低层住宅采用全坡形式，不设上人屋面；高层住宅在满足消防要求的基础上，尽量采用坡屋顶形式，确保视觉效果，并设置上人屋面；配套公建、幼儿园、商业等单体宜根据不同区位的景观和建筑风格控制要求，同时在造型设计和造价控制允许的情况下，采用多种形式的坡屋顶造型。

4. 建筑体量控制

（1）在布局优化时沿湖沿街的建筑形体应尽可能形成高低错落、前疏后密、退界统一、相互呼应的组合形态变化，重点考虑从行政中心、新城大道、荔新公路等重要视点进行优化沿街或外围立面，通过优化坡屋顶形式，避免出现一线平齐的屋顶形式，主要针对公建和商业调整层数或层高，增加钟楼、凉亭、尖塔等附属建筑，抬高塔楼梯屋屋顶等方式，形成高低错落有致效果，丰富城市天际线变化，与增城多山丘的地形相协调。

（2）建筑坡屋顶的坡面高度应依据新城大道、荔新公路等中远距离能看到的较完整的坡面确定。高层建筑坡屋顶倾斜角度建议结合不同层次的屋顶控制为20°~45°范围之间，建筑坡屋面的坡面水平投影面积，应不小于屋面面积的20%；多层住宅特别是商业裙房、沿街商铺应依据相邻环境的景观效果，确保坡屋顶进深感足够大，屋顶倾斜角度建议控制为22°~27°之间（图4-1）。

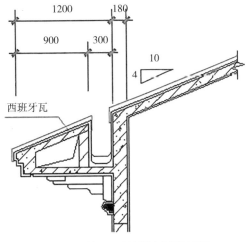

图4-1 坡屋面建议做法大样示意图

5. 建筑色彩控制

安置新社区建筑色彩总体应以"雅致、宁静、和谐"为原则，以不抢行政中心建筑色彩为前提，建筑色彩宜比行政中心明度低，且建筑色彩不得留白（图4-2）。

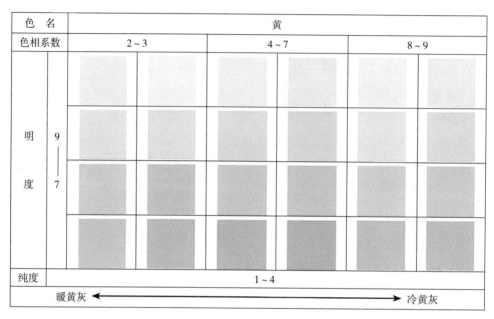

图4-2　建筑立面参考色系

（1）建筑墙体：建筑主体以浅黄灰为主色调，采取中明度，低彩色；建筑底座可配以同色系深色做对比，以丰富建筑群体立面效果。主体颜色不得采用纯白色系。高层建筑应突出"三段式"的建筑特征。

（2）建筑屋顶：以褐色、黄褐色为主，不采取鲜艳的颜色，与现状楼盘建筑相协调。

（3）建筑玻璃：以高反射、低透光率的玻璃为主导，有效避免室内如窗帘多种色彩对立面的影响，可选择深褐色或水晶灰等颜色。

三、工程建设标准化

根据增城区委、区政府工作部署，计划按照城市新社区的标准，集中建设规划合理、配套完善、交通方便、环境优美的新社区，并与美丽乡村、幸福社区、现代化中等规模生态城市建设结合起来，提升城镇化发展水平，拓展新城市中心发展空间。荔湖11个安置新社区规划建设起点高，配套设施完善，居住环境优美，建设标准统一。使原村民成为新城市中心建设的第一批居民，优先享受到城乡统筹发展的成果。

在安置新社区建设标准化方面，制定《增城区挂绿湖水利综合整治工程安置新社区设计指引（试行）》，确保各项目的设计、建设、装修标准等达到基本平衡统一，确保回迁安置新社区的建设标准一致；同时同步制定了中高档次的材料品牌库，确保各安置新社区的装修标准统一；在周边市政配套工程建设标准化方面：为统一荔湖安置新社区周边道路环境，提高道路设计水平，根据国家、行业、地方有关规范、规程、标准，在总结增城区道路建设的成功经验和教训的基础上，制定了《增城区挂绿湖安置新社区周边市政配套工程总体设计标准（试行）》作为周边市政配套项目最主要的指导性技术文件；制定《增城区挂绿湖安置新社区周边市政配套工程市政景观美学提升设计顾问指导（试行）》及《增城区挂绿湖安置新社区周边市政配套景观设计标准（试行）》作为周边市政配套工程景观专业的设计标准文件，并从多元素多角度分析景观提升方向及价值的指导性技术文件。

（一）总体项目标准

荔湖11个安置新社区规划总用地面积约2108亩，总建筑面积约250万平方米，共建设安置房约14850套（含70平方米、90平方米、120平方米、218平方米户型总套数），其中：

（1）挂绿新城（一期）、罗岗村（一区）、五一村、西瓜岭村、麻车村5个安置新社区采用政府投（融）资模式建设，规划总建筑面积约117万平方米。项目由广州景业投资有限公司、广州挂绿湖开发建设投资有限公司作为项目立项、融资主体单位，增城区人民政府荔城街道办事处、增城区石滩镇人民政府作为合同签订主体，增城荔湖安置办负责项目建设实施全过程管理工作。

（2）罗岗村（二区）、明星村、光明村、太平村、增塘村、谢屋村6个安置新社区采用"项目法人+勘察设计"招投标模式建设，规划总建筑面积约129万平方米。项目由"项目法人+勘察设计"中标单位成立的项目公司负责实施建设，建成后由增城区政府分3年进行回购。

安置新社区内除规划建设回迁安置房外，还将根据幸福社区、新型城镇化的建设标准配建社区服务中心、村民委员会、党建服务中心、社区活动中心、合作社办公、幼儿园、卫生站、肉菜市场、商业物业、地下车库等公共配套设施。同时，安置新社区总体规划设计强调与增城生态景观的和谐统一，立面效果、建筑风格参照区行政中心及周边高档住宅小区的成功经验，坚持高起点、高标准规划，建设实用、美观、大方、舒适的宜居新社区，使安置新社区成为让村民骄傲幸福的新社区。

（3）荔湖安置新社区周边实施的市政配套工程共21项，采用政府投（融）资模式建设。包括市政道路项目17项，道路总长度约20公里，建设内容包括道路、绿化、照明、桥涵、交通设施工程及排水（含污水）、给水、电力管等；道路外市政管线（污水、电力管线）项目4项，管沟总长度约40公里。项目由广州挂绿湖开发建设投资有限公司作为项目立项、融资主体单位，增城区人民政府荔城街道办事处、增城区石滩镇人民政府作为合同签订主体，增城荔湖安置办负责项目建设实施全过程管理工作。

（二）严控质量标准

为保证施工质量、安全、文明及进度，确保各项目按时高质量高标准完成建设，区委、区政府做出如下部署要求：

一是增城荔湖安置办牵头，在各安置新社区建设项目成立荔湖安置新社区建设工程质量监督管理小组，并派驻到各个项目现场负责施工进度、方案、质量、安全、文明施工等工作的协调管理，从严从实做好11个安置新社区建设工程质量监督的日常管理工作，确保各安置新社区的建设满足村民安置需求，符合国家有关工程质量验收标准。

二是增城区住房和城乡建设局牵头，由增城区建设工程质量安全监督站成立一支专项的荔湖安置新社区建设工程质量安全监督队伍，抽调技术人员驻守11个工地，对工程质量和安全实行常态化的监督管理。

三是在增城区人民政府荔城街道办事处、增城区石滩镇人民政府的指导下，各村已陆续组建荔湖安置新社区的村社质量监督小组，由属地村社选派村社干部、村民代表或由其聘请的社会咨询机构为小组成员，全程参与安置新社区的设计、施工质量、竣工验收的监督工作，根据各村的村民安置意愿和实际需求，随时反馈建设过程中设计方案、建设标准、装修标准、施工质量及使用需求等方面问题，共同打造村民满意的新型社区。

（三）细化市政标准

为统一荔湖安置新社区周边道路环境，提高道路设计水平，根据国家、行业、地方有关规范、规程、标准，在总结增城区道路建设的成功经验和教训的基础上，结合荔湖安置新社区的实际，对相关规范、规定作了进一步补充和细化，作为荔湖安置新社区周边道路设计的共性要求，拟定各标段设计单位应参照的相关标准要求。标准提出对市政设施全要素、品质化提升思路，以增城区示范性路段为目标，高标准、高品质提升设计与建设。标准坚持如下四个原则：

1. 生态优先原则

道路设计应追求生态效益最大化，因地制宜保护自然生态环境，尽量减少山体开挖及天然湖泊填埋；边坡支护有条件应尽量采用自然放坡，以利于边坡复绿，做到边坡和山体自然过渡的效果，努力发展生态型边坡。

2. 以人为本原则

道路交通系统是一个由人、车、路、环境等要素构成的复杂的动态系统。道路设计应把满足人们出行需求作为根本出发点和着力点，在设计的细节处体现对人的关爱，体现人性化的服务，注重道路安全性、舒适性、美观性、愉悦性，与环境和谐性的统一，为人们提供最大限度的出行便利。

3. 低碳环保、节能减排原则

城市道路建设应秉承低碳、环保的建设理念，最大限度节约资源，用最小的环境代价铸就精品工程。其中在道路总体设计阶段宜优先着重道路线形、纵横断面设计；在路面结构采用的材料及其他附属工程设计上充分体现低碳、节能理念。

4. 现代气息与地域文化相结合原则

增城区作为广州城市发展的副中心，是东进发展轴上的重要战略区域，道路设计时应注重体现地域人文景观元素，尤其在道路景观节点，更需充分展现地域的人文景观。把增城区的道路工程设计努力打造成既具有中国现代气派，同时兼备岭南地域文化特色的城市道路。

（四）制定节点标准

制定总体工期推进总控制度《建设工程项目总体工期推进节点计划表》、月报详控制度《建设工程项目基本建设程序及总体工期推进节点计划表》《项目规划建设每周工作进度情况动态更新表》等，指导各有关参建单位、增城荔湖安置办各部门及各项目管理组科学地开展涉及项目建设前期阶段的用地报批、立项申报、项目招投标、勘察设计手续等工作，以及在项目建设实施阶段和完工后的竣工验收、结算阶段等工作。

四、景观提升建设标准

荔湖安置新社区周边市政配套工程也是安置新社区建设任务的重要组成部分，应确保周边市政配套工程与安置新社区同步规划、同步建设、同步落成使用，充分保障拆迁群众回迁后的居住环境舒适而便利。为贯彻落实科学发展观，统一荔湖新城安置区周边道路环境，提升市政配套工程景观美学规划设计建设质量，增城荔湖安置办委托专业景观设计咨询团队编制荔湖安置新社区周边市政配套工程景观美学提升设计顾问指导意见，作为安置新社区周边市政配套建设项目的指导性技术文件之一。市政景观美学提升设计的内容包括桥梁、道路、护坡、绿地、景观建筑等市政公共配套建设，编制单位在结合荔湖安置新社区的实际，从市政景观的空间设计、形态设计、色彩设计、材料选择、细部设计提供设计咨询，在美观、规范、合理、经济统一的角度出发编制本指导意见，树立新城市政景观设计标杆。在充分征求各参建单位的意见，对主要问题进行会议讨论，对具体内容进行反复讨论、协调和修改，并经审查定稿。

（1）大景观理念。要从全区域角度，考虑城市山水地貌、气候文化、城市建筑等的大景观美学。

（2）总体规划控制。与城市建筑规划、交通系统规划、城市绿地规划总体协调，形成景观系统。

（3）切实可行性。从相关法规、经济、技术、工期实际情况出发，可以落地操作。

（4）前瞻成长性。要以前瞻发展的预见性，来做好景观的美学设计。

（5）加强条文的针对性，突出荔湖安置新社区市政景观的特殊设计要求。

美学提升标准将增城自然环境、人文环境和人工环境三者有机的联系在一起，依循自然发展的脉络，延续历史文化脉络的精神，发展生态科技绿色景观，联系过去与未来，营造可持续的现代大景观系统，保证城市整体景观形象及各景观元素必须有内在延续性、相关性、和谐统一。分清城市道路的重点路段和重要节点，打造社区级、城市级开放空间，梳理景观功能结构框架，明确发展主体与层级，突出重点，层次分明的控制城市总体景观。遵循增城荔湖自然发展的脉络，延续村落历史文脉精神，因地制宜选用当地材料和植物种类，表达景观设计的地域性，突出城市的特色景观及审美特征。倡导循环和节能理念，以海绵城市打造城市水系生态系统的可持续发展，保护与修复城市湿地及栖息地，提升整体环境的生态价值。注重人的感受和体验，提供方便舒适可行的生活公共空间，完善配套的公共设施，提升城市景观的审美艺术性，改善人们的生活品质。以人为本设计安全的城市景观。例如人行、机动车、自行车隔离带。休闲公共区视线开放，降低犯罪率。提供更多公共休闲空间，促进社会交流、创造有活力的城市空间。从景观承受力度、弹性调适、有机再造三方面开发景观的长期生命力，为未来的发展预留可变化的空间，提升景观的弹性适应能力的同时应满足功能合理、施工技术可行、经济节约、管理高效的原则，并与城市总体发展战略相协调，提升标准的可行性。在材料的运用上选取地方材料和低能耗材料，尽量使用可再循环利用和可更新材料，提高节能标准和资源的运用效率。植栽的选择以乡土植物为主，选择后期管理和维护较为经济的种类，营造简洁、亲切、现代的地域景观。

第二节　查需求：细化安置需求

荔湖安置新社区的建设工作要协调荔湖新城的建设发展，密切配合新城的土地集约利用需求，形成高效的城市空间布局，根据城市发展需求，储备城市用地不断完善配套公共服务设施，为高精尖产业的引入提供支撑，防控新城建设的房地产化倾向。

一、城市发展需求

结合广州市对增城的引导以及增城市内在发展要求，规划设计将荔湖新城打造为"四区四地"：

（一）康体养生品质区

在妥善保护荔湖、增江等自然生态环境基础上，依托公园和生态绿地建设，建设最具代表性的水城、花城、绿城、现代田园生态之城，打造成为广州最富吸引力的康体养生基地。

（二）金融总部商务区

优先发展现代服务业，尤其是金融结算、总部经济、会议论坛等产业，不断提高第三产业在国民经济中的比重，打造以现代服务导向的新产业基地，聚焦康养娱乐、创新服务、智能制造三大主题产业，引领区域产业转型升级的发展极核。

（三）旅游休闲体验区

结合公共设施群建设，连通荔湖、增江等生态廊道，全面提升荔湖新城空间品质和文化品位，打造成为城市休闲旅游的首选之地。

（四）宜居生活示范区

荔湖、增江是荔湖新城最重要的开敞空间，新城未来应充分利用环湖沿江的环境资源，结合周边的山体景观，营造人文宜居生态住区，打造增城居住生活品质新天地，突出生活化、景观化的塑造，形成具有山水特色的宜居新城。

二、规划定位需求

（一）总体定位

在广州城市副中心战略指导下，增城确定了"一核三区"组团式发展格局，对全市进行功能划分，以空间布局的优化和功能的提升带动产业、城市和社会服务管理全面转型升级，扩大副中心核心区容量规模，提升经济发展、城市化建设以及生态环境品质，进一步落实广东省城市建设扩容提质工程。在增城城市副中心核心区战略研究中，将副中心核心区定位为"山水田园生态示范市、宜居宜业综合新城区"。

（二）功能定位

在总体定位基础上，规划进一步明晰目标、定位、模式、规模、发展策略，按居住、产业、教育、医疗、文化体育、商业、市政设施、生态等八大类功能落实具体项目，切实做到以功能定项目。荔湖新城规划功能定位为：

以荔湖为核心，集行政文化、公共服务、总部商务、金融办公、科技创新、品质居住于一体，以水城、花城、绿城为特色的现代生态新城。

突出"以功能定项目，以项目定指标"，以行政办公、生态经济、总部商务、文化休闲、品质居住等主导功能为指导，强化项目准入和招商选资，推进实施重大民生项目，并以此确定规划相关指标，确实保障规划的可操作性。

（三）规模定位

1. 用地规模

在《2013年增城副中心建设实施方案》指导下，结合增塘水库和西福河补水工程建设方案，荔湖新城规划将城市建设用地规模控制为2512.51公顷。

2. 人口规模

荔湖新城规划居住用地在扣除村庄安置用地后，居住用地（含商住混合用地）面积约420.33公顷。荔湖新城位于建筑气候Ⅳ区，按照住宅用地比重约占居住用地40%，净容积率2.5，户均120～130平方米、3.0人/户进行测算（从宜居、舒适角度出发，规划人均居住标准略高于《城市居住区规划设计规范》GB 50180-93的规定要求），居住用地可供容纳人口约9.95万～10.78万人；加上原有村庄人口3.49万人（1%的年均增长率计算2020年人口规模），总居住人口约13.44万～14.27万人。此外，规划区有中等专业学校2所，每所按6000人计算，总人口为1.2万人，最终容纳居住人口（含求学）人口总量为14.64万~15.47万人。

结合第三产业所需用地指标配套表（参考《城市总体规划》第三版）进行服务人口测算，其中：行政办公用地容纳人口0.40万~0.48万人，文化设施用地容纳人口0.28万~0.38万人，科研用地容纳人口3.82万~4.77万人，体育用地容纳人口0.19万~0.28万人，医疗卫生用地容纳人口0.47万~0.59万人，社会福利用地容纳人口0.01万人，商业用地容纳人口17.57万~23.39万人，商务用地容纳人口7.61万~11.89万人，公共设施营业网点用地容纳人口0.03万人，最终计算总服务人口30.38万~41.82万人。此外，荔湖新城范围内尚有工业用地75.99公顷，按照地均就业人数150~200人计算，则可容纳1.14万~1.52万人，则总就业人口31.52万~43.34万人。考虑荔湖新城紧邻增城中心城区，就业人口会有部分在城区解决，初步预计按30%比例在本区安置，则容纳人口9.46万~13.00万人。

综上所述，规划区总人口规模为居住人口和就业人口总和，在24.10万~28.47万人之间。在此基础上，结合上位及相关规划要求，本次规划取低值，按照26万人口进行规划管理；其中，居住人口约14.5万人（含学校教育人口），服务（就业）人口约11.5万人。

三、村民安置需求

在安置新社区设置之初，增城荔湖安置办根据专家机构的意见设定了专门的设计指引，根据属地镇街提供的拆迁户选房需求数据对每个村高低层的安置居民比例做了统计，根据村民需求和对户型等各方面的要求制定标准。在外立面方面，结合整个城区的城市设计，目标是把它打造成欧式生态城市，根据这样的目标，外观采用了欧式坡屋面设计。具体到每一个安置新社区里面时，由于每个区的规模和地形不同，结合每个区的具体户型要求和地形特征，打造各个村的特色。当然这些个性特色是在整体规划的基础上打造出来的，这就是专门制定的规划以及设计指引的作用。每个村中，还进行了以下几个公示：规划公示、户型公示以及整体效果公示，将以上这些公示给村民并征求他们的意见，村民同意后再总体推进施工图的设计。基本上通过几级管理进行控制：首先是总体设计指引；然后将每村每户的具体需求、地形提供给每个设计单位，设计单位充分发挥创意；设计单位设计出成果后，增城荔湖安置办进行把关，把关过程的第一步是技术部和专家团队把关，第二步是集体把关，第三步是村民确认，通过以上几个步骤的把关和确认，才真正开始根据需求进行施工图的设计。

回迁村民选定的户型是根据荔湖土地征收和拆迁安置管理办法确定的，在2013年回迁村民签署安置补偿协议书时，安置新社区启动建设前，就已经在协议书中选定了户型。

前期的模拟规划设计，各方收集安置村民的需求，从各村初步红线的选定与规模的测算，到招投标的运行，既遵循各村不同的现实情况，又秉持着统一定向安置的均衡问题，统一建设标准和设计标准，结合增城区委、区政府对荔湖新城的规划定位，做到一碗水端平，以得到村民的理解与认可。

根据有关文件，村民回迁安置房可选择低层户型安置（每户建筑面积为218平方米、建筑占地80平方米，共三层），或高层户型安置（每户240平方米指标，可选择二套以上高层住宅，户型分别为70平方米、90平方米、120平方米共三种，另可优惠价多购买40平方米以内的高层住宅，即选择高层户型的每户安置面积共280平方米）。

上述四种安置户型均是按照合国家、广州市现行房产测量规范进行规划设计和计算建筑面积，符合房管部门办理房产证的测量登记建筑面积规定，车库、公共花园面积等公共配套设施的建设均严格按照国家相关规定执行，确保回迁安置房建设标准一致。

由所属镇街根据征地协议的现状公建配套情况及拆迁安置协议的户型选择情况，统计出11个安置新社区的安置房户型和套数需求、公建配套需求后，提交增城荔湖安置办进行规划、设计和建设。增城荔湖安置办聘请了设计单位根据已确定的分户和户型选择情况，编制11个安置新社区的模拟修规总平面方案、建筑设计方案及效果图，提供给各村拆迁工作组入户宣传和征求村民意见，充分尊重村民安置意愿。

11个安置新社区均是按照城市新型住宅小区的标准进行建设的，除建设回迁安置房外，还根据幸福社区、新型城镇化的标准配建村民委员会、党建服务中心、社区服务中心、社区活动中心、社区卫生站、物业管理、幼儿园、肉菜市场、商业、地下车库等配套设施，有效提升安置家庭的居住条件，充分保障拆迁居民回迁后的居住环境舒适而便利。与一般的住宅小区不同的是，由于安置新社区沿用乡村的管理模式，因此在小区内设立村民委员会办公场所，设立社区活动中心代替原有祠堂的喜宴、集聚会等的功能，同时根据当地生活习惯，高层住宅设置首层架空层，可作为集聚会、摆喜宴的功能补充场地。11个安置新社区的方案设计、初步设计、施工图设计等设计管理阶段均要求通过增城荔湖安置办组织增城各职能部门和专家会审，征求村民代表意见和公示，汇总各有关人员专业审查意见等方式，结合专业部门和专业人士意见，层层把控、完善设计，确保设计图纸满足国家、地方设计规范和使用需求，重点关注形态、色彩、选材、屋顶形式等建筑立面效果和小区整体景观环境，提高空间使用合理性，提升设计质量。

如在2018年罗岗村安置新社区（一区）回迁之前，社区门前道路两边是硬化路面，与新城市政建设发展和村民审美需求不一致，经过增城荔湖安置办组织协调，邀请专业设计咨询机构对村民需求和城市景观规划进行调研，组织对绿化景观统一进行设计，通过对设计标准的细化，提升了新城市政景观的档次，满足了村民的需求，由此，设计更是广泛运用到新城市政建设的方方面面。

第三节　控造价：执行"双控"限额

鉴于荔湖安置新社区建设时，住建部正在推行建设管理模式改革，增城区为推动项目实施，进行了不同管理模式的探索，在当时制度不完善的条件下，对建设项目采用双控措施，积极控制投资。增城荔湖安置办聘请了造价咨询顾问机构，由其根据限额设计要求制定装修标准，建立主要材料设备推荐品牌库，在保证安置新社区的建筑设计质量的同时，统一设计标准、相关技术参数、工艺工法设计，使其符合安全、卫生、适用及技术、经济等方面的基本要求。

一、造价"双控"的背景

荔湖水利综合整治工程安置新社区规划建设项目为增城重大民生工程，项目建设规模、发包模式多样，有传统模式、EPC模式、"项目法人+勘察设计"模式。"项目法人+勘察设计"招标之前，连项目建设估算都没有，甚至如何设置招标控制价都是问题，于是增城荔湖安置办对增城区内已建安置房及房地产进行调研，发现已建的安置房或房地产项目与安置新社区设计规划对比，不论在建筑选型还是造价成本上，都存在较大差别，项目投资控制没有可参考的现行依据。上述的种种问题都不利于项目的造价控制。

针对这一情况，增城荔湖安置办创造性提出委托造价咨询公司对安置新社区编制招标参考价作为造价控制指标，主要用于"项目法人+勘察设计"招标时的控制价，同时也可以作为造价指标控制EPC模式安置新社区项目。

二、造价"双控"的含义

项目造价"双控"的具体含义为：

（1）"项目法人+勘察设计"招标模式的安置新社区按3782.34元/平方米作为单方造价控制指标，回购总价以增城区财政局最终审定的初步设计概算为总造价控制指标。

①根据招标文件有关规定及《增城市发展改革和物价局转发关于<增城市荔湖水利综合整治工程安置新社区建设工程"项目法人+勘察设计"招标参考价评估报告>的通知》（增发改〔2014〕31号），"项目法人+勘察设计"招标模式的安置新社区单方造价按3782.34元/平方米作为控制指标，该费用已包含建筑安装工程费、工程建设其他费用（含基础设施配套费）以及建设期利息，不包括征地拆迁费、土地出让金、预备费、付款期利息、相关税金以及被安置户房屋过户办证费等其他费用。项目建设单位编制初步设计概算及增城区财政局审核初步设计概算时，项目构成及计费标准参考"增发改〔2014〕31号文件"的有关控制指标。

②最终回购总价以经招标人、增城荔湖安置办审核初步设计及初步设计概算后，再报相关主管部门审核，并以增城区财政局最终审定的初步设计概算为总造价控制指标。总概算造价对应的单方造价原则上不得高于3782.34元/平方米。

（2）政府投（融）资建设安置新社区项目总造价和单方造价实行"双控"。

①项目总造价按各个安置新社区的招标文件及合同相关约定，概（预）算对应的项目总价不得超出合同总价。

②在对应项目总造价不超出合同对应总价的前提下，其单方造价参照"项目法人+勘察设计"招标模式的安置新社区的控制指标，即按3782.34元/平方米作为单方造价控制指标。项目建设单位编制初步设计概算及增城区财政局审核初步设计概算时，项目构成及计费标准参考"增发改〔2014〕31号文件"的有关控制指标。

三、造价"双控"的制定原则

在编制招标参考价的过程中，增城荔湖安置办聘请的造价咨询公司充分参考了仍在前期工作阶段的"增城市挂绿新城安置新社区（一期）建设工程"以及还在实施阶段的"增城经济技术开发区首期拆迁安置新社区建设项目"。其中挂绿新城（一期）工程的主要建筑类型为地下一层的公共停车场、地上三层的低层建筑、地上11层的高层建筑以及公建商业配套设施，其项目的结构类型、建筑户型以及配套设施等设计技术要求与荔湖安置新社区建设项目较为相似，且其概算在安置新社区建设项目实施前已经增城区财政局审定，因此具有较强参考性。"增城经济技术开发区首期拆迁安置新社区建设项目"则主要参考其高层塔楼的造价。最终，增城荔湖安置办综合两个项目编制招标参考价，并组织专家及相关部门进行评审。

四、造价指标的测算

招标参考价中，单位投资为3782.34元/平方米，该费用已包含建筑安装工程费、工程建设其他费用（含基础设施配套费）以及建设期利息。不包括征地拆迁费、土地出让金、基本预备费以及被安置户房屋过户办证费等其他费用。建设项目的低层建筑、高层建筑、架空层、商业及配套公建、地下车库及人防的建筑安装工程均包含在内。

五、造价指标的应用

因3782.34元/平方米作为单方造价只考虑了项目的通性及一般情况，使用时还应考虑以下三点因素：一是因规划指标、建设标准调整和政府相关部门的原因造成需对原设计标准或原建设规模等做出重大设计变更的；二是因项目场地移交时未完成场地平整，需要进行大量回填或开挖土石方，项目规划与建筑方案及初步设计经相关部门审定，初步设计概算经增城区财政局评审后，其概算的单方造价确实超出3782.37元/平方米的限额设计要求；三是出现特殊地质条件时，如遇不良工程地质因素，桩基采用造价较高的冲（钻）孔桩的。当出现以上三种情况，经有关部门批准，可针对实际情况适当增加工程单方造价和总造价。荔湖11个安置新社区的工程概算经审定后，最终单方造价扣除上述三点因素影响后最终都控制在3782.34元/平方米内，充分证明3782.34元/平方米指标合理，实施过程造价可控。

如果说"项目法人+勘察设计"模式主要以单方造价控制为主，EPC项目则主要以批复的项目可行性研究报告估算总价控制为主。以罗岗村安置新社区（一区）为例，该项目初步设计概算初稿总投资超可行性研究报告批复估算总投资的情况，为能符合《关于再次明确增城市挂绿湖水利综合整治工程安置新社区工程造价实行"双控"的通知》（增安置办〔2015〕6号）文件要求，以3782.34元/平方米控制指标作为单方造价预警，建设单位、设计、施工、监理及造价咨询单位对设计内容进行优化，并专门召开设计优化专题会议。会议深入分析初步设计及施工图，梳理出33项专业优化建议，涉及建筑装修、机电安装、室外市政等各专业，在确保结构安全和保持原有装修标准的前提下，经研究最终确定优化其中23项，例如：①在满足使用功能设计要求下，取消高层闷顶层；②在满足装修标准情况下，优化高层走火楼梯间地面，面砖改为水泥砂浆饰面；③针对回填土设置比例不合理情况，由原设计回填土全部为种植土，优化为仅上部300毫米为种植土，其余为一般回填土；④在满足排水设计要求情况下，优化室外市政排水管，由单向排水改为向小区四周就近排水；⑤在满足装修标准情况下，取消低层住宅衣帽间隔墙，使房间使用布局更灵活等。最终该项目总投资及单方投资经优化和控制后符合"双控"通知要求。

六、严把设计管理，执行限额设计

聘请造价咨询顾问机构，由其根据限额设计要求制定了3782.34元/平方米的造价"双控"标准制度。在确保安置新社区建筑设计质量的同时，更统一了设计标准、相关技术参数、工艺工法设计，使其符合适用及技术、经济等方面的基本要求。

1. 有典有则，多方参与，提升设计品质

根据增城荔湖安置办技术管理部制度，11个安置新社区的方案设计、初步设计、施工图设计等设计管理阶段均要求通过增城荔湖安置办部门内审，组织职能部门和专家会审，征求村民意见和公示，汇总各有关人员专业审查意见等方式，结合专业部门和专业人士意见，层层把控、完善设计，确保设计图纸满足国家、地方设计规范和使用需求，重点关注建筑立面效果（形态、色彩、选材、屋顶形式等）和小区整体景观环境，提高空间使用合理性，提升设计质量。同时，由增城荔湖安置办技术管理部牵头，联合增城各职能部门、专家顾问、设计单位组成的设计团队，以设计指引为统一标准进行11个区的设计控制，可以确保项目规划、设计、建设、装修标准等达到基本平衡统一。

2. 严格执行限额设计要求，实行总造价和单方造价"双控"

根据相关招标文件和合同约定，安置新社区项目均要求限额设计，项目初步设计概算造价不得超过承包人投标自行填报的估算额，合同约定可按实际情况增加的除外，并最终根据财政评审价依法据实结算。增城荔湖安置办聘请了造价咨询顾问机构，由其根据限额设计要求制定装修标准，建立主要材料设备推荐品牌库，在保证安置新社区的建筑设计质量的同时，统一设计标准、相关技术参数、工艺工法设计，使其符合安全、卫生、适用及技术、经济等方面的基本要求。

以谢屋村安置新社区为例，该项目的地下室施工时，施工方案设计的是造价高、周期长的支护方案，从施工程序、工艺和周期上提升了工程成本，为在保证质量的前提下尽可能加快工期早日完工安置村民，增城荔湖安置办邀请专家团队进行科学合理的支护方案修改，将节省的时间的工程成本调整到地下室由于天气和形状导致的边缘裂缝和温度裂缝的处理上，从整体层面均衡造价，提升工程整体质量的同时又严格保证了双控造价的实施。

3. 扩大群众参与力度，充分尊重安置对象意见

安置新社区为定向回迁安置工程，不同于一般的商品房工程，需要不断与回迁村民进行规划、设计、建设标准、装修标准等方面的反馈和协商，因此每一个设计管理阶段都要广泛征询村民意见。一是在规划设计阶段，要及时召开设计方案征求村民意见会议，通过村委宣传栏公示设计方案，派发规划建筑方案公示文本等多种方式收集村民书面意见，并根据意见完善设计。二是在施工建设阶段，组织村社质量监督小组派出人员进驻项目建设现场，参与装修样板引路和见证样板房装修效果，由其提出使用功能和观感效果书面意见，及时进行设计变更管理。

4. 稳定规划建筑方案，合理同步推进设计、报批、施工

在规划建筑方案稳定及获得修详规审批文件，完成基坑开挖施工图审核及取得基坑开挖临时施工复函后，提前进场开展土方平衡及基坑开挖施工。在基坑支护工程施工期间，完善初步设计及概算，编制全套施工图设计，同步开展单体规划报建、初步设计审查、施工图设计审查、概（预）算评审、施工许可证等各项行政审批手续，以便在基坑支护工程施工完成及取得施工许可证后，可立即开展主体建筑结构施工，最大力度地争取施工时间。

第四节　订指引：专业咨询辅助

荔湖水利综合整治工程安置新社区是增城区重大民生工程，为贯彻落实科学发展观，实现安置新社区建设与美丽乡村、幸福社区、现代化中等规模生态城市建设结合起来，提升城镇化发展水平，建设实用、经济、美观、舒适的新社区，并为统一安置新社区设计标准，增城荔湖安置办委托有实力的建筑设计院总结近

年来广东省住宅建筑方面的实践经验和研究成果,组织编制《增城区挂绿湖水利综合整治工程安置新社区设计指引(试行)》(以下简称"指引"),在参建单位、使用单位和增城区有关职能部门反复讨论、协调和修改后,经审查定稿,作为安置新社区建设项目的指导性技术文件之一。

一、编制背景

安置新社区建设包括住宅以及根据幸福社区、新型城镇化的建设标准配建社区服务中心、村民委员会、党建服务中心、社区活动中心、幼儿园、卫生站、商业物业、地下车库、绿地、道路等公共配套建设。针对安置新社区建设内容较多的现实情况,指引的编制着重从规范、合理、经济统一的角度出发,并遵循以下原则:

(1)与国家、省、市现行的工程设计系列的规范、标准相适应。

(2)满足国家、省、市关于绿色建筑设计规范的要求,保证项目实现在建筑全寿命周期内节能、节地、节水、节材和保护环境的目标。

(3)根据对规划选址、配套要求、设计标准、投资控制、施工管理、住户需求等方面的反馈意见,进一步细化完善相应的技术标准和措施要求。

(4)在建立设计标准基本统一的基础上,进一步深化设计要求,统一安置新社区的建筑风格、布局要求、材料选型和装修标准等内容。

(5)加强条文的针对性,突出安置新社区住房的特殊设计要求。

指引编制过程中,编制组总结了近年来广东省住宅建筑方面的实践经验和研究成果,并以多种方式广泛征求各参建单位、使用单位和增城区有关职能部门的意见,对主要问题进行了会议讨论,对具体内容进行了反复讨论、协调和修改,最终审查定稿。

指引包含的主要技术内容是:①总则;②规划设计;③建筑设计;④基坑支护设计;⑤结构设计;⑥给排水设计;⑦电气设计;⑧智能化设计;⑨暖通设计;⑩燃气设计;⑪市政工程设计;⑫园林绿化工程设计;⑬绿色建筑设计。

为提高指引的质量,各项目单位在使用指引的过程中,总结实际经验,提出宝贵的意见和建议,增城荔湖安置办根据各方的意见和项目的实际运作情况予以适当的修订和完善,使指引更具有科学性和可操作性。

二、编制目的

增城区荔湖安置新社区项目主要解决被拆迁户的安置问题,安置新社区的规划建设关系到被征地拆迁村民的安居乐业，关系增城社会发展的长治久安。

为了提高安置新社区建筑的设计质量，统一建设标准，保证设计成果既符合国家、地方现行的有关标准规范要求，又符合统一设计的管理思想，统一各单位的常规做法，有效控制工程造价，减少工程施工中的设计变更，务必使安置新社区工程造价控制在经增城区财政局批复的概算内，保证安置新社区建筑的设计质量，统一设计标准、相关技术参数、工艺工法设计，避免施工图设计中的不确定因素，使其符合安全、卫生、适用以及技术、经济等方面的基本要求，特编制本设计指引，作为安置新社区项目建设的指导性技术文件之一。

三、适用范围

指引适用于增城区荔湖水利综合整治工程安置新社区中的住宅，以及社区服务中心、村民委员会、党建服务中心、社区活动中心、幼儿园、卫生站、商业物业、地下车库、绿地、道路等配套建设，各类建筑的各个专业。

如在市政工程景观美学提升指引内，提出打造一路一景的荔湖新城景观设计原则，充分利用荔湖周边得天独厚的自然资源，将景观设计与生态条件结合起来，配合新城的全面建设发展。又如通过指引，对高边坡景观带的整治，将原来的挡土墙进行绿化提升，结合城市LOGO建设，将功能性挡土墙变成生态化名片。

四、编写依据

编制的依据为国家、地方颁布的现行法规、规范、技术标准；类似建设工程项目的设计及施工相关的经验及教训。

以国家和广州地区现行相关法规、规范、技术标准为依据，通过调研、收集相关资料，对各方面所涉及的专业技术问题进行整合，根据安置新社区的特殊性提出应该满足的相关技术要求，对设计中的有关做法、不确定的技术要求和常见问题进行必要的统一和明确。经组织专家组评审确定后，作为指导安置新社区的规划设计、建筑方案设计、建筑初步设计及施工图设计之用。各设计单位应按国内颁布的现行相关法规、规范、技术标准执行，并同时参照执行本指引的相关内容。指引中的内容如与现行相关法规、规范、技术标准有冲突时，以现行相关法规、规范、技术标准执行。

五、编写内容

增城区荔湖水利综合整治工程安置新设区项目主要由安置住宅、地下室车库以及根据要求配套安置新社区使用的公共配套设施等建筑组成。指引主要从总平面设计、建筑设计、基坑支护设计、结构设计、电气设计、智能化设计、给排水设计、空调通风设计、燃气设计、园林景观设计、绿色建筑设计进行编写，包揽了安置新社区建设的各个专业，并以现行国家及地方规范作为基本依据，对上述各方面所涉及的各专业技术问题进行整合，提出作为安置新社区建设应该满足的相关技术要求，补充及增加了现行规范不足及不确定的技术要求，统一建设标准。

六、编写要求

（1）依据国家及地方的相关规范、规程、标准及规定，并结合安置新社区特点。

（2）执行国家及地方的技术经济政策，做到绿色、节能、环保。

（3）充分考虑该项目的经济性与安置房分配的可操作性，设计时注意平等、均衡，减少分配压力。

（4）按可持续发展战略的原则，正确处理人、建筑和环境的相互关系，规划设计以环境效益、社会效益、经济效益统一为原则，注重居住环境质量，重视绿化环境和景观设计，创造宜人、高水准的人居环境。

（5）坚持经济、适用的原则，在较小的户型内实现基本的使用功能。通过营造新的居住空间，重组自然村，给村民提供一个新型村落聚居模式，打造和谐的农民安置新社区。充分考虑代际关系和居住行为、住宅使用功能与空间的组合，严格控制面积标准，合理确定套型结构。

（6）体现"以人为本"的设计原则，创造安全、方便、健康、紧凑、和谐的人居环境，建筑风格要与荔湖周边环境协调。

（7）建筑设计方案充分尊重和利用现有与规划的未来环境，结合建筑功能分区的需要，布置室外空间与活动场地，体现生态和可持续发展的要求。

（8）根据规划要求，合理科学地安排项目用地和各类设施，满足道路交通、地面排水、建筑布置和城市景观等方面的综合要求。充分利用和保留原有的自然环境，合理规划。对自然地形进行利用和改造，确定坡度，控制高程，平衡土方，统筹考虑场地建设的合理性和经济性。

（9）规划与建筑设计充分考虑增城区的气候特征，自然环境和人文特色，充分利用自然通风与采光，合理控制直接照射室内的阳光，考虑与山水环境相协调与要素有机融合，体现生态和谐、环保思想和节能观念，特别体现增城独一无二的生态宜居特征。

（10）建筑造型风格及色彩要求须以行政中心为主导，与周边景观协调，适度控制体量并引导城市天际线。

（11）建筑和环境应综合采取防火、抗震、防洪、防空、抗风雪和雷击等防灾安全措施。

（12）方便残疾人、老年人等人群使用，应在室内外环境中提供无障碍设施。

（13）在国家或地方公布的各级历史文化名城、历史文化保护区、文物保护单位和风景名胜区的各项建设，应按国家或地方制定的保护规划和有关条例进行。

（14）安置新社区项目配套的商铺、村民委员会、社区服务中心、党建服务中心、物业管理用房（含业主委员会）、卫生站、托儿所、幼儿园、餐饮设施、小型康体设施、停车场、人防工程等应符合相关单项建筑规范及相关主管部门的要求。

（15）荔湖水利综合整治工程安置新区项目的设计方案，应严格以经批准的可行性研究报告关于项目的建设规模及标准作为设计的刚性指标，以批准的投资估算作为刚性的设计限额指标。对于设计标准应在此基础上予以明确，并以规划等相关职能部门审核为准，最终以设计方案及初步设计的审核结果作为施工图设计依据。

第五节　多协商：多方参与决策

为确保荔湖安置新社区规划建设工作顺利推进，经增城区委、区政府研究成立荔湖水利工程安置新社区规划建设领导小组，负责对荔湖安置新社区项目的规划建设进行决策研究、统筹和协调。增城荔湖安置办也成立了相关部门对建设工作进行协调，保障政府部门、建设单位、村民及各相关部门的意见及建议得到及时的反馈和处理，以工作协调制度全面落实"共同参与、民主决策"的工作理念。

一、参与性设计应用的理论基础

回迁安置社区是指因政府征用集体土地，使农户失去原有的土地以及宅基地，为拆迁农户提供房屋保障而修建的社区。安置社区包含有两种类型，一类是城市向外扩张过程中，政府为城市建设需要，从而征用农村集体所有制土地，同时为安置被拆迁的失地农民修建的农转非的安置新社区；另一类是城市化过程中，政府对于零散村落有序地进行撤销合并，改变原有独院独户居住模式，为失去村庄的村民修建的社区。安置社区主要有以下几种特点：第一，居民大多数为农民，主要从事农业生产活动；第二，居民具有确定性，一般为原村落搬迁农民，已经形成了特定的生活方式；第三，社区由政府主导建设，居民的选择权力有限；第四，选址多为城市边缘或交通沿线。

在快速城市化过程中，质量差、环境差、服务差似乎已成为农民回迁安置社区的代名词，越来越多的农民不愿意搬迁到新社区，"拆迁难"也形成了一种社会现象。相较于城市社区，新型农村社区规划设计有一定的特殊性，主要表现为建设成本有限、居民大多为农民、与城市联系薄弱等。虽然造成安置问题的原因多种多样，但于建筑学角度而言，设计者没能深入了解利益相关者需求这一原因占了很大比重。参与性设计（Participatory Design，又称参与式设计、参与设计、合作设计）是一种在设计过程中涉及所有利益相关者（如雇员、合作伙伴、客户、公民、最终用户）的设计方法，以确保设计结果的可行性，并能够满足他们的需求。参与性设计被用于如软件设计、城市设计、建筑设计、产品设计、平面设计甚至医学等各个不同的领域。因此在不同领域、不同学者对其有不同的解释，主要有以下两个特点：第一，利益相关者参与；第二，参与创作过程。在农村回迁安置社区中，施行参与性设计不仅能够更好地满足居民需求，在社区归属感、责任感和认同感的形成中也起到了很大的作用。从社会学角度而言，提高了参与者的参与水平，缓解了部分拆迁矛盾；从环境学角度而言，避免了资源浪费，实现可持续发展；从建筑学角度而言，一定程度上满足了居民的居住需求，设计出具有农村特色的回迁社区，这对于现阶段我国农村回迁安置社区的规划设计具有一定借鉴意义。

二、样板房设计村民全过程参与

样板引路施工管理制度是工程管理全过程中的重要制度之一，按照安置工程的实际，制定建设工程样板引路实施细则，并在常规项目的样板先行管理制度进行了细化；各分项、各工序按设计和规范要求质量标准划分了材料样板、工艺样板和样板间验收和公示管理制度，样板间的验收又分为土建验收、水电设备验收和装修成品验收三个阶段，以样板引路，无样板的分项或工序不得大面积展开施工。且每次材料和样板间的验收均积极邀请村民监督小组共同参与，做到过程公开公示，过程中发现不符合设计或规范要求的严格按要求处理和整改，有效杜绝了重大质量问题的同时又减少了广大村民对安置房不满意的情况。

样板先行在实施过程中，也存在着推进的难度。首先，由于工期较紧，各班组在较紧张的工期安排下，在等不及工艺和样板间的验收已经开始了部分施工，待样板定型后往往会对前期的施工进行一些返工整改，造成一定的工程量浪费和质量隐患；另外由于部分施工人员技术底子薄，经验不足，操作不规范，管理人员往往通过口头交底，且未事先制作符合规范的实物质量样板，后续施工中质量检查、质量验收方面缺乏统一判断尺度，给标准化施工造成一定影响。为了更好地提高安置新社区建设工程各环节质量、安全监管，增城区住房和城乡建设局、增城区建设工程质量安全监督站、增城荔湖安置办各部门和参建责任主体在齐抓共管工作都投入了大量的时间和精力，对每道工序大面积施工前的工程样板把关和过程验收都进行了严格把关，有效促进工程施工质量整体水平提高，防止了各种质量通病的发生。

实行样板先行模式虽提高工程成本，增加下一步工序施工时间，对认真执行样板引路的施工单位、监理单位在综合考评中给予表扬、加分，未做出样板引路或未真正实施样板引路酿成质量隐患的，按工程承包合同及监理合同，对施工、监理单位追究违约责任；作为提高工程质量的措施，样板引导作用发挥得好，还可减少实际施工过程中很多返工，反而降低施工成本。小幅增加产品成本，大幅提高产品质量，增加村民对回迁房屋的质量认可。

增城区荔湖安置新社区建设过程中，从选址、设计、建设、验收，做到了村民参与安置区建设的全过程。在项目建设中，率先完成样板房的设计与建造，分批组织村民进行参观，收集村民反馈意见进行推敲、修改、完善。高层住宅户型按建筑面积分70平方米、90平方米、120平方米三种户型，低层住宅建筑面为218平方米一种户型，每套占地面积不大于80平方米，户型比例由每个地块的安置需求确定。户型的设计应合理、实用和标准化，间隔灵活，在有限的空间里力求安全、紧凑、功能合一。绝大多数户型要求南北向，可有适当的偏角，须注意城市常年风向与建筑朝向的关系。户型设计方面考虑动静分开、干湿分离，充分考虑空调、热水设备、管线布置的合理性及隐蔽性。套型设计应紧凑，复合利用套内空间，室内走道应突破单纯的交通功能，做到交通面积的综合利用，提高室内有效使用面积，如户门入口过道交通空间与壁柜门扇开启空间的复合，门的位置应充分考虑家具布置等。客厅、卧室、厨房、卫生间等各功能房间应有直接采光通风。电梯厅宜采用开敞设计或设置外窗，以充分利用自然通风。

三、设计过程管理多方沟通协商

荔湖安置新社区规划建设过程中，增城荔湖安置办负责根据安置需求、项目定位及特点，组织编制用于指导建筑设计或规划设计工作所需的设计指引等技术文件，对11个安置新社区的规划、设计、建设、装修标准进行平衡统一；负责与农民沟通协调方案设计需求工作，审核规划、设计文件是否满足农民安置需求，是否按农民安置需求将技术选向、功能要求、技术合理性落实到施工图，并根据农民安置使用需求对设计方案、施工图、建设标准、装修标准等提出合理优化调整意见。增城荔湖安置新社区是增城区重大民生工程，为贯彻落实科学发展观，实现安置新社区建设与美丽乡村、幸福社区、现代化中等规模生态城市建设结合起来，提升城镇化发展水平，建设实用、美观、大方、舒适的新社区，并为统一安置新社区设计标准，增城荔湖安置办组织编制完成并向荔湖11个安置新社区项目参建单位发放《增城市挂绿湖水利综合整治工程安置新社区设计指引（试行）》，作为安置新社区建设项目的指导性技术文件之一。《指引》总结了近年来广东省住宅建筑方面的实践经验和研究成果，并以多种方式广泛征求了各参建单位、使用单位和增城区有关职能部门的意见，对主要问题进行了会议讨论，对具体内容进行了反复讨论、协调和修改，并经审查定稿。《指引》统一荔湖安置新社区的规划、设计、建设、装修标准及主要材料（设备）品牌库，确保11个区的建设和造价标准基本平衡。增城荔湖安置办多次牵头组织召开各村安置新社区设计内审会，根据内审会的意见汇总信息并进一步推进设计工作。主要对11个安置新社区及周边市政配套设施工程的项目方案设计、初步设计、施工图设计、设计变更等各阶段进行图纸审查及提出优化意见，并对施工过程中遇到的技术问题进行技术咨询服务，与村民沟通、协调，确保项目顺利进行。

如在各安置新社区的设计方案与城市总体规划对接工作上，2016年以前，荔湖水利工程主要目标是完成水利工程的综合整治建设，提升水质，保障增城饮用备用水源的安全，以水环境设计为主要导向，道路、排水、排污等标高统筹水平线相对较高。在后期的安置新社区设计时，为了避免道路、排水、排污设施受到影响，经增城荔湖安置办组织，协调各设计单位与增城水利部门和规划部门对接协商，安置新社区的标高整体统筹，高于已有水利标准，为荔湖新社区的生态化建设提供了设计保障。

四、设计指引工作多方参与扎实执行

设计指引作为安置新社区项目建设的指导性技术文件，是提高安置新社区建筑的设计质量，统一建设标准，保证设计成果既符合国家、地方现行的有关标准规范要求，又符合统一设计的管理思想，统一各单位的常规做法，有效控制工程造价，减少工程施工中的设计变更，使安置新社区工程造价控制在经区财政局批复的概算内，保证安置新社区建筑的设计质量，统一设计标准、相关技术参数、工艺工法设计，避免施工图设计中的不确定因素，使其符合安全、卫生、适用以及技术、经济等方面的基本要求。项目先由设计单位根据行业规范、招投标文件、设计指引等要求内容提交初步设计方案，增城荔湖安置办项目管理组联合技术管理部、工程管理部、质安验评部、财务审价部等并且邀请行业专家库专家根据行业标准、技术参数、工艺做法、质量标准等设计标准召开项目建设前专项会议并且针对项目的初步设计方案进行会审，设计单位根据会审意见正式出具各专业施工图。

荔湖安置新社区工程为增城区重点安置工程、民生工程，在设计管理过程中必须严格按照政府的各项法规、行业规范及设计指引执行施工设计管理，在项目建设过程中各个工序严格按照设计图纸进行"样板先行"原则，由施工单位根据设计单位出具的施工图建设样板间，过程中项目管理组经常组织各参建单位及专家进行现场实物感受并反馈实用性优化意见，设计单位根据意见进行优化确认。

第六节 优设计：细化设计成果

荔湖11个安置新社区采用成片征收拆迁，成片规划建设，统筹城乡一体化发展的规划建设模式，将原来产值低效的农用地、易受洪水侵害的低洼地进行整体征收，将原分散布局、配套不均衡、基础设施薄弱的旧村庄进行整体拆迁、整体规划、整体建设成新城市中心的11个居住新社区。在保证公平与和谐统一的风貌前提下，增城荔湖安置办集中力量，对安置新社区内的古树名木、祠堂、各级文保单位实施保护规划，通过"三规合一"协调土地规划，对安置新社区规划设计进行细化调整，充分尊重村民的传统习俗及意愿，做到"有广度、有深度、有温度"的安置。

一、因综合因素而优化规划选址

以太平村安置新社区项目为例。太平村安置新社区的用地面积约214亩，规划总建筑面积约25万平方米，主要安置太平村10个合作社的619户村民，约2478人。

荔湖水利工程项目涉及荔湖街6条行政村实行全征全拆安置，太平村是其中的一条行政村，需为村民建设回迁房。安置新社区建设坚持按照规划合理、配套完善、交通方便、环境优美的原则，将分散布局的旧村庄集中迁建，使原村民成为新城市中心建设的第一批居民，首先享受到城乡统筹发展的成果。

因受到增城区土地利用总体规划（2010—2020）的制约，同时受到项目现场的征地拆迁、用地权属等情况影响，为确保项目顺利完成建设并如期交付使用，太平村安置新社区及周边市政配套工程的部分市政道路针对广州城市副中心（增城）核心区荔湖新城控制性详细规划（优化提升）进行局部调整，以满足项目选址符合土规及用地如期交地建设的目的。

太平村安置新社区项目的规划设计经历了多次的选址调整。第一选址，2013年7月完成方案设计，位于太平村村域范围内，增城肉联厂西北侧，后因规划过程中，核实该地块90%面积占用基本农田保护区，不符合国家土地政策，广州市国土部门明确答复，国家土地政策属于国策，必须严格执行国家有关政策规定，所有建设项目均不得占用基本农田保护区，为此不能通过上级部门用地报批，故不能用于安置新社区建设。为切实保障村民的合法利益，使安置新社区符合土规建设，2014年9月经增城区政府会议研究决定调整选址。第二选址，位于光明村村域范围内、荔新公路南侧，与锦绣半山御景花园对望，选址不占用基本农田保护区。由于该选址属跨村安置，当初因时间紧并未充分论证，后经充分征求村民意见，该选址并非最适合方案。为充分尊重村民意愿，同时不影响太平村安置新社区建设的工作进度，经增城荔湖安置办与增城区人民政府荔城街道办事处及太平村委会共同研究、论证，决定启动第三选址的规划设计工作。第三选址，位于太平村村域范围内、荔新公路南侧，与华商学院对望，选址不占用基本农田保护区，选址红线呈长条状，地势中间稍高，制高点为高程35.7米，南北两端稍低，至低点为高程20米。

第三选址经太平村大部分村民同意，既符合村民就近安置原则，又是太平村范围内唯一不占用基本农田保护区的连片地块，同时，经过初步规划布局后也能满足安置建筑面积需求。选址位于太平村下塱社地块，在确定选址之前,增城荔湖安置办与增城区人民政府荔城街道办事处专门召开村民会议,广泛、充分征求村民意见,取得大部分村民同意后才统一对外公布和组织实施推进。国土规划部门根据选址红线调整对应的荔湖新城控制性详细规划的土地利用规划。

该选址区位优越,具体位于荔新公路南侧,与华商学院对望,华商学院有二万多人口,斜对面是锦绣半山大型楼盘,在拆迁前现选址前面这片区域已显现出巨大的商业活力,人称太平村的"小香港",且交通便利,处于北三环高速公路和荔新公路交会处,毗邻荔湖、高校和在建的市民体育文化公园,周边公共配套设施完善,土地、房屋市场价值和升值潜力较大,是宜商宜居的理想地段。

太平村安置新社区选址符合荔湖新城控制性详细规划和土地利用功能片区规划。安置新社区占地面积约214.4亩,设计总建筑面积25万平方米,共建设145栋双拼式3层住宅,13栋18层住宅,以及社区服务中心、商业物业、地下车库、道路等配套设施,安置太平村10个合作社、619户、2478名村民。因太平村安置新社区选址红线微调,沿西侧布置的太平新村路也相应微调(图4-3、图4-4)。

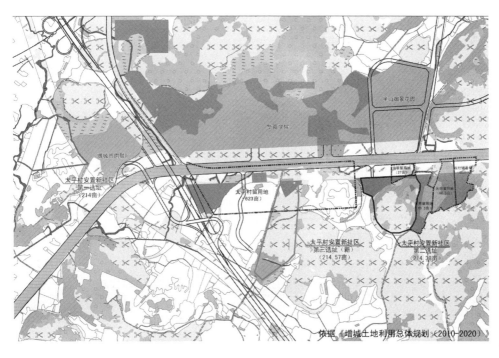

图4-3 太平安置新社区选址规划方案调整图

为顺利推进太平村安置新社区的规划、建设、安置工作，在取得增城区政府同意调整太平村安置新社区项目的新用地选址红线后，增城荔湖安置办迅速联系镇街根据新用地选址红线启动征地（含土地争议、补偿款分配、青苗、山坟等），剩余房屋拆迁等工作，并重新启动该用地的征地报批手续有关工作。

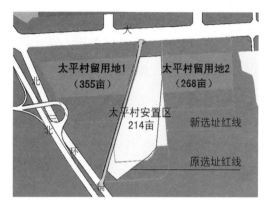

图4-4 太平新村道路调整图

二、因名木保护而细化规划设计

以西瓜岭村安置新社区为例。西瓜岭村安置新社区位于荔湖街西瓜岭村，荔新公路西侧，按照村民的安置意愿，结合统筹城乡规划的发展要求、区位优势及交通条件，该项目是旧村庄原址拆除重建的。西瓜岭村安置新社区用地面积约285.5亩，规划总建筑面积34.4万平方米，共建设安置房2099套，主要安置西瓜岭村12个合作社、866户、3241名村民。该项目有一个最大的规划设计亮点，就是原址保留并保护了3棵古树名木、2个文物保护单位、1个半月塘。

一是，为保护3棵需保护的古树名木，1棵230多年树龄的格木、2棵130多年的乌榄，规划设计方案不惜削减了半栋高层住宅，牺牲了约200个车位，对3棵古树采取原址就地保护，将古树周围占地约1500平方米范围的地下部分设置竖向混凝土护壁，修枝断根后及时吊挂树木生长营养剂及生长激活剂，以促进树木营养平衡及恢复正常生长，施工期间专门指定1名专业技术人员和3名工人负责从开工到移交整个过程中的日常维护和保养。这样既保护古树周围土壤，也有效阻隔古树根部与四周建筑基础间的不利影响，同时还为小区住户营造了一个绿树成荫的小游园——格木公园，形成了社区小景点（图4-5~图4-7）。

图4-5 西瓜岭村安置新社区俯视图

图4-6　格木公园位置示意图

图4-7　格木公园建成图

二是，规划设计方案对两个增城区登记的市、县级文物保护单位昌爱祖祠和西瓜岭自卫中队旧址、1个与自卫中队旧址相连的风水塘采取原址保护措施，并根据规划部门和文物保护部门的有关规定在文物四周设置10米保护区及30米建设控制地带，在划定的建设控制地带内只进行外部场地的景观升级改造，增加必要的排水等市政基础设施，不破坏、不改变文物保护单位的历史风貌，同时不进行爆破、钻探、挖掘等作业，施工过程采取相应保护措施确保文物保护单位的安全（图4-8~图4-12）。

图4-8　西瓜岭文物保护单位区位示意图

图4-9　昌爱祖祠现状鸟瞰图

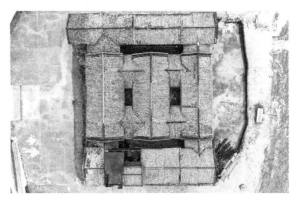

图4-10　昌爱祖祠现状俯视图

图4-11 自卫中队原貌

图4-12 自卫中队及半月塘现状

三、因文化保护而细化规划设计

增城历史悠久，人杰地灵，千百年的历史积淀，孕育了丰富多彩的各类文化，其中包含山水文化、荔枝文化、古迹文化、名人文化、客家文化、宗教文化等，在荔湖安置新社区拆迁的村落范围内拥有相对规模的物质载体，如传统民居建筑和传统祠堂建筑等。荔湖安置新社区的建设根植于传统乡愁文化的铭记与保护，规划设计过程中对传统文化的保护也是设计的重心，对涉及的重点文化建筑适当调整规划，有助于保留村民的集体记忆，延续村落文化，塑造古今交融、城市文化多样、包容的现代生态之城，强化增城文化自信的内核。

（一）祠堂建筑保护方案

在荔湖安置新社区拆迁安置的村落中，保存了大量的祠堂建筑，这些祠堂是村民精神生活的重要承载空间。对传统祠堂的保护及其文化精神的传承，既是对传统文化的尊重，又体现了安置过程中对村民精神文化的关怀。

谢屋村主要祠堂有1个，建筑面积约800平方米，始建于清康熙年间，位于荔湖湿地岸边，距今约300年。增塘村主要祠堂始建于清朝嘉庆年间，建筑面积430平方米，建筑相对陈旧。光明村约有十多个祠堂，其中昌凤刘公祠是增城区文物保护单位，位于荔湖湿地岸边，且建筑风貌保存得较好，其余大部分祠堂为泥砖房，建筑保存状态较差。罗岗村有十多个祠堂，其中蔡氏宗祠和徐氏宗祠建筑风貌保存较好，均是文物保护单位，分别位于水上运动中心北部商业用地及食品博览园用地。明星村主要祠堂为振贤何公祠和绍瑞何公祠，均是增城区登记文物保护单位。太平村主要祠堂有3个，其中黄氏宗祠位于荔湖岸边，区位较好，且建筑风貌等保存得较好。五一村何氏宗祠，建筑保存得较好。西瓜岭村主要祠堂为昌爱祖祠和自卫中队旧址，均是增城区登记文物保护单位，其中昌爱祖祠位于安置区用地，自卫中队旧址位于荔湖岸边，区位及建筑风貌较好。在规划设计中将保存状态较好的祠堂保留并结合绿道旅游开发修缮和改造。与此同时，在新的安置新社区内也适当增加活动中心面积代替祠堂原有婚宴聚会等功能。部分保留状态相对较差的祠堂进行拆除，并在安置区适当增加活动中心建筑面积代替祠堂原有功能，以保证村民的精神文化有所寄托。

（二）传统聚落保护方案

靠近明星村开发配套用地现存一排2160平方米，排列整齐、有岭南特色的传统民居建筑群，位于荔湖湿地岸边，规划该传统民居建筑群所在地为一特色湖边商业街，设计保留传统建筑群并结合特色商业街进行修缮和改造，加以利用，延续文脉。

传统建筑是一种文化精神的载体，具有不可替代的丰富文化内涵。在一定意义上，它们是城市"历史记忆的符号"和"城市文化发展的链条"，它们见证了这个城市几百年甚至上千年历史的沧桑变化。一旦破坏，就再难以恢复和接续。祠堂是一种纪念性的建筑，是村落的文化中心，具有重要的文化象征意义。一方面，由于中国社会传统的宗族观念的影响，祠堂成为同族人供奉和祭祀祖先的场所，可谓崇祖敬宗意义上的引力场；另一方面，祠堂是族长行使族权的地方，更是家族的重要社交场所。增城的祠堂在逢年过节及村落婚丧嫁娶时常有一些仪式上演。祠堂也是忠孝节义、遵纪守法、勤俭持家、和睦乡邻等乡规民约传承地。传统民居建筑群在当代具有历史价值、文化价值、艺术价值和科学价值等不可替代的价值，也是村民生活的空间载体和物质载体，对能保护修缮的传统民居进行保护修缮，是安置办在规划设计中体现人文关怀与温度的一大重要举措。历史文物建筑是不可再生的珍贵资源，保护和传承先人留存的历史文化遗产是安置办在统一规划建设中义不容辞的责任。

四、因土规调整而优化规划设计

由于安置新社区周边市政道路规划线位微调，原市政道路选址用地，经有关设计单位根据土规及征地拆迁、用地权属情况优化设计后稳定选址红线，经增城区政府工作会议研究决定，同意对安置新社区周边市政道路的规划线位进行调整。广州市规划和自然资源局增城分局根据安置新社区周边市政道路的方案设计微调对应的荔湖新城控制性详细规划的土地利用规划及道路规划。调整内容见表4-1：

道路交通调整方案 表4-1

项目名称	调整位置	调整内容及原因	调整方案示意图
爱民路	中路区政府段	控规道路形式是立交，实施建设的道路形式为平交，远期有条件时调整为立交。为此，本段仍按照原控规路网落实土地利用规划	
利民路	益民路—五一街段	为尽量少占、不占基本农田保护区，益民路—五一街段接驳二环路段近期通过绿道形式进行连通，远期再按照控规线位实施建设	
利民路	规划一街—荔新公路段	为避让振贤何公祠和绍端何公祠（市级文物保护单位）及沿街两处现状建筑质量较好的历史旧建筑，规划一街—荔新公路段整段道路线位往东南偏移，在祠堂正门前通过（道路边线距离现状祠堂正门不少于15米），线位与高排渠基本平行	
益民路	广汕公路—爱民路段	按控规路网方案实施，现场有7栋5层居民住宅楼，占地面积约500平方米，建筑面积约3000平方米，因现状住户较多难以进行拆迁；路口段调整为往东偏移	

续表

项目名称	调整位置	调整内容及原因	调整方案示意图
太平新村路	整段	因太平村安置新社区选址红线微调，沿西侧布置的太平新村路相应微调	
规划一街	利民路开口段	为避让现状老人临时安置点，该段线位往东南微调	
二环路	三联村段	该段线位道路边线存在一处占地约600平方米的荔枝林、多处古树及昌凤刘公祠（市级文物保护单位）门前附属风水塘，由于三联村未纳入荔湖水利工程重点区域的拆迁村，现状仍在居住的村民不同意二环路的线位破坏其风水地（树），同时按照文物保护法规定，新建项目不能影响文物保护单位的安全、历史风貌及其环境，为此该段线位整体往东进行偏移	

续表

项目名称	调整位置	调整内容及原因	调整方案示意图
惠民路	南侧连通新城大道段	本段线位主要保证罗岗村安置新社区（二区）的交通出行、管线走廊需求，为此实施的线位至本安置新社区尽端后直接拐入新城大道	
谢屋村环路、新旧谢屋村安置新社区分区路	荔新公路入口段、谢屋村安置区内	受到土规影响，为解决谢屋村安置新社区交通出行、管线走廊需求，实施建设的道路暂按原村道线位进行升级改造，本安置新社区用地内的新旧谢屋村分区路，根据本安置新社区的修详规方案，把原规划路整体往东偏移104米	
增塘村环村路、增塘村1号路	全段	受到土规影响，为解决增塘村安置新社区交通出行、管线走廊需求，实施建设的道路根据原村道线位进行升级改造，同时增塘村1号路控规路网根据村道线位进行微调，并按照现状村道线位实现增塘村1号路与现状理念路进行接驳连通	
广本大道、麻车村1号路	全段	受土规及架空高压电线基座、线路及北三环防护林的影响，实施建设的两条道路根据原村道线位进行升级改造，广本大道、麻车村1号路控规路网根据村道线位进行微调，远期新社区主入口新增1条规划路	

续表

项目名称	调整位置	调整内容及原因	调整方案示意图
明星村征地留用地3	益民路调整段	因益民路规划线位调整，相应对原有明星村征地留用地3进行控规土地利用规划微调	
三联村征地留用地1、地铁征地留用地	北三环高速与广汕公路北绕线平交段	根据三联村村民的留用地选址意愿落实控规土地利用规划调整	
罗岗村征地留用3	荔湖大道荔湖拐弯段	荔湖大道拐弯段控规线位与现状道路线位不吻合，根据现状优化控规路网，对罗岗村征地留用3进行土地利用规划调整。荔湖大道与原二环路平交口改造后仍与控规路网不符	

此外，为确保项目建设用地符合上位城乡规划要求，并对荔湖新城控规路网、内控路网等进行合一，确保规划区域范围的"一套路网"管理，广州市规划和自然资源局增城分局根据区政府工作会议的部署要求，局部调整广州城市副中心（增城）核心区荔湖新城控制性详细规划（优化提升）。

本章小结

　　荔湖安置新社区是结合城乡统筹示范区试点建设的民生工程,为把城市要素引进村庄,提升城乡统筹发展的平衡性和协调性,制定明确、合理的标准为工作的推进提供了保障。明确的房屋征收拆迁补偿标准最大程度地保证了拆迁工作的公开性与公平性,临迁补助的按标准发放保障了拆迁居民在安置过渡期的生活品质不受影响。规划设计标准的制定有效盘活土地资源、促进土地集约利用,培育新城自我造血能力。建筑户型、形态、色彩、体量等标准的制定既符合村民审美又与城市风貌紧密结合。景观美学提升标准的制定有效提升新城区交通环境和生态环境品质,加快推进城乡一体化,改善城市面貌,让村民享受依据的环境和完善的配套设施。这一系列科学合理的标准是结合城市发展需求和村民安置需求以及规划定位需求制定实施的。为了保证标准严格实施的同时合理的控制项目投资,增城荔湖安置办探索了项目单方造价和项目总价控制的"双控"限额标准。增城荔湖安置办作为协调组织部门,在标准制定和设计指引制定过程中,充分保障政府部门、建设单位、村民及各相关部门的意见及建议得到及时的反馈和处理,全面落实"共同参与、民主决策"的工作理念。在整体统一的标准制定基础之上,增城荔湖安置办组织相关部门针对安置新社区规划设计进行细化调整,充分尊重村民的传统习俗及意愿,提升安置新社区规划建设工作的"广度、深度、温度",为下一步建设施工管理的顺利实施打下了坚实的基础。

第五章
建设施工管理

严格的建设施工管理是落实勘察设计方案完成度的重要保障，也是让回迁村民对政府产生信赖的重要环节，高质量的建设施工，能为后续收楼、交楼打下坚实的基础。建设施工的管理，增城始终围绕"安全、质量、工期、投资、决算"控制目标，保证安置新社区工程建设的各个环节顺利实施。安全文明施工管理、质量管理、进度管理与投资管理贯穿荔湖安置新社区建设施工的全过程。通过建章立制、动态管理、逐步落实完善建筑质量与安全文明管理。在进度管理上则以计划为导向，投入大量人力物力并组织专人监管，分阶段落实进度计划提升项目进度效率。在投资管理上始终以"双控"为基本原则、在落实双控理念的基础上又保持项目的进度和质量达标，实现项目建设施工管理全过程的协调优化和良性互动。

第一节 质量管理：健全机构、建立制度、动态监管

荔湖水利工程11个安置新社区的建设时间紧、任务重，为保证项目质量既符合现行国家规范又保证让村民放心、满意，第一步就是建立健全质量监督机构工作方案，落实监管职责，在此基础上对项目参建单位的质量管理方案从预控、过程控制和事后控制三个方面进行落实，对影响项目质量的因素积极主动进行全过程全方位动态监管。

一、建立健全质量监督机构工作方案

为加强荔湖水利工程安置新社区建设项目工程质量的监督管理，保证工程建设质量，建设让村民安心、满意的新社区，并结合增城区实际遵守有关工程质量的法律、法规及参建各方相关合同的要求，从严从实做好11个安置新社区建设

工程质量管理监督工作，确保各安置新社区的建设满足合同条款要求，符合国家有关工程质量验收标准及村民安置需求，增城荔湖安置办将工程质量管理机构工作方案进一步细化。

（一）工作机构和职责

1. 发挥统领指挥角色，高效协调各参建方关系

以五一村安置新社区为例。五一村安置新社区在同一地块分为两个标段实施建设，分标存在不同的两个施工单位和设计单位，不可避免存在施工交接面、管理模式差异及进度协调处理关系难点。为了避免出现各方矛盾，增城荔湖安置办自始至终都向各方传达了目标一致的思想，使得两标段之间和各参建方之间的关系相处融洽，工程形象进度基本同步推进，同时交付使用。增城荔湖安置办作为工程主管单位，必须在发挥主导作用的同时，协调处理好各参建方关系，统一各方思想，避免纷争、扯皮现象发生，各方沟通出现矛盾时，积极主动介入协调解决问题，参建单位才有信心去解决问题。

2. 管理小组为主体，管理部门指导及后方支持的工作机制

由增城荔湖安置办牵头，在各安置新社区建设项目中分别成立荔湖安置新社区建设工程质量监督管理小组（以下简称"项目质量监督管理小组"），小组成员由增城荔湖安置办、增城区住房和城乡建设局（含建设工程质量安全监督机构）、监理单位、工程咨询单位（第三方咨询机构）、施工单位、设计单位等相关人员组成。项目质量监督管理小组是增城荔湖安置办派驻各个项目的施工进度、方案、质量、安全、文明施工等工作的协调管理机构，负责项目的各项统筹和协调工作，定期向增城荔湖安置办汇报工作进展情况。

增城荔湖安置办的各个部门分工明确，如工程管理部和技术管理部目标定位明确，技术管理部主要负责从前期的规划设计对接到各部门的前期沟通管理，工程管理部主要负责建设施工管理。工程建设管理以每个项目管理组为主线，横向对接到每一步项目进行到何种程度，涉及具体的各主管部门根据相关指引、指导及协作。因为项目规模较大，项目成员较多，项目管理人员不完全是建筑专业出身，所以增城荔湖安置办管理的关键在于如何把握正确的方向，顺利推进项目进行。通过技术管理部、工程管理部等相关各部门在每一个步骤上指引项目组推进项目，包括对图纸的控制都会有相关的指导意见，如通过技术管理部对图纸进行把关，再对各项目管理组进行技术交底。

增城荔湖安置办的部门与部门之间也有联合的机制，项目出现问题时会协商解决，从而提升项目进度，保证工程质量。虽然是以项目管理组作为主线管理，

相关的主管部门也会形成协同工作的机制，达成无障碍的沟通协调，这样能有效避免同类问题重复出现，确保项目总体推进。因此，增城荔湖安置办每周一上午会召开工程例会，每个项目管理组负责人会汇报各自的项目情况，把项目实施过程中存在的问题和困难提出来，其他项目的管理人员就可以提前做好规避问题的工作，引以为鉴，形成一个很好的良性循环。另外，增城荔湖安置办还设立季度评定，包括"文明施工""工程质量"等，增城荔湖安置办内部也有管理评定制度，形成各工程项目的项目部与项目部间争先创优的机制，引导工程项目往好的方向发展，形成良性发展趋势，整体顺利推进项目。

3. 行政监督与过程管理的力量整合

由增城区住房和城乡建设局牵头，由增城区建设工程质量安全监督站成立一支专项的荔湖安置新社区建设工程质量安全监督队伍，抽调技术人员驻守11个项目工地。对暂不具备质量安全监督登记的项目，由建设工程质量安全监督机构提前介入，对工程质量和安全实行常态化的监督管理；对具备质量安全监督登记的项目，由建设工程质量安全监督机构负责对工程质量和安全实行监督管理。

4. 监理单位执行管控

监理单位要遵守国家有关的法律、法规及技术标准，全面履行监理合同，控制工程质量、造价和进度，管理建设工程相关合同，协调工程建设各方关系，参与工程监督管理；做好各类监理资料的管理工作。监理工作结束后，向业主单位或相关部门提交完整的监理档案资料。

5. 聘请专业咨询机构及专家团队提供技术支持

（1）聘请第三方工程咨询机构。为弥补业主单位专业技术力量的不足，增城荔湖安置办从社会择优聘请具有丰富房屋建筑工程建设管理经验的工程建设咨询机构，对11个安置新社区项目建设全程给予技术咨询服务；委托专业景观设计咨询机构作为荔湖市政景观美学提升设计咨询服务。咨询机构从全区域角度，考虑城市山水地貌、气候文化、城市建筑等的大景观美学，与城市建筑规划、交通系统规划、城市绿地规划总体协调，形成景观系统，以前瞻发展的预见性，来做好景观的美学设计，从相关法规、经济、技术、工期实际情况出发，可以落地操作；从城市形象、多元文化、带状发展与渗透提出的设计愿景；从大景观系统，弹性化、地域化、高效化和可持续性提出的设计原则及方法；从城市道路、跨线公路桥、人行天桥、车站、城市家具、城市景观等提出的具体景观元素和景观分级控制等几方面更是广泛地运用到荔湖新城建设的景观控制，为新城景观提供了科学合理的设计样本。

（2）聘请专业技术人员。从社会择优聘请工程管理、土木工程、建筑学、城市规划等专业的工程技术人才，组建增城荔湖安置办工程管理技术团队。

以罗岗村安置新社区（一区）为例，该项目的地下室开挖施工时，遇到地下河，导致地下室顶板漏水，经增城荔湖安置办与施工单位、勘察单位、设计单位努力协调多方寻找解决策略无果，增城荔湖安置办组织聘请专业技术机构提供技术支持，经过两个多月的实验与现场协调，拟定从源头设计着手，通过加大地下室顶板混凝土防水添加剂，解决漏水问题。

又如在安置新社区外墙防水方面，为使村民放心对外墙防水能力有直观的感受，经专家建议，对外墙进行淋水试验，一方面测试了外墙的防水能力，另一方面还保证了村民质量监督小组和村民对防水质量的满意和放心。

6. 村社质量监督小组全程参与

由各安置新社区所在村选派村社干部、村民代表或由其聘请的社会咨询机构，组建荔湖水利综合整治工程11个安置新社区的村社质量监督小组，全程参与安置新社区的设计、施工质量、竣工验收的监督工作，根据各村的村民安置意愿和实际需求，随时反馈建设过程中设计方案、建设标准、装修标准、施工质量及使用需求等方面问题，形成书面报告并由小组人员签名确认后，提交增城荔湖安置办落实。

（二）监督部门工作机制

1. 严把质量关，各方加强监督安置新社区建设

为保证施工质量、安全、文明及进度，确保各项目按时高质量、高标准完成建设，增城区委、区政府做出如下部署要求：

一是增城荔湖安置办牵头，在各安置新社区建设项目成立荔湖安置新社区建设工程质量监督管理小组，并派驻到各个项目现场负责施工进度、方案、质量、安全、文明施工等工作的协调管理，从严从实做好11个安置新社区建设工程质量监督的日常管理工作，确保各安置新社区的建设满足村民安置需求，符合国家有关工程质量验收标准。

二是由增城区住房和城乡建设局牵头，由增城区建设工程质量安全监督站成立一支专项的荔湖安置新社区建设工程质量安全监督队伍，抽调技术人员驻守11个工地，对工程质量和安全实行常态化的监督管理。

三是在属地镇街的指导下，各村组建荔湖安置新社区的村社质量监督小组，由属地村社选派村社干部（含村委干部、合作社干部、监委会干部）、村民代表或由其聘请的社会咨询机构为小组成员，全程参与安置新社区的设计、施工质

量、竣工验收的监督工作，根据各村的村民安置意愿和实际需求，随时反馈建设过程中设计方案、建设标准、装修标准、施工质量及使用需求等方面问题，共同打造村民满意的新型社区。

2. 建立工作协调会议制度

（1）项目质量监督管理小组工作会议。各实施项目原则上每周召开项目工程质量、安全及文明施工监督小组工作会议，研究参建各方履行合同的情况、工程质量存在问题、工程变更及签证等问题。

（2）增城荔湖安置办项目例会制度。增城荔湖安置办建立了每周例会制度。每周召开技术管理部、工程管理部例会，由分管副主任主持，技术管理部、工程管理部主要管理人员及各项目管理组组长参加。项目管理组组长汇报每周工作情况及下周工作计划，反映工程管理中存在的问题，并讨论研究解决问题的办法。同时由每个项目的项目管理组为归口主管主体，参加工地的每周监理例会，不定期组织召开项目专题会议。增城荔湖安置办综合管理部定期收集各项目推进中的存在问题并定期或不定期组织会议，集中解决、处理项目建设过程中存在的各项交地、技术、投资控制、工程管理、质量安全等问题。会议主要是研究及解决工程推进的问题和困难，听取各个部门、项目管理组的工作汇报，协调解决各个部门、项目管理组反馈的问题，对重大的工程变更进行决策，整理需向增城区委、区政府请示解决的问题。

如在前期交地阶段，各安置新社区会因为不同的问题影响工程进度，通过例会制度提出各个项目交地的困难，增城荔湖安置办统一协调，集思广益，先解决各个村的共性问题，再根据不同情况逐个解决不同村的问题。以明星村安置新社区为例，因为该项目安置土地属于五一村范围内，两村村民对安置选址均抱有异议，严重阻碍了交地工作的推进，增城荔湖安置办通过会议协调，从村民代表开始通过科学的选址分析，动之以情，晓之以理，争得了两村村民的理解与支持，最终顺利完成土地交接。

（3）荔湖水利工程安置新社区规划建设领导小组工作会议。安置新社区项目正式全面动工前，领导小组原则上每周召开一次会议，项目实施进入正常程序后，视实际情况需要，每半个月召开一次。工作协调会议主要研究及解决工程推进的问题和困难，听取各有关成员单位的工作汇报，协调解决各单位反馈的问题。

除荔湖安置新社区工程外，荔湖新城的市政工程需要与城市总体规划及各个部门的设计进行对接，这就需要领导小组会议协调各个部门，进行工作交接。如在市政设计时，市政设计规范与电力部门设计的规范不同，造成了设计工作的停滞，通过领导小组会议协调，考虑到荔湖新城的长久发展，市政设计与电力设计进行综合统筹设计，最终完善对接工作。

3. 建立定期报送信息制度

实行每月定期信息报送制度。各项目质量监督管理小组要加强与各村社质量监督小组沟通，及时收集汇总有关信息。各项目质量监督管理小组、建设工程质量安全监督站、监理单位必须于每月初将工作进展情况、存在问题、工作计划和措施建议，报送增城荔湖安置办，由增城荔湖安置办汇总梳理后报送领导小组。

4. 公开接受监督

畅通工程质量举报投诉通道，设立公开举报投诉热线电话、电子邮箱等，自觉接受广大群众的监督。根据倒排工期，增城荔湖安置办对11个工地的工程安全生产、质量、进度、文明施工等的推进情况进行督办，并向村民作通报。

（三）分阶段动态管理工作方案

对于工程项目施工过程的质量管理，是工程施工管理的难点。安置新社区工程质量管理按阶段分为事前、事中、事后三个阶段控制。

1. 事前阶段

（1）建立健全的质量控制体系、周例会制度、"三检"制等有效制度，将质量管理责任从项目经理层层分解到每个施工人员的身上，各司其职，各尽其责。

（2）做好图纸会审工作。

（3）施工前，遵循方案现行原则，进行施工组织设计和重要工序的专项施工方案的编制，对超过一定规模危险性较大的分部分项工程都必须进行专家论证。

（4）坚持样板引路。在各工序施工前做好样板引路，减少施工中发生的质量通病现象。

（5）做好安全技术交底工作。每个班组在进场后，组织进行该工种的安全技术交底工作，将质量要求、技术要求，施工方法等传达到每个作业人员。

（6）材料进场报审。每种原材料进场后，都及时进行报审手续，待批复合格后方在施工中使用。

2. 事中阶段

按照施工组织设计，在施工现场建立健全的质量保证体系及质量控制程序，把质量管理责任分解到个人身上，在施工过程中严把质量关。

（1）特殊工种作业人员均持证上岗。

（2）各工序严格把控质量关。

桩基工程，管桩及桩机进场均有合格证明；施工期间有专人旁站，做好施工记录；施工完成后，按检测方案进行检测，低应变、单桩承载力试验等均合格。

钢筋工程，钢筋进场时，在监理见证下按国家标准规定抽取试件作力学性能检验，并有复检合格报告，钢筋加工下料前进行严格审查，其型号、规格、数量、尺寸均与施工图纸一致。钢筋安装时，严禁其他作业人员走动，以免踩踏导致钢筋变形，安装完毕后，清理杂物，并垫好保护层，由施工单位组织自检，合格后报监理复检，并做好隐蔽记录，检查合格后才进行下道工序。

模板工程，模板制作前，对结构各部位尺寸、标高要满足设计要求，安装前对轴线、标高进行复检，并进行技术交底，对通病（如梁、板、柱接缝不严造成漏浆）均单独编制施工方案，并在施工中派专人到现场严密查检。经过检查合格后，才进行下一道工序施工。

混凝土工程，采用商品混凝土，混凝土试块均在监理见证下按国家标准规范要求在现场制作，在现场进行同条件养护和标养室内进行标准条件养护。混凝土浇筑前事先通过报验，并经监理审核通过，才进行浇筑施工。

砌体工程，在砌体施工过程中为保证施工质量，对易出现问题的工序进行了严格的监督、检查，如砌体的粘灰率、压墙筋的长短及搁置部位等，同时为保证砌体、观感质量要求，施工时按皮数杆进行砌筑，保证灰缝厚度的均匀。

装饰装修工程，木门安装、地面工程、墙身工程等严格按照设计要求施工，做好施工记录、验收记录等。

（3）在资料管理上，做到真实、及时。

材料进行后，及时收集原始标签、合格证，出厂证明等；隐蔽资料和验收资料做到和现场施工进度一致，各种材料送检及时和足批次；第三方送检报告及时催促和收集归档。

3. 事后阶段

在施工完成后，完善各项验收秩序，严格验收关口，做到不遗漏、零隐患，对于各种因素的影响出现质量通病问题，按照编制好的质量通病防治方案和质量问题整改措施来进行整改。做到重视质监站、监理等单位所发的质量整改通知单，整改总结防止在后续施工中出现相似的问题。对每个项目存在的问题及时整改、及时总结，形成文本资料提供后续项目参考。

以谢屋村安置新社区项目为例。在谢屋村安置新社区项目的地下室顶板封闭（2017年8月）后约一个月，在日常的巡查过程中，发现顶板及侧墙出现裂缝，且大部分沿地下室短边开裂，数量也较其他安置新社区多。当时正值雨季，在雨水的渗透作用下，裂缝显得尤为明显，施工单位已组织队伍用水溶性聚氨酯材料对裂缝进行堵漏。部分获知此情况的村民认为，地下室顶板及侧墙存在的裂缝，是混凝土强度不达标所致，并由此对项目的工程质量产生了质疑。为及时给村民一个合理的解释，项目管理组迅速做出反应，于2017年10月组织参建单位召开专题会议，并邀请了广州市权威单位及增城区建设工程质量安全监督站参加，共同研究治理地下室裂缝的方案。经鉴定单位对地下室结构的实体抽芯强度检测报告进行分析，以及对地下室结构进行勘察，分析得出：地下室混凝土强度达标，顶板及侧墙的裂缝较多是由于混凝土自身的收缩性质、地下室细长的形状结构、面积大以及时值高温天气浇筑等综合因素造成。为有效解决裂缝问题，经鉴定单位及有关专家研究决定，考虑到水溶性聚氨酯材料没有粘结力，且耐久性不好，因而改用工作强度可达到C20，且有一定韧性的改性环氧树脂对裂缝进行补强及堵漏。通过此次会议，最终形成了"地下室裂缝专项分析与治理方案"，并及时向村民公布解释，得到了村民的认可，有效控制了舆情。

二、细化落实动态质量管理方案

基于项目管理的哲学理念：项目实施过程中主客观条件的变化是绝对的，不变则是相对的；在项目进展过程中平衡是暂时的，不平衡是永恒的。因此，在项目实施过程中必须随着情况的变化进行项目的动态管理。项目的动态管理是项目管理最基本且最有效的手段，安置区要求各方参建单位作为项目管理组织架构的重要组成部分，更应通过采取科学的手段进行项目管理，从而最大化地实现建设工程项目的价值。

（一）监督施工单位细化、完善施工质量控制制度

增城荔湖安置办制定项目质量计划，坚持"事前预控、事中控制、事后纠偏"持续改进的质量控制方法，采取动态管理的方法严格控制施工过程质量，确保施工质量符合合同、设计文件及相关规范的要求。

1. 督促制定技术方案，确保质量目标

（1）项目管理组负责监督施工单位建立健全完善的质量管理体系，编制科学合理的施工组织计划，各工程项目部成立质量管理领导小组，以项目经理为首，项目技术负责人、质安部、工区区长、施工员、施工班组层层把关的质量管理模式，并对各部门、各岗位的质量管理的工作职能进行分配，授予质安部质量监督权，确定项目部管理人员在质量方面的职责和权限。规定专职质量管理员具有一票否决权，并建立一系列相应的质量管理制度，规范质量管理的各种行为，

使所有与质量相关的人员，做到有法可依，有据可查。

（2）技术领先，方案先行。由技术管理部负责监督各单位工程的项目部编写施工组织设计、分部工程施工方案，强化关键工序和特殊控制点的预控，力求做到施工时有章可循、有据可依。

（3）制定高标准、高起点的质量管理目标，在合同确定的质量目标的基础上，要求项目部根据工程的具体情况对质量目标进行了进一步的细化，制定《项目质量计划》《创优计划》。

2. 做好样板引路，确保质量优良

（1）根据质量体系中的样板引路制度，制定样板墙、柱验收的标准和检验方法，并下发到各项目指导施工作业，对样板引路的具体做法，样板间设置的位置、工序以及实施时间等均做了严格规定。

（2）成立样板引路验收小组，具体负责样板引路工作，确定样板引路的内容，先做好标段样板，树立好的样板，再推行施工。

样板先行除了以样板间先行示范，还将首批建设的安置新社区工程作为后期建设的样板，为其他安置新社区的建设提供参考，提供问题预判的基础，将质量通病总结出来供别的项目提前准备，优化方法，避免问题再次出现。以罗岗村安置新社区（一区）为例，该项目是荔湖11个安置新社区中最早建设、区位最好、领导最重视的安置新社区，在实际建设过程中，各级领导高度重视，增城荔湖安置办加强工程建设的审查与过程设计，重视专家团队在建设过程中提出的宝贵意见，努力将罗岗村安置新社区（一区）打造为后续工程参考的样板。增城区委、区政府始终坚持以最好条件的场地作为安置点，罗岗村安置新社区（一区）靠近增城区政府，规划设计时以景观朝向为基础进行设计，在后期方案公示时，村民以建筑设计朝向并非正南北提出了异议，经过与村民的沟通协调，最终尊重村民的基本需求调整方案选址与规划设计，也为其余的安置新社区规划设计时充分征求村民意见提供了良好的样板。

如在谢屋村安置新社区的建设过程中，考虑到施工单位聘请的施工班组会因素质参差不齐，导致建筑成品的质量起伏不定，而安置房又是定向安置项目，且时时刻刻都在接受有建筑经验的村民监督。为此，项目管理组组织了相关的参建单位制定了工程样板引路方案，以确保工序质量及建筑成品质量的标准符合创优样板要求，为日后的回迁工作打下基础。样板引路方案主要以施工工序为对象，并在工序样板引路的基础上，实施分项、分部、子单位工程、栋号样板引路和样板段的样板引路。具体包括安置新社区工程中的地基与基础、主体结构、建筑装饰装修、建筑屋面、建筑设备安装工程（含智能建筑）、节能样板间、样板墙，以及市政工程中软基处理、土方压实、道路稳定层、路面、侧平石、人行道块铺砌及防水层、结构缝设置、园林绿化等。标准以国家和省市现行的施工质量验收规范、标准、设计图纸、质量内控标准为依据，同时还包含有针对工程质量通病的预防与控制措施。项目管理组通过执行样板引路工作，并要求参建单位建设住宅样板房，低层住宅、高层住宅样板房分别于2018年4月及2018年6月顺利通过了谢屋村村民的验收，项目的主体结构质量以及装修质量标准得到了统一，得到了良好的质量效果。

3. 落实技术交底，保障操作有法

按要求做好各项施工方案、技术、质量和安全交底，并做好记录，经现场施工、质安、技术负责人检查，符合检验标准后，报监理单位复检确认，在样板部位交底再对工人进行操作规程和质量技术交底，使作业人员做到心中有数，操作有法才进行全面施工。

4. 加强过程控制，确保一次成优

（1）材料、设备采购的控制，源头把关。增城荔湖安置办要求施工单位及时掌握材料信息，优选供货厂家，在合格材料供应商名录中按计划采购材料、半成品和构配件。坚持材料进场检验制度，未经检验和已经检验为不合格的材料、半成品、构配件等，不准投入使用。

（2）加强质量检查和监督，对分部分项工程、隐蔽工程、中间工程和工序之间的质量检查，严格实施隐蔽工程的检查验收、工序交接检查验收、工程施工预验，未经预验复核的不得进行下一道工序施工。

（二）加强监理单位工程质量控制体系

为确保工程质量，监理单位确立以预控为主、跟踪监控、监帮结合、强化验收的方法对工程质量进行控制，主要体现为：

1. 严把预控关

熟悉图纸、承包合同、技术规范、验收标准等，严格审核各项施工方案，特别是质量保证体系、安全保障措施及人、材、机的配置是否满足工程施工的需求，并在施工过程中督促实施，如塔吊安装拆卸工程属于危险性较大的分部分项工程，安装、拆卸前进行安全及技术交底，认真按照方案操作，并实施全过程监督，确保施工安全及工程质量。

2. 实施过程监督

严把进场原材料、半成品、成品质量关，确保合格材料用在工程中，材料进场时除严格审核合格证外,按规定的频率进行现场见证取样,并见证送检,对不符合要求的材料坚决作退场处理,如:混凝土路面砖、电线电缆质量等材料进场后由监理工程师严格预检,从而确保工程质量,加强监理巡视检查力度,监理工程师每日对各施工工序进行巡视检查,及时发现存在的施工质量问题,落实施工员和质检员整改并跟进督促完成。

3. 健全监理旁站和平行检验制度

建立健全旁站制度,对关键部位实施旁站监理,确保工序质量,施工过程中对各工序进行严格检查。如低层区室内乳胶漆部位存在质量通病问题,监理工程师立即要求施工员进行落实整改;高层区内墙做法未按图纸进行涂料墙面的白色乳胶漆底漆施工,直接在内墙面进行白色乳胶漆面漆施工,要求施工单位严格按照图纸要求进行施工;从而确保施工达到设计及规范要求。及时对各栋的地面、墙面、栏杆及护栏高度进行平行检验,实测平整度、垂直度、高度等各检验允许偏差值,做到及时发现及时整改避免重复出现。

4. 监帮结合多手段运用

为了使工程质量及安全达到预期目标,各方建立良好合作关系使各项工作顺利开展,除了按照正常的监理程序严格监理,监理部还以帮助的心态做好监理工作,如天气情况有变及时通知施工单位做好预防控制工作,下一步施工应该注意的质量及安全问题会在会议及日常工作中加以提醒,对施工单位不能确定或是模棱两可的事项积极提供技术及经验支持,通过这种工作方法,提高了工作效率达到"事半功倍"的效果。

5. 强化工程验收管理

严格实行工程施工的报验制度,对每一工序、分项、分部工程完成后,要求施工单位自检合格后,申报监理工程师验收,监理工程师以广东省结构优质奖的目标对检验批、分项、分部工程进行验收,规范工程验收制度。

严格检测、试验制度,原材料如钢筋原材、闸阀、配电箱、混凝土路面砖、PVC-U排水管材、电线电缆等经检测其质量均达到合格要求,混凝土试块送检、保温砂浆抽芯检测、外墙砖抗拔检测、照明检测等,试验结果均满足设计及验收规范的要求。

通过从点及面的细致验收,有效地保证工程质量,以促使该项目完成后达到合同要求标准及规范要求。

(三)管理部门落实全面质量验评

质安验评部按照有关质量方面的法律、法规、条例、验收标准和强制性条文，用规定的方法和手段，对分项工程、分部工程和单位工程进行质量检查，并和质量标准的规定相比较，确定工程质量符合要求。为确保工程质量，强化施工过程中的质量控制，做到预防为主、防患于未然，杜绝不合格质量工程实体进入下一道工序或交付使用。

工程质量验评工作主要参与和督促有关参建责任主体单位完成如下几项验评工作，通过提前预防、先验后用、过程把控、验评结合的方针有效保证工程质量情况。

1. 开工前验评

质安验评部全体成员开工前要求检验、熟悉和掌握的内容：设计文件、施工图纸经审核并依据此编制施工组织设计及质量计划；参加图纸会审、设计交底、设计变更交底等工作；确认施工单位各种技术交底工作已进行，特殊作业、关键工序已编制专项施工方案，施工监理单位均应建立质量通病自查自纠台账管理制度，明确责任人员及按期完成整改后验收情况；施工、监理单位要跟验评部签署工程质量、安全责任状，承诺工程质量责任终身制。

2. 进场原材料、构配件的验评

施工单位订货时应依据质量标准签订合同，先鉴定样品，经鉴定合格的样品应予封存，作为材料验收的依据。主要产品的进货验证由专业监理工程师和增城荔湖安置办技术管理部和质安验评部共同参加。

3. 建立样板制度

各分项、各工序按设计和规范要求的质量标准做工艺样板和样板间，以样板引路，无样板的分项或工序不得展开施工。施工中如达不到样板的质量，视为不合格产品，要进行返工处理。

4. 定期质量验评

各项目每月组织一次定期检查，必要时由增城区建设工程质量安全监督站协助完成，主要检查建设、施工、监理和检测机构的质量管理行为落实情况，以及实施工程实体质量标准的情况，检查内容按《建筑工程施工质量检查表》实行，检查由质安验评部成员牵头，建设、施工和监理单位有关人员参加。检查发现的问题要认真分析，找准主要原因，提出改进措施，限期进行整改。

5. 施工过程重要分部工程质量验收

质安验评部部长参与地基基础、主体结构、建筑节能等重要分部工程验收，质安验评部牵头组织参建各方核查分部工程质量技术资料，抽查现场实体质量情况。

6. 单位工程的竣工验收

第一步是项目施工单位组织各专业工程师进行自查；第二步是建设、设计、监理和施工单位四方联合检查，完成分户验收；第三步是组织竣工验收，参建各方责任主体及增城区建设工程质量安全监督站参加，单位工程竣工交验过程中不仅要检查建筑物实体的外观质量，还要核查相关内业资料，保证工程技术资料的完整性和正确性。

7. 质量验评工作汇报

做好各项质量验评管理、检查资料等日常整理和存档工作，每月一次向增城荔湖安置办、增城区建设工程质量安全监督站汇报质量验评工作小结。

三、完善项目建设质量保障方案

（一）以项目组为主体，各部门纵横交接指导的质量管理体系

由增城区住房和城乡建设局牵头，增城荔湖安置办组织协调，由增城区建设工程质量安全监督站成立一支专项的荔湖安置新社区建设工程质量安全监督队伍，抽调技术人员驻守11个工地，对工程质量和安全实行常态化的监督管理。

根据安置新社区项目建设实际，增城荔湖安置办下设罗岗村（一区）、罗岗村（二区）、明星村（三期）、明星村（四期）、五一村、光明村、太平村、西瓜岭村、麻车村、谢屋村、增塘村等11个安置新社区项目管理组，以及荔湖片区市政配套工程、石滩片区市政配套工程各标段项目管理组。项目管理组负责项目的立项申报、招投标组织、勘测、规划设计方案、修详规、初步设计方案、施工图设计、概（预）算编报、规划报建、施工报建、建设组织、竣工验收、结算、决算、档案建立、移交等建设实施全过程管理工作，以及包括但不限于合同拟定、管理、费用支付等一切事项的具体审核把关工作。

安置新社区有关工作须先汇报项目管理组分管领导，得到分管领导认可后方可开展工作。为促进工作开展、简化工作程序，与安置新社区项目有关的文件若不涉及重大变更、财务及需要征求部门意见等问题的，原则上可由项目管理组分管领导直接签发。安置新社区项目的设计变更需以造价作为支撑，结合变更的必要性和基建程序，项目管理组分管领导有权自行把握尺度进行决策。

安置新社区的有关工作以项目管理组为主线，由项目管理组负责根据不同的实施阶段、建设节点及工作实际，提出需要增城荔湖安置办各部门介入共同开展工作或进行审核把关的要求。增城荔湖安置办各部门需按限时办结要求（原则上不得超过3个工作日）执行。

在工程质量保障上，增城荔湖安置办各部门对项目组提出的问题和疑问及时解答，并提供合理的解决方案。如遇到工程质量技术问题时，由综合部和技术部根据情况聘请相关技术机构提供解决方案。遇到农民工工资问题和工程造价双控问题时，由综合管理部与财务审价部和质安验评部同时指导协调解决。

（二）成立专门质量监管部门

作为保障性住房，回迁安置房建设成本受到控制。一方面政府资金有限，又要均化到多个回迁社区，保证城镇化稳步上升；另一方面，农民收入有限，无法筹集更多资金。因此，安置房在保证质量的前提下，必然会减少其他方面的成本，比如设计费用、服务费用等，更有甚者，一些开发商为谋私利，暗中松动原有建设标准，开发出一些质量堪忧的工程，这就导致人们普遍认为的安置房居住环境较差的现象。增城荔湖安置新社区建设过程中，为保证项目建设质量，成立专门质量监管部门。

质安验评部是增城荔湖安置办下设的工程质量、安全管理的部门，为了贯彻落实国家《建设工程质量管理条例》《建设工程安全生产管理条例》以及其他有关规定和项目设计文件的要求，加强对荔湖安置新社区建设工程项目各环节质量、安全监管的力度，更好地落实建设单位及设计、勘察、施工、监理和检测单位的质量安全管理责任，全面掌握施工现场生产活动状况，及时消除事故隐患，防止质量、安全事故发生，提高各项目施工质量、安全生产和文明施工的实施标准。质安检评部设部长1名，主持部门全面工作，协调联系部内外工作。设副部长3名，一方面可以协助部长分管质量、职业健康安全环境管理组工作；另一方面分管督察组质量、职业健康安全环境巡检督察工作；同时负责与政府相关质量、安全监督管理部门及建筑业联合会的沟通与协调工作。

质安验评部按照《增城区挂绿湖水利工程安置新社区建设工程质量监督管理工作方案》对工程项目质量、安全、文明施工进行监督管理，主持工程的竣工验收，联合工程管理部和技术管理部完成对施工单位、监理单位的综合考评，从严从实做好11个安置新社区建设工程质量监督日常管理工作，确保各安置新社区的建设满足合同条款要求及村民安置要求，符合国家有关工程质量验收标准。为了充实现场施工管理和质量监督的技术力量，根据工作方案，从增城区建设工程质量安全监督站抽调12名业务骨干兼职到各安置新社区项目中，另外质安验评部还设置3名专职专业技术人员，为各安置新社区项目日常和专项质量安全检查储备了充足的技术力量。通过行政手段监管11个安置新社区及周边市政配套工程项目的质量、安全、文明施工，强化施工现场管理，确保安全生产及施工质量合格。

2016年12月，质安验评部起草《质安评验部管理制度（试行）》呈报区安置办并审核通过，形成了部门工作的各项规章制度。制度强调落实指导性标准：样板引路，规范交付标准。过程中按进度从材料样板定板，进场验收把关，按照各安置新社区不同户型，全面建立实施样板引路制度，各分项、各工序按设计和规范要求的质量标准做材料样板、工艺样板和样板间管理制度，样板间的验收分土建验收、水电设备验收和装修成品验收三个阶段，以样板引路，无样板的分项或工序不得大面积展开施工。每次材料和样板间的验收均积极邀请村民监督小组共同参与，做到过程公开公示，发现不符合设计或规范要求的严格按要求处理和整改，杜绝一切质量问题，确保安全生产及质量合格并符合设计标准。

（三）控制影响质量的因素

工程施工阶段是工程实体最终形成阶段，也是最终形成工程产品质量和工程使用价值的重要阶段。因此，施工阶段的质量控制是工程项目质量控制的重点。

1. 对施工质量影响因素的控制

（1）人员控制

①对作业人员技术水平的考核；

②避免有生理缺陷的人员从事受其缺陷影响的专业；

③选择心理素质好的人员从事关键工序；

④禁止人员的危险行为；

⑤用执业资格制度保证作业人员和管理者的水平。

（2）材料、构配件的质量控制

①施工单位通过供应商信息的分析，选择合格、能如期供货的厂家；

②制定合理的材料采购计划；

③严格按照规范对材料进行检查验收；

④收集完整的材料相关资料；

⑤选择符合设计文件或标书规定的设备并验收。

（3）机械设备的控制

①选择先进、适用的施工机械设备；

②制定使用操作规程和制度；

③对进场的机械设备进行检验；

④收集完整相关资料，整理归档。

（4）施工方法的控制

①审定施工方案的合理性和正确性；

②选择高素质技术水平的监理工程师参与审定，确保施工方案的质量。

（5）施工环境的控制

①做好文明施工，施工单位要提交文明施工方案和计划；

②确保文明施工费用的使用到位；

③制定完善的质量体系和施工制度，以应对复杂多变的施工环境。

2. 监理单位对施工作业运行过程的质量控制

根据我国《建筑法》及相关法律、法规的规定，在工程施工阶段，监理工程师对工程施工质量进行全过程和全方位的监督、检查与控制。在我国，建设单位对工程施工阶段的质量控制主要由建设单位和监理工程师共同协作来实现。

（1）测量复核控制

①严格进行专人负责复核性检查；

②复核结果要报送监理机构复验确认。这两项控制要严格无误，因为涉及工程定位、标高、轴线、预留孔洞等基准尺寸位置一旦有偏差和错误，就会给整个工程带来难以弥补的问题，严重的可导致破拆重建的重大事故。

（2）质量控制点的设置

①施工单位提交质量控制点名称、控制方法和内容以及检验标准；

②监理机构进行审查批复；

③监理单位要求施工单位对未列出的控制点进行补充修改。

（3）工程变更控制

在工程施工过程中，建设单位、施工总承包单位、设计单位均可提出工程变更申请，但各方均需结合实际情况，按要求进行审批后，方可实施，杜绝"无手续即施工的乱象"。

（4）停工与复工控制

①监理工程师应按规定及时下达停工指令；

②施工承包单位必须向监理工程师报送复工申请且经复查批准后，才可复工；

③停工和复工，监理工程师都要向建设单位提交相关报告。

（5）质量资料控制

①要求施工单位按照建筑工程资料整理归档规范，将整理完整的施工资料交监理单位两套，资料包括图纸、材料合格证、试验报告、自检单、验收单、各工序的记录以及审批报告处理意见等；

②要求监理单位按要求检查施工单位提交资料的完整性、顺序和真实性，并汇总监理单位的资料，一并交给建设单位。

3. 监理单位对工程质量进行主动控制

（1）要求监理单位用人规范，委派总监常驻工地，监理工程师必须具有从业资格证且具备一定工作经验；

（2）要求监理单位严格执行监理工作制度，并对制度执行情况进行抽查；

（3）坚持每周召开工作例会制度；

（4）邀请质检部门或有相关工程质量检测资格的单位不定期到工地检查；

（5）协调好各方面的关系。

（四）落实全过程管控

施工质量控制是决定最终产品质量的关键阶段，要确保实现工程的质量目标，必须做好施工阶段的质量控制。项目部需要从质量策划、控制、检查、改进和预防等环节对施工阶段质量的控制。

1. 质量计划

质量控制重点要做好两方面的工作：质量计划和过程控制。施工质量计划是针对施工过程的各个环节制定的质量控制实施计划，其依据是项目质量计划，其保证是施工质量管理体系。在施工前制定严密的过程质量控制计划是做好质量控制的前提，如何做好过程质量控制，是施工质量计划的目的。

施工质量计划的内容主要包括：

（1）工程概况：描述工程施工工作范围、主要工程技术、主要工艺过程及其施工责任单位等。

（2）建立施工质量控制的组织机构，明确人员组成、工作范围及其岗位质量职责等。

（3）分解项目质量目标，制定各单位工程和分部工程质量控制目标及其实施的责任人及相关方的质量责任；目标要符合合同、符合国家相关法律法规并满足顾客对产品总体质量的要求。

（4）指出主要工艺过程施工质量控制的重点、难点和对产品质量有特殊影响的分部或分项工程，制定相应的技术措施。

（5）根据工程的总体进度计划，制定项目的单位、分部、分项工程的质量检验计划，其中要明确主要的控制点，确定实施班组、项目部和业主/监理的三级验收项目的划分（不低于国家或行业标准）并经业主批准。

（6）识别适用于本工程质量控制的法律、法规、规程、规范、标准、程序文件等，作为施工质量控制的依据。识别的范围包括合同规定的、国家强制执行的、行业的、地方的以及公司本部规范管理所制定的相关文件。

2. 质量控制

施工过程质量的控制应严格按照计划实施。施工过程质量的控制主要包括施工图纸质量控制、设备材料质量控制、施工质量控制等环节。

施工图纸质量控制：施工要严格按照图纸进行。施工图纸质量控制是施工质量控制的龙头，是设计质量控制的最后关口。设计交底、施工图纸会审是施工图纸质量控制的常见形式。设计图纸到达施工现场之后，监理、施工单位应在充分消化图纸后，由施工方组织图纸会审。未经会审的图纸不可投入使用。

施工图纸会审执行EPC质量管理体系文件的要求，按照工程总承包合同规定的国家和行业有关的规程、规范、设计标准和强制性条文规定等，审查设计文件，重点审查设计方案、设计深度、主要设备清单、设计接口、设计安全等。

（1）审查设计方案，设计方案应符合合同中规定的主要技术原则，设计方案优化，设备选型合理，工艺设备布置方便安装、方便运行维护；采用的新技术、新工艺，有专题说明，表明其安装、维护方法。

（2）控制施工原材料：工程使用的钢材、水泥、砂石及各种外加剂必须出具出厂合格证书，并在使用前进行试验检验，合格后方能正式投入使用。

（3）控制半成品：检验施工过程中的试样，通过了解半成品的质量，对成品的质量进行控制。

（4）控制成品：局部工程施工完成以后，要注意各种养护工作，并注意成品的保护，确保成品质量的最终合格。

（5）控制各类资质：定期检查施工分包商的施工作业人员和特殊工种的资质、资格证件及重要、大型机具的准用证等，检查试验仪器、计量器具的检验证明是否在规定的有效期内。

（6）控制施工技术：定期、重点检查施工人员是否按照设计图纸、规程、规范、施工作业指导书和施工工艺标准进行施工，检查施工过程中的重要原始记录和自检记录是否完整。

（7）控制施工过程接口：严格执行施工过程各环节的签证程序和制度，避免出现质量问题时责任不清，定期组织召开质量剖析会，对出现的质量问题分析、讨论、研究，制定防范措施，避免类似的问题再次发生。

（8）控制质量检验：按照施工质量检验计划划分的分项、分部、单位工程及控制点进行质量检验。每个分项、分部、单位工程施工完毕，要求施工人员自检，技术人员复检，施工方质检人员对工程质量进行自我评价，然后进行报验，按照项目执行的标准，组织监理和施工方有关人员对报验项目进行验收，并按照规定的表式进行评定、记录和签署。总承包方施工专业工程师负责进行监督检查，每日填写《施工检查日志》，发现质量问题随时协调、跟踪处理。

（9）控制特殊过程的质量：焊接、混凝土浇筑、防水、防腐、桥梁预应力、污水管道顶管工程施工，按照相应施工规范进行施工。

施工图纸质量控制、设备材料质量控制、施工质量控制是工程施工过程质量控制的关键环节，确保了这三个环节的质量，工程的质量就有了保证。

3. 持续改进

对于工艺复杂、工程量大的项目，影响工程质量的因素非常多，各种因素失控均可能导致质量问题或质量事故的发生，因此在项目工程质量的控制过程中，应加强对过程质量控制程序的适宜性检查，及时对不适宜的质量控制程序进行修改，不断提高控制水平，使工程质量的各个环节得到有效的控制，从而确保整体工程质量。

（1）设计质量控制改进

设计质量对于工程的整体质量起决定性作用。施工阶段发生设计差错、设计方案不合理或设备选型不合理时，应及时反馈信息，分析原因，快速处置，避免该工程和其他工程类似问题再次发生，需要修改程序文件时，快速发布实施。EPC总承包模式能有效地克服设计、采购、施工相互制约和脱节的矛盾，有利于设计、采购、施工各阶段工作的合理深度交叉，能有效地对质量、进度和费用进行综合控制。设计质量控制程序的改进应充分利用这种建设模式的优势，提高设计质量和设计进度。

（2）设备材料质量控制改进

施工现场发生材料、设备质量问题时，及时填写不合格品报告，分析不合格原因，快速处置。物资设备不合格品处置应控制不合格严重程度，按返工、改进或让步接收、降级使用、拒收或报废四种情况进行处理。其中，让步接收及降级使用必须经过工程业主的批准，但不能违反有关强制性标准。对于不合格原因无论是采购原因、设计原因还是供方原因，都应及时发布通报，举一反三，避免类似问题再发生。对于制造质量问题，需要重新评价供方，严重时剔除合格供方清单。目前，工程实施中，设备出现质量问题的概率很高，设备质量的控制难度很大，需要多方的努力。

（3）施工质量改进

施工中发现质量问题或事故时，按照不合格品管理程序严格控制不合格品。对检验中发现的不符合质量要求的产品，应按规定进行鉴别、记录、评价、隔离和处置。构成等级质量事故的不合格，应按质量管理制度规定和合同约定进行处置。不合格处置程序为：对各类不合格发出整改通知或停工通知，责令限期整改，责任方应分析不合格原因，落实责任，责任人应有书面认识报告，制定整改措施和预防措施，报总承包商、业主/监理批准后方可开始整改，整改完成重新报验，验收合格后方能关闭不合格品控制。

无论是设计、物资还是施工，不合格品必须按照相关的程序进行不合格品评审，对改进或返工后的工作，应按规定重新进行检验，并保存记录。

4. 预防措施

对施工过程出现的各种质量问题，及时反馈信息，通报相关各方，进行相关问题的自查，并举一反三。相关各方根据检查情况，制定切合实际的纠正措施和预防措施，以确保类似问题不再发生。

（1）认真对待质量通报，对通报的问题及时传达至相关方进行自查，有之予以纠正。无之，作为潜在不合格制定预防措施。

（2）定期召开质量分析会，分析影响工程质量的潜在原因，采取对应预防措施。

（3）对各类质量通病应在各环节、各专业质量计划或施工技术方案中提出预防措施。

（4）对潜在的严重不合格，应实施预防措施控制程序。

（5）定期评价各预防措施的有效性。

第二节 安全管理：制度保障、高标定位、分步落实

安全生产管理工作是一项系统工程，贯穿于工程项目施工的全过程，搞好安全管理工作，是项目建设管理极其重要的工作任务之一。对荔湖安置新社区的建设管理而言，首先是制定项目安全保障制度，在此基础之上明确安全生产职责、细化安全文明管理要求、健全安全文明管理对策。在项目管理具体落实过程中既要抓好工程建设前期的安全管理、又要做好施工现场的安全文明监控，也要做好现场的安全管理沟通与组织工作，全面配合荔湖新城的安全文明建设。

一、制定安全验评与保障制度

（一）项目安全验评制度

工程安全验评制度为落实"安全第一、预防为主、综合治理"的安全生产方

针，保证安置新社区项目安全文明施工水平，按照有关工程安全生产方面的法律、法规、条例和文件的要求，工地安全文明施工标准应以人为本，遵循自然规律，体现"安全、环保、职业健康"，安全文明施工需要合理规划、设计、合理组织、严格管理，向"工具化、定型化、标准化"的方向推进。质安验评部重点督促落实如下几项内容：

1. 安全培训教育制度

项目各作业班组进入工地后正式上岗作业前，施工单位项目部必须对班组职工进行"三级"安全教育（班组教育、项目部教育、企业安全管理教育），并建立教育记录档案资料；如果由于安全技术交底不清楚、不全面或伪造安全教育资料的，工人发生工伤事故，必须追究教育或交底人的责任；每个月不少于一次安全教育活动，开展录像视频教育、讲座或演练等；项目部要经常组织干部学习有关安全生产的法律、法规，学习规范和标准，学习安全技术操作规程等，通过学习达到熟练掌握和运用的目的。

2. 安全生产标准化施工

各安置新社区项目需按照广州市建委2012年9月发布的《广州市建设工程安全文明施工标准化图集》并结合工地实际情况，落实工地安全生产、文明施工实施标准化、规范化管理，各施工企业、工程项目部安全管理人员、安全资料管理员、项目经理、项目技术负责人、土建和设备管理员、安全员、工程监理、企业监理工程师、监理员等相关工作人员，均应熟悉《广州市建设工程安全文明施工标准化图集》内的安全防护标准和文明施工措施的要求，作为提高施工安全知识水平的一项措施并有效落实到工程现场。

3. 安全检查制度

安全检查是消除事故隐患，预防事故，保证安全生产的重要手段和措施。不断改善生产条件和作业环境，使作业环境达到最佳状态。按照住房和城乡建设部颁发的《建筑施工安全检查评分标准》，对照检查执行情况；基槽临边的防护；施工用电、施工机具安全设施、操作行为、劳动防护用品的正确使用和安全防火等。项目部施工、监理每周检查一次，由项目总监组织；各施工队每天检查，由施工负责人组织，生产班组对各自所处环境的工作程序要坚持每日进行自检，随时消除安全隐患，项目监理发现安全隐患及时发出整改通知书并跟进整改。

4. 重大危险源管理制度

为杜绝工地一般事故及较大以上的事故，项目须重点加强对深基坑、高大支模、大型起重设备、超高排栅等危险性较大的分部分项工程安全管理，按照《危险性较大分部分项工程管理办法》（建质2009-87）要求，施工单位须明确项目存在的重大危险源及其数量、规模、位置及实施节点，并按实施节点落实各项安全管理规定：专家论证、双确认验收、实时监测、定期检测维保等），监理落实监管责任，有效防范和遏制建筑施工生产安全事故的发生。

5. 定期安全验评

每月组织一次定期检查，必要时由增城区建设工程质量安全监督站协助完成，主要检查建设、施工、监理和检测机构的安全管理行为落实情况，以及实施安全防护和文明施工标准的情况，检查内容按《建筑工程施工安全检查表》（附件二）实行，检查由质安验评部成员牵头，建设、施工和监理单位有关人员参加。检查发现的问题要认真分析，找准主要原因，提出改进措施，限期进行整改。

6. 安全责任处罚制度

在日常或定期安全生产检查中发现存在安全隐患情况较多、较严重，呈报区质量安全监督站按照《广东省安全生产动态管理办法》对安全生产管理责任落实不到位的企业或人员责任主体实施动态扣分处罚，对整改不到位或拒不整改的责任主体报广州市建委不规范行为处罚，必要时报建设行政主管部门对有关企业予以行政处罚。

7. 安全验评工作汇报

做好各项安全验评管理、检查资料等日常整理和存档工作，每月一次向区安置办汇报安全验评工作小结。

（二）项目建设安全保障

安全生产问题是直接影响到工程项目的管理目标，同时还涉及许多社会问题。项目安全管理是项目管理的一项重要工作，项目应建立健全安全保障体系，充分识别危险源，并实施管理方案和紧急预案等措施，对危险源予以控制，做到防患于未然。

工程项目安全管理应贯彻三大原则："预防为主、综合考虑"的原则，从施工开始就把人力、物力综合加以考虑，防患于未然，着眼于事前控制，要有专门机构和人员负责抓安全工作，要相应地设置安全设备和必要的安全设施；"安全管理贯穿项目施工全过程"的原则，事前要做充分的调查研究，针对现场的实际情况，对施工中可能出现的安全问题、不安全因素加以认真分析，制定施工方案，采取对策措施；"全员管理，安全第一"的原则，在整个安全管理中，树立安全第一的思想，"生产必须安全、安全促进生产"，使全体参与施工的人员自觉地共同努力，保证安全生产。

安全教育工作也是整个安全工作中的一个重要环节，通过各种形式的安全教育，使全体施工人员增长安全知识，提高安全意识，调动他们的积极性，促进安全工作的全面开展。

安全生产检查是在劳动保护工作中的具体运用，是推动开展劳动保护工作的有效措施。包括项目本身对生产中的安全卫生工作进行的经常性检查，地方劳动部门、行业主管部门联合组织的定期检查。可以对安全卫生进行普遍检查，也可以对某项问题，如防暑降温、电气安全等进行专业重点或季节性检查。

二、执行安全文明与绿色施工

"隐患险于明火，防范胜于救灾，责任重于泰山"。安全生产责任重于泰山，搞好安全生产，是全面落实科学发展观的必然要求。对安全生产，党中央、国务院一再强调要提高认识，加强领导和监管，保障人民生命财产安全。

（一）明确安全生产职责

1. 建设单位在安全生产中的职责

（1）建设单位不得对勘察、设计、施工、监理等单位提出不符合有关法律、法规、强制性标准和政府规范性文件的要求，不得明示或者暗示其违反上述要求，不得压缩合同约定的工期。

（2）建设单位从事建设工程活动，必须严格执行基本建设程序，坚持先勘察、后设计、再施工的原则。

（3）建设单位应向有关的勘察、设计、施工、工程监理等单位提供与建设工程相关的真实、准确、齐全的原始资料，尤其是地下管线资料。建设单位应按规定办理建设工程质量安全监督注册和建筑工程施工许可证。建设单位不得明示或暗示施工单位购买、租赁、使用不符合安全施工要求的安全防护用具、机械设备、施工机具及配件、消防设施和器材。建设单位应对其在施工现场人员进行安全防护、文明施工教育，并对他们的安全负责。建设单位应依法发包建设工程，并在招标文件和施工合同文件中，按照有关政府规范性文件的要求，明确安全防护、文明施工措施费的内容、范围、金额、预付金额、支付办法和抵扣方式，并按有关政府规范性文件和合同约定支付安全技术、防护设施、劳动保护等用于安全生产、文明施工的各项费用。

2. 监理单位在安全生产中的职责

工程的安全、文明施工监控列为项目监理部重点，因项目存在边施工边扩征地，场地占地面积大，场地内树木、山坡、房屋等障碍物需要清理、村民出入道路经过施工现场等特殊性，故此安全文明施工难度非常大。具体工作体现如下：

（1）督促施工单位对工人进行安全生产教育及分部分项工程的安全技术交底，并检查交底记录；

（2）审核施工方案及安全技术措施。检查并督促施工单位，按照建筑施工安全技术标准和规范要求，落实分部、分项工程或各工序的安全防护措施；

（3）组建安全监督小组，每周二上午定期对现场安全施工、消防防火、文明施工、卫生防疫等进行检查，对不符合安全文明要求的现象督促整改，及时消除安全隐患。

（4）利用监理例会、安全文明施工专题会、交底会等形式不厌其烦地强调安全施工，并对不安全、不文明现象如工人不安全行为、基坑临边安全防护、主体结构临边洞口防护、场地围蔽、场地硬化、洗车槽、道路污染等发出书面通知单。

（5）审核施工单位专项安全文明施工组织设计方案并签署意见；审核进入施工现场的各承包、分包单位的资质和证明文件；审查工地的安全组织体系和安全人员的配备及其持证上岗情况；严格动态监控安全，督促施工单位进行安全自查工作，督促施工单位加强安全管理。此外，监理部每周组织施工单位进行安全检查，对施工中存在重大安全隐患，及时下发安全隐患整改通知单，及时要求施工单位限期完成整改，落实相关责任人。

其次，落实安全技术措施费使用情况，保证专款专用；安全检查情况与安全生产措施费支付挂钩，安全生产措施费支付表作为计量支付资料的组成部分，对于安全生产文明施工不能按要求落实到实处的，或存在安全隐患而不予以整改的，支付当月工程进度款时，对施工单位作违约处罚。

（二）细化安全文明管理要求

安全、文明施工是保证工程能否顺利地在额定工期内按时、保质完成的重要条件。增城荔湖安置办对此常抓不懈，督促施工单位在施工中认真贯彻"安全第一，预防为主"和坚持"管生产必须管安全"的原则。督促参加施工的人员必须接受安全技术教育，熟知和遵守本工种的各项安全技术操作规程，并要求定期进行安全技术考核，对特殊工种操作人员，必须检查其特殊工种合格证后，才能上岗作业。

操作人员上岗前，要求必须按照规定穿戴防护用品，督促施工负责人和安全检查员随时检查劳动防护用品的穿戴情况，并组织人员定期检查和验收施工所用的各种机具设备、劳动保护用品和电器设备等，保证其处于完好状态。

1. 现场安全文明管理要求

（1）施工单位项目部编制适用于本工程项目的安全文明施工实施程序。该程序适用于施工现场和设备设施的管理。该程序的内容在施工期间严格执行。

（2）施工单位项目部为业主提交一套完整的施工安全规章制度。制度包括项目部的安全操作规程以及应急预案、考核方法、培训计划、设备设施维护、职业健康防护以及在施工期间的环保控制。

（3）施工单位项目部在现场指派一名安全主任，建立安全文明施工组织机构，确保施工安全施工程序的实施。

（4）施工单位安全主任负责启动计划、确保施工现场规定的实施，对正在进行的工作进行安全检查、与员工召开安全会议并向业主的安全部门提交工作周报，对安全工作的执行情况进行汇报。安全主任负责对施工现场的连续操作进行检查，对易导致的伤害或事故的隐患加以控制，对施工中使用的设备、工具和设施进行检查，使其保持完好。

（5）如果发现违法违章、可能造成人员及设备伤害或损伤的情况时，业主有权要求施工单位停止工作。由此造成的停工所发生的费用以及造成的工时损失由施工单位承担。施工单位没有或拒绝对发现的问题进行整改将可能导致合同终止，具体的责任人将驱逐出现场。

2. 人员行为的基本要求

（1）现场工作人员必须佩戴安全帽，危险场所应佩戴相应的劳保护具。

（2）进行工作时必须按规定着装，必须穿符合工作要求的劳保服装。劳保服必须是长袖上衣和长裤；施工场所必须穿劳动防护鞋。

（3）如果头发过长，超过肩膀，应盘起全部放进安全帽里。

（4）现场不允许带珠宝首饰。

（5）吸烟区外严禁吸烟。

（6）禁止不安全行为，所有员工有责任制止不安全行为。

（7）禁止斗殴和赌博。

（8）严禁酗酒和吸毒。

（9）禁止使用武器或用其他物品作为武器。

（10）禁止携带武器或管制刀具。

3. 消防管理要求

（1）施工单位按照业主要求与消防部门配合，处理好施工现场和相关设施的消防工作。

（2）施工单位提供灭火器来处理施工过程中可能发生的火灾，这些要求包括：所有建筑物、仓储区域和工作区域均配备灭火器，灭火器应放置于醒目的位置。在焊接或者气割作业时，应在作业场所附件配备灭火器。各种进入现场的车辆和具有火灾危险性的施工机具上均要配备灭火器。对所有施工人员进行灭火器使用培训以便发生火灾时能做出迅速反应。要严格按照规程对灭火器进行维护、保证按规定充装灭火剂，并按规程操作。

（三）安全文明管理策略

1. 检查与监督

（1）业主单位对施工单位进行定期检查，承包商及时整改在检查中发现的问题和安全隐患。

（2）施工单位将进行施工开工前HSE检查、日常HSE检查、专业性HSE检查、季节性HSE检查、节假日前HSE检查。

（3）施工单位积极迎接各级政府部门的检查，并把检查问题及时通报给项目管理组。施工单位按照政府部门的要求对检查问题进行整改，把问题整体情况通报到项目管理组。

2. 安全生产会议

（1）每星期召开安全生产周例会，检查上周安全生产工作情况和绩效，研究和解决存在的问题、措施和改进要求，提出下周安全生产工作要求。

（2）每月召开安全生产月例会，检查上月安全生产工作情况和绩效，研究和解决存在的重大隐患、措施和改进要求，提出下月安全生产管理要求。

3. 标语与标志

施工单位在施工现场进出大门旁从左至右按顺序悬挂"七牌一图"，现场张贴项目的安全宣传标语和安全警示标志，并严格遵守警示标记上的警示说明。

4. 安全生产奖惩

为提高项目安全生产管理绩效，施工单位项目部应建立项目安全生产奖惩制度，对于绩效突出的以及避免重大事故行为，将给予一定的物质奖励和精神奖励；对于违反规章制度的行为，将进行处罚。

5. 突发事故和紧急疏散

（1）施工单位应针对重大危险设施、重大变更项目、重大危害作业和可能发生环境事故和自然灾害的场所编制相应的综合应急预案，并在项目实施阶段进一步编制专项应急预案，应急预案应包括紧急疏散、医疗救护、自然灾害、泄漏等。应急方案应交业主单位审批。施工单位应为现场需要的场所提供应急设施和物资。

（2）应急预案应包括紧急报警系统的位置、集合和疏散的位置、应急物资准备与供应、应急培训和演练等内容。作为施工单位的新员工，在进入施工现场之前必须经过应急培训。

（3）突发事件还包括由外力因素引起的施工安全隐患。比如在西瓜岭村安置新社区施工建设时，样板房完工之后，组织村民参观样板间，村民得知参观消息之后，秉着积极参与自己家园建设的态度，村内3200多人在第一时间希望参观样板间，给施工现场造成了极大的施工安全阻碍。经增城荔湖安置办与属地街道办、西瓜岭村委会和施工单位协商，组织分流参观人员，分批次加快参观，既平复了村民延迟参观的不满情绪，也保证了施工现场的安全与稳定。

三、落实施工安全与文明管理

（一）抓好工程施工前期安全管理

1. 从思想上增强安全意识

安全生产体现了"以人为本、关爱生命"的思想。随着社会化大生产的不断发展，劳动者在生产经营活动中的地位不断提高，人的生命价值也越来越受到重视。安全教育重中之重在于加强安全思想教育，项目建设必须保证项目所有作业人员有较强的安全意识，避免项目建设过程中安全事故的发生。

2. 从制度上增强安全保障

在安全保障管理过程中，靠人管人很难做到有效管理，通过建立规章制度，真正落实实施。施工单位应当在施工现场建立安全生产、消防安全责任制度。施工单位应当为施工现场从事危险作业的人员办理意外伤害保险。施工单位应当制定生产安全事故应急救援预案，并定期组织操练。建立安全生产责任制，要对各级负责人，各职能部门以及各类施工人员在管理和施工过程中，应当承担的责任做出明确的规定。组织有关人员集中检查和日常检查相结合的制度。

3. 资质及开工前审查

安全资质的审查要静态与动态相结合在基本建设中，承包方将承包工程的特殊工种进行转包，在施工中使用包工队伍和临时工的现象已日益增多，这增加了搞好安全管理工作的难度，也给工程项目的安全管理提出了更高的要求。为了防止施工单位在工程转包以及使用包工队伍和临时工时发生"以包代管"等现象，建设单位、监理单位及施工总包单位必须对承包方的安全资质进行静态与动态相结合的审查。不但在工程招投标期间要审查施工单位的"一照三证"及近3年的安全施工记录，在建设过程中更应紧抓施工人员的安全素质、防护设施及安全生产器具的配备情况；审查两级机构以上施工单位管理机构的安全人员配备情况，并进行必要的安全施工管理制度的静态评审。在施工期间要分阶段进行动态复检，对"复检"不合格方发出黄牌警告，限期整改，当达不到要求时，可以终止合同，并按合同条款索赔损失。

把开工关，安全管理建设单位、监理单位要严格审查施工单位的开工条件：审查施工单位的工程负责人、安全负责人、技术负责人及现场专职安全人员的落实情况；审查特殊工种作业人员的身份证及"上岗证"；审查是否具有并已批准的施工组织设计、安全管理制度、安全技术措施以及施工总平面布置图；审查施工人员是否经过三级安全教育以及必要的安全培训和安全交底；审查现场安全工器具、防护设施、施工机械的配备情况及施工人员的劳动保护和作业环境等情况。

4. 签订安全协议

签订安全协议是建设单位对发包工程进行安全管理和经济制约的重要手段。当投标单位中标后，建设单位应与施工单位签订安全协议，明确双方的安全责任和义务；明确发生事故后各自应承担的经济责任；明确安全奖罚规定和安全施工保证金的提取。当发生人身伤亡或存在安全隐患而引起的罚款均将在保证金中扣除。

5. 提高从业人员的安全素质

从业人员要对国家颁布的法律、法规及部门规章，施工安全技术标准进行学习，并在生产过程中依法办事，不断提高安全意识，提高从业人员的安全素质，才能把人的不安全因素和事故隐患降至最低限度，从而做到预防事故，减少人身伤亡。由于建筑施工作业人员绝大多数来自农村，人员流动频繁，文化素质参差不齐，安全和自我保护意识差，都是导致建筑企业事故发生的主要因素。因此，除了施工单位加强自身的安全教育外，建设单位或监理单位要根据工程施工的要求和工程的具体特点组织施工单位人员进行针对性的安全培训。必须要求施工企业的安全生产管理制度要有专项的安全技术审核制度，并与工程项目各相关单位共同对项目的建设进行全方位安全把关、统一协调安全管理工作，消除生产中的不安全因素，从专业技术上保证工程项目的顺利进行。提高施工技术人员的专业水平，真正做到工程安全技术交底完全，施工作业做到班前班后检查，严格持证上岗，定期安全生产教育培训，新工人上岗前培训。

（二）加强施工现场监督力度

参建主体责任单位要抓好发包工程在施工过程中的安全管理，杜绝"以包代管"，就必须对发包工程实行动态管理。对施工单位的安全管理进行全过程的检查、督促、指导和服务，并加强安全考核。对违章作业、野蛮施工、管理混乱的承包方进行处罚并提出限期整改，对整改不力的承包方予以警告、停工整顿，直至清退，因此而造成的一切损失均由施工单位承担。定期或不定期地组织工程安全监督情况汇报会，并以安全简报的形式向各承包方领导及被监督的施工队伍传递、交流安全监督情况。"表扬与批评""奖励与处罚"均反映在简报上。使企业的领导者、管理部门及时了解和掌握安全施工实际状况，从而进行必要的决策，同时对基层施工人员在施工过程中的不安全行为发出警示性信号，使其在安全施工和安全管理中起到信息交流、反馈、宣传和教育的作用。

（三）控制工程安全技术措施费

在工程招标时，可将工程的安全技术措施及相应的费用作为工程招标的一个内容列入招标文件中，让投标方在投标文件中明确安全技术措施及其相应的费用。在实际施工时，只有实施了投标书中的承诺并起到了预期的效果，经建设单位确认后才能支付相应的安全措施费。上述方法与直接将"安全措施费"如数拨给施工单位相比，既能提高施工单位编制和实施安全技术措施的积极性，也能防止施工单位在转包及使用包工队伍或临时工时发生"以包代管"的现象，保证"安全措施费"真正用在安全技术措施上。安全管理是全员、全过程、全方位的管理，要加大安监人员巡回检查力度，发现安全问题及时解决，把可能出现的安全隐患消除在萌芽状态，真正做到"以防为主"。同时要督促各施工单位加强自检、互检、专检力度，使他们相互学习、交流、竞赛，共同提高工程建设的安全管理水平。

安全生产水平是一个国家政治、经济、文化多方面的综合反映，涉及国家、社会和人民生活的各个领域，关系到国家声誉、社会稳定、经济发展、人民安居乐业各个层面，是党和政府执政能力的重要体现。当前，频繁发生的安全事故已经成为我国经济、社会健康发展的重要制约因素。建筑企业是安全生产工作的重要领域，必须贯彻落实安全生产的法律、法规，加强安全生产管理，实现安全生产目标。施工项目作为建筑业安全生产工作的载体，必须履行安全生产职责，确保安全生产。安全生产直接关乎生命与健康，不仅仅是保障生产、生活顺利进行的必然要求，更是促进生产、发展经济的必备条件。

建筑安全管理是一项非常复杂的系统工程，我们必须运用科学的管理手段、管理方法，建立新的安全管理模式，提高职工的安全执行力，只有这样，才能真正使安全管理水平上一个新台阶。

（四）严抓各阶段安全文明施工管理

1. 施工准备阶段

根据合同要求和当地政府有关文明施工的要求，明确工程文明施工管理目标，并细化分解到各分部分项工程中。

①明确文明施工管理目标；

②成立文明施工管理架构；

③编制文明施工专项方案；

④文明施工专项方案审核要点。

成立以项目经理为首，各部门主要管理人员、各参建单位共同参加组成的文明施工管理小组，定期或不定期检查项目文明施工情况。

根据工程文施目标和规范、合同等相关文件的要求制定相应的文明施工专项方案，以作为工程施工的指导性文件，并报监理审核。

（1）方案的编制依据是否包含工程所在地的有关文施要求，指定的目标是否满足合同要求。

（2）文明施工管理架构是否完善，责任是否落实到个人。

（3）施工现场总平面布置要在满足施工生产的条件下，是否充分地考虑到文明施工的各项要求，合理地利用现场的地形和地貌，做到科学利用、合理布置。

（4）各项文施检查制度和奖罚方法是否完善。

（5）文施方案应针对以下（包括且不限于）内容作出规定：施工用水、用电；施工排水与生活排污；大门及围墙；材料堆码；办公生活区；除"四害"措施；余泥渣土排放；标志牌；治安及消防；各种噪声、污水、粉尘、固体废弃物、光污染等的方面控制措施；绿化措施。

2. 施工阶段

（1）现场实施及日常文明施工综合治理自检。

施工单位应根据经审批后的《文明施工专项方案》实施，并由项目部每周对项目进行定期自检。除此之外，还应不定期地进行抽查。

（2）组织每周及每月文明施工综治巡检总结会。

总包单位负责组织各参建单位每周及每月对项目的文明施工综治巡检，将巡检结果在每周的总包例会上通报并要求相关责任单位整改。

（3）日常文明施工综治巡检及发出整改通知书。

总包单位应定期或不定期地对项目的文明施工综治巡检，发现问题后，除每周在总包例会上通报外，发出整改通知书，并要求相关责任单位在规定时间内整改完成并回复。

（4）提出整改措施，落实现场整改。

施工单位接到监理单位或政府部门发出的整改通知书后，应提出针对性的整改措施，并立即落实现场整改。

（5）书面回复整改通知书。

（6）施工单位应在整改通知书的规定时间内整改完成，并书面回复监理单位或政府部门的整改通知书，同时应附上整改完成后的照片。

（7）整改结果复查，闭合整改流程。

（8）监理单位或政府部门应复查施工单位提交的整改情况，若未能按要求整改，则应要求施工单位继续落实整改，直至完成。

（9）文明施工要求及检查要点。

①大门、围墙、公示等部位应有显著的"广州建筑"标识。

②检查工地大门应设置洗车槽，并配置高压冲洗水枪，派专人冲洗车辆。

③出入口处应设三级沉淀池，生活厕所旁应设三级化粪池，工地及生活区四周应设置良好的排水渠道。所有污水必须经沉淀池或化粪池沉淀才能排放。

④工地大门口需按要求挂设"五牌一图"。大门并应设有保安岗，有条件的可加设门禁出入系统，采取二十四小时值勤制度，严格落实人员出入登记制度和车辆出入检查制度。

⑤应检查材料是否分类堆码整齐，散料要砌池围筑，杆料要立杆设栏，块料要起堆叠放。

⑥办公室、宿舍等应统一采用活动板房或砖砌，并安排保洁员专门打扫。

⑦食堂内灶台、工作台等设施和售饭窗口内外窗台铺贴白瓷片。炊事员上岗必须持有效的健康证和岗位培训证，上班时间必须穿戴白衣帽及袖套。生熟食严格分开，餐具洗刷干净，并按规定消毒。

⑧地面、蹲台采用防滑地砖，便槽贴白瓷片，并设置洗手槽、便槽自动冲洗设备。冲凉房内安装莲蓬头和水龙头，室内地面铺地砖，每天打扫三次及进行消毒一次，确保厕所、冲凉房清洁达标。

⑨工地临时宿舍分别按工种、班组安排住宿，将实行标准化管理。保安员应每天对宿舍卫生进行检查，奖勤罚劣。宿舍区卫生由宿舍卫生责任人和保洁员共同负责。

⑩施工期间，应定期喷药或投放药饵，严格控制"四害"滋生。

⑪余土排放要及时办理余泥排放证。场内须做好地坪硬化工作，每天由专人

负责对路面浇水，防止扬尘。施工现场四周实行全封闭式施工管理，防止施工过程中产生的粉尘向外弥散，造成大气污染。水泥等易飞扬颗粒散体物料应尽量安排仓库内存放，堆土场、散装物料露天堆放场要压实、覆盖。

⑫施工现场建筑垃圾设专门的垃圾分类堆放区，并将垃圾堆放区设置在避风处，以免产生扬尘，同时根据垃圾数量随时清运出施工现场。

⑬施工现场木工棚的地面，要进行洒水防尘，木工操作面要及时清理木屑、锯末，并设防噪声封闭，按要求木工棚和作业面保持清洁。

⑭强噪声作业应严格控制作业时间，晚间作业时间不超过22点，早间作业不早于6点。

⑮场内当眼处及危险源旁要挂设安全标识牌；危险品仓库需独立设置。

⑯工人着装应整齐，并在安全帽上标明企业CI标识，用不同颜色的安全帽区分不同岗位管理人员，不同的分包单位在安全帽和服装上面应有各自明显的标识，以便于统一管理。

⑰应成立义务消防队，经常性开展防火教育、防火演练，以防止火灾事故的发生，并在现场材料仓库、模板堆场、配电房、施工现场等处设置灭火器。

⑱现场应设置固定吸烟区，吸烟区外区域不得吸烟，严禁流动吸烟。

⑲应对现场进行绿化规划，种植四季常绿植物，建设花园式工地。

3. 竣工验收阶段

工程完成后，应将施工过程中有关文明施工方面的资料收集整理。

（五）组织安全管理协调沟通

工地例会时把施工现场安全生产和文明施工管理制度及专项监理方案告知给施工单位，让各参建单位人员对安全生产和文明施工工作，从思想上重视，认识上提高，制度上健全，行动上落实。

工地需成立由总监任组长的安全生产和文明施工领导小组，工作小组每周定期进行工地安全生产文明施工检查并形成周安全检查记录，对发现存在的问题规定整改完成时限，坚持每月定期对工地进行安全工作联合大检查和安全评价工作。在每次的工地例会和专题会上同建设及施工单位一起认真抓工程质量、施工进度的同时，又能认真抓安全生产和文明施工工作不放松，用现场实际照片等资料及时指出工地存在的问题，并跟踪落实整改工作。

现场监理人员和专职安全监理人员坚持每天巡查工地，做好重大危险安全隐患排查和监控，认真履行监理安全职责，重点部位安全旁站监理，记录完善，坚持定期巡查制度，狠抓关键工序、重点部位施工安全工作不放松；针对工地出现的安全隐患及时下发《安全工作联系单》《安全隐患整改通知单》《临时停工通知》等；对深基坑、顶管等重大危险源均能按规定要求审查资料，进行安全旁站监理。项目监理机构及时严格审查审批各种安全生产专项施工方案，并及时督促对施工方案进行必要的补充；定期检查安全生产和文明施工方面的验收资料。

由监理机构要担当起总协调的责任，总监、总监代表要主动沟通、积极协调，担当起总协调人的角色，主动与各参建单位进行沟通和协调，特别从以下几方面积极做好沟通和协调工作：

1. 坚持以预控为主的协调原则

按照建设单位要求属地管理的概念，监理机构要将协调前置，不要等出现问题再去协调解决，而是没开工之前就要各单位明白怎么做。如：在总包单位、通讯管线统建单位及燃气管道的协调会，明确其设备安装位置，管路走向等，运营商的工作可以顺利开展，同时也推进了整个工期，达到各方共赢的局面。实践结果告诉我们，懂得协调工作要主动、预控的道理。

2. 坚持工地会议制度

施工实施阶段每周要定期召开工地例会，同时，根据工程进度情况分阶段定期或不定期地要召开现场协调会和专题会，及时分析和处理工程质量、进度和安全，认真执行每周三工地例会制度，协调解决了大量施工过程中的问题，促进了工程施工。

3. 及时处理文件

及时协调解决参建各方的事项，跟踪、落实、协调解决政府部门发文、工作联系单、设计变更等，及时处理施工单位工作联系单，针对存在问题发出监理工作联系单。

4. 坚持现场协调

每天监理巡视时发现各工种交叉施工出现问题或相互损坏成品，由监理组织进行协调，立即通知各相关单位到现场，对产生问题的原因做出分析，最后作出判断、处理并做好记录。保证现场主动协调力度到位、公正，保证在施工过程中没有出现故意人为怠工、打架的现象，保证施工顺利进行。

（六）细化操作、配合环境文明建设

施工单位项目部坚持"安全第一，预防为主，综合治理"方针，严格按照安全文明施工相关要求，从施工开始就把人力、物力综合加以考虑，防患于未然，着眼于事前控制，要有专门机构和人员负责抓安全工作，坚持定期或不定期对施工现场进行安全检查，定期召开安全专项会议。对施工现场"三宝""四口""五临边"，在醒目的地方张挂相应的安全警示牌和安全标语，各种安全防护措施坚决做到与主体工程同步进行。在管理上，针对不同的施工阶段，重点对触电、物体打击、高处坠落、机械伤害、坍塌等五类常见工程安全隐患进行排查。发现问题，及时进行处理，防微杜渐，将安全隐患消除在萌芽状态。项目部通过自身巡查及监理单位、监督站提出整改通知单对各部位存在问题认真落实整改，安排专人分片区管理，落实责任到人制度严格管理现场安全文明施工。

根据上级主管部门文件精神和安全管理文明施工的要求，施工单位项目部应成立由项目负责人组织，技术负责人、安全员、施工人员、电工班长、班组长参与的专项安全检查小组，定期或者不定期对施工现场质量安全管理、文明施工、六个100%实施等进行了检查，对存在问题及时整改并复查。针对近几年环保形势的严峻性，项目部有针对性地对以下工作进行部署和实施：

1. 扬尘防控

认真落实六个100%。为控制扬尘，项目部安排人员进行道路保洁以及使用洒水车进行洒水，并在护栏上安装自动喷淋龙头以及喷雾枪进行洒水降尘。对裸露土全面铺网覆盖，不留死角。

2. 现场废水排放

项目部在施工组织设计时对施工用水、生活用水、排污设施进行整体布置。地泵前设置沉淀池，厕所前设置化粪池。这些废水经沉淀、隔油、清理后排入外管网，水沟、沉淀池、隔油池由现场定期组织人员清掏，防止外溢。

3. 灭蚊消杀

项目部按要求安排专人落实，定期每周五进行一次的灭蚊消杀工作，并形成相关记录。

4. 对消防防控

施工现场对油品，均设置专门库房存放，库房门口张贴严禁烟火标志，对施工现场氧气、乙炔气瓶的运输、存放、使用进行严格管理。易燃易爆物品和化学品均建立台账，控制领用数量。坚持用火管理制度，建立义务消防队，定期进行消防知识培训教育及现场消防检查。

5. 节约能源

对节约能源方面，项目部制定节水、节电管理规定及应作业指导书，对水电节约工作提出具体、明确的要求。现场消防泵采用变频泵，工人生活区采用自动电开水器，热水采用空气能热水器使用刷卡取水制度。对办公用纸的双面使用提出具体要求，施工现场均建立切实可行的节水、节电措施。如：对超过一定时间不用的机械设备及时断电，避免空转费电，安装电表、水表统计用电、用水量，现场所有灯具采用LED，制定中水回收系统循环利用，现场防护采用工具式防护棚、栏杆，样板间采用可移动集装箱设置移动样板间。

第三节　进度管理：计划先行、原则引路、投入提效

　　进度管理的总任务就是在满足工程建设总进度计划要求的基础上，编制或审核施工进度计划，并对其执行情况加以动态控制，跟踪检查施工项目按期竣工并交付使用。增城荔湖安置办的进度控制工作重点是审核项目公司、施工单位等参建单位提交的施工进度计划，要求施工总进度计划应确定分期分批完成的项目组成，各工程项目的开工、竣工顺序及时间安排，全场性准备工作，特别是第一批次准备工作的内容与进度安排等。随时了解进度计划执行过程中所存在的问题，并帮助项目公司、施工单位等参建单位给予解决，特别是参建单位无力解决的内外关系协调问题。及时检查项目公司、施工单位等参建单位报送的施工进度计划报表和分析资料，同时进行现场实地考察，核实所报送的已完项目的时间及工程量，在对工程实际进度资料进行整理的基础上，将其与计划进度对比，以判定实际进度是否出现偏差。如果出现偏差，进一步分析此偏差对进度控制目标的影响程度及产生的原因，以便研究对策，提出纠偏措施，对项目公司、施工单位等参建单位申请的已完工程分项工程量进行核实，在具体项目监理工程师通过检查验收后签发工程进度款支付凭证。

一、科学组织，高效推进决策

（一）制定项目管理实施推进计划

　　按照增城荔湖安置办的决策部署，综合管理部负责制定总体工作计划和年度实施任务安排，统筹协调各部门落实具体工作事项和要求，全面发挥参谋助手、服务保障、统筹协调的职能作用。增城荔湖安置办的进度计划目标管理实行总控计划、详控计划及细控计划制度，综合管理部制定了总体工期推进总控制度（《建设工程项目总体工期推进节点计划表》，从办理行政审批手续阶段，规划、勘察、设计阶段，工程建设实施阶段三个阶段分别对共41项程序对安置新社区建设项目总体工期推进节点制定计划）、月报详控制度（《建设工程项目基本建设程序及总体工期推进节点计划表》，安置新社区共88项程序、市政工程共74项

程序，从用地阶段）、周报细控制度（《项目规划建设每周工作进度情况动态更新表》，报批、设计、施工动态小结）发给各有关单位，指导各建设单位、参建单位、办各部门、各项目管理组科学开展建设前期阶段的用地报批、立项申报、项目招投标、勘察设计、办理行政审批手续等工作，以及建设实施阶段和完工后竣工验收、结算阶段等工作（表5-1～表5-5）。

安置新社区建设项目总体工期推进节点计划内容表　　　　　　　　表5-1

办理行政审批手续阶段	①征地拆迁 ②建设用地征收报批手续 ③项目建议书立项 ④工程可行性研究立项 ⑤社会投资项目备案 ⑥国土供地证明 ⑦建设用地规划许可证 ⑧国有土地使用证 ⑨修建性详细规划审批 ⑩基坑支护设计方案及施工方案审查 ⑪建设工程规划许可证 ⑫初步设计审查 ⑬初步设计概算审核 ⑭施工图审查（含人防、节能、绿建） ⑮工程施工图预算审核 ⑯基坑工程临时施工许可、质监登记 ⑰建设工程质量安全监督登记 ⑱消防设计审核/备案 ⑲建筑工程施工许可证
规划、勘察、设计阶段	⑳规划建筑设计初步方案（区政府审定） ㉑岩土地质勘察报告 ㉒修建性详细规划方案（修详通） ㉓基坑支护及桩基础施工图设计 ㉔单体建筑设计方案（报建通） ㉕初步设计 ㉖初步设计概算 ㉗全套施工图纸设计 ㉘施工图预算
工程建设实施阶段	㉙施工临水、临电 ㉚进场（开工时间） ㉛基坑支护工程

续表

工程建设实施阶段	㉜桩基础工程 ㉝地下室顶板 ㉞主体结构封顶 ㉟主体外墙装饰面 ㊱室内装修及机电安装 ㊲市政及景观 ㊳外水、外电 ㊴工程施工形象进度 ㊵全部完工时间 ㊶竣工验收及移交

安置新社区建设项目基本建设程序推进节点计划内容表 表5-2

用地阶段	①确定用地红线 ②模拟修规方案及效果图 ③征地拆迁 ④土地利用规划调整 ⑤建设用地征收报批手续 ⑥农转用指标批复 ⑦规划设计条件（由土地储备中心申请） ⑧划拨决定书（供地手续） ⑨规划设计条件划拨决定书、建设用地规划许可证 ⑩建设用地批准书 ⑪国有土地使用证
立项阶段	⑫项目建议书立项 ⑬规划选址意见书 ⑭用地预审报告书 ⑮规划条件参考、设计任务书 ⑯水土保持方案报告 ⑰环境影响报告书（表） ⑱节能评估报告书（表） ⑲工程可行性研究立项 ⑳企业投资项目备案证
项目招标阶段	㉑招标代理 ㉒"项目法人+勘察设计"模式招标 ㉓PPP项目补充协议 ㉔PPP项目资金专用账户三方监管协议 ㉕PPP项目回购合同 ㉖全过程造价咨询

续表

项目招标阶段	㉗施工图纸审查服务 ㉘勘察设计 ㉙施工监理 ㉚基坑支护工程施工专业承包 ㉛设计施工总承包 ㉜主体工程施工总承包 ㉝第三方检测、材料检验 ㉞白蚁防治 ㉟施工、监理合同备案
设计及行政审批阶段	㊱规划建筑设计初步方案确定（区政府审定） ㊲岩土地质勘察报告 ㊳修建性详细规划方案（修详通） ㊴修建性详细规划方案审批 ㊵防空地下室/人防易地建设意见书 ㊶建设项目卫生学预评价 ㊷基坑支护及桩基础施工图设计 ㊸基坑支护设计方案及施工方案审查 ㊹基坑工程临时施工复函、质监登记 ㊺单体建筑设计方案（报建通） ㊻建设工程规划许可证 ㊼初步设计及概算编制 ㊽初步设计审查备案 ㊾初步设计概算审核 ㊿全套施工图纸设计 (51)人防专业施工图审查备案 (52)全套施工图审查备案（含节能、绿建） (53)工程施工图预算编制 (54)工程施工图预算审核 (55)建设工程质量安全监督登记 (56)施工噪声排放许可证 (57)散装水泥和新型墙体材料专项资（基）金预缴 (58)防雷设施检测、防雷装置设计审核 (59)消防设计审核（幼儿园） (60)建筑工程施工许可证 (61)消防备案（住宅、商业、办公） (62)绿色建筑设计标识申报
建设实施阶段	(63)施工临水、临电报装 (64)进场（开工时间） (65)基坑支护工程

续表

建设实施阶段	⑥㊅桩基础工程 ㊆地下室顶板 ㊇主体结构封顶 ㊈主体外墙装饰面 ㊉室内装修及机电安装 ㊆市政及景观 ㊇外水、外电 ㊈全部完工（申请初验）
竣工验收、结算阶段	㊃建设单位验收 ㊄单位工程质量验收 ㊅移交分配及回迁 ㊆规划验收 ㊇消防工程验收 ㊈人防工程验收 ㊉环保验收 ㊁电梯验收 ㊂防雷验收 ㊃排水许可验收 ㊄绿色建筑、节能验收 ㊅工程竣工结算审核 ㊆建设工程竣工验收备案 ㊇办理《房地产权证》 ㊈质量保修期

安置新社区规划建设每周工作进度情况动态更新计划表　　表5-3

行政审批手续	主要审批项目 节点计划时间要求 实际批复时间及批文号
规划设计（包括总体规划、初步设计、施工图设计及概预算编制进度）	节点计划要求进度 本周实际工作进度 与上周对比新增进度
施工建设	节点计划要求进度 本周实际工作进度 与上周对比新增情况
下周工作计划（包括审批手续、设计、施工计划）	
主要存在问题、解决建议及需协调配合部门（包括交地、办理手续、设计、施工进度等方面问题）	

荔湖安置新社区（政府投资项目）项目确权、网签工作推进计划表　　　　表5-4

序号	事项	办理内容	经办部门	审批/协办部门	办理程序	前置条件
1	房屋门牌地址批复	办理各栋建筑物门楼号牌（含小区主入口、住宅、商铺、公建、车库等建筑物）编列审批	各项目公司、区安置办各项目管理组	区公安分局人口管理大队、辖区雁塔/石滩派出所	门楼号牌=市政道路名称/小区内街巷名称+建筑编号。编列顺序要求编列门楼号牌→向辖区派出所申报→区公安分局负责审批→区公安分局提出门楼号牌的制作规格及标准→送门楼号牌生产企业制作→厂家完成安装上墙→区公安分局（含派出所）现场确认→区公安分局在门楼牌信息系统中进行信息确认	获得广州市民政局的市政道路名称、小区内街巷名称批复
2	房间号批复	办理建筑物各楼层房间号、商铺号、公建号、车位号编列审批	各项目公司、区安置办各项目管理组	区住建局荔城房屋管理所、新塘房屋管理所	房间编号=门楼号牌（门牌地址）+各楼层房间编号。提供标准层与非标准层门牌房号编排示意图（A4规格）、房间号编列表，报房管所审批	房屋门牌地址批复
3	办理修详通审核	向区规划测绘院递件办理修详通审核	各项目公司、区安置办各项目管理组	区规划测绘院	①设计单位结合施工图、现场施工情况，重新编制修详通，要结合、红线分割，具体分出总用地综合经济技术指标、高层区综合经济技术指标、低层区综合经济技术指标、高层区地下综合经济技术指标、低层区地下综合经济技术指标；用地平衡表、停车配置表、公共服务设施表不需分区，属于整个小区共用；建筑明细表、建筑汇总表不需分区表达；示意图要有：区位图、分区示意图、地下车库示意图。②向区规划测绘院递件办理修详通审核，重新出具修详通核对资料、加盖修详通审核章（加密）的规划图	完成红线分割

续表

序号	事项	办理内容	经办部门	审批/协办部门	办理程序	前置条件
4	办理修规调整批复	向区国规局递件办理修规调整	各项目公司、区安置办各项目管理组	区国规局规划科	备好立案材料（申请表、申请函、公司资料、土地证、盖章修详通、修详通核对资料等）向区国规局递件办理修规调整	获得加密修详通及盖章修详通核对资料
5	办理报建通审核	向区规划测绘院递件办理报建通审核	各项目公司、区安置办各项目管理组	区规划测绘院	①有如下问题的单体建筑均要办理单体调整：单体建筑施工图（或竣工图）的建筑面积超过该单体的《建设工程规划许可证》批准面积1%的；外立面或者结构、功能对比原批准图纸变化较大的。②设计单位结合施工图/竣工图，重新编制报建通，向区规划测绘院递件办理报建通审核，重新出具报建通核对资料、加盖报建通审核章（加密）的报建图、建筑放线册	修规调整批复
6	办理单体调整《建设工程规划许可证》	向区国规局递件办理单体报建调整	各项目公司、区安置办各项目管理组	区国规局建管科	备好立案材料（申请表、申请函、公司资料、土地证、盖章报建通、报建通核对资料、建筑放线册等）向区国规局递件办理修规调整	完成修规调整批复，获得加密报建通及盖章报建通核对资料、建筑放线册
7	申报"三测合办"外业测量	向区规划测绘院申请进场开展规划验收测量、人防验收测量、房屋不动产测绘的外业测量	各项目公司、区安置办各项目管理组	区规划测绘院	①单体建筑已完成装修施工，地下车库已完成车位划线，并完成建筑专业的竣工图；②由区规划测绘院一个窗口受理"三测合办"	完成建筑专业竣工图

续表

序号	事项	办理内容	经办部门	审批/协办部门	办理程序	前置条件
8	办理竣工联合验收手续	①建设单位《建设工程竣工验收报告》；②规划验收；③消防验收备案；④人防验收备案；⑤环保设施验收备案；⑥卫生防疫验收备案；⑦排水设施验收备案；⑧防雷验收备案；⑨电梯验收备案；⑩光纤到户通信配套验收备案；⑪供水、供电、供气、通邮、通电视永久使用证明；⑫工程质量竣工验收监督备案（含白蚁防治备案）	各项目公司、区安置办各项目管理组	区住建局质安科、专项验收（备案）各有关责任单位	建设项目完工后（完成1）→建设单位（挂绿湖公司）正常完成各专项验收备案手续（完成2~12）→具备联合验收条件的，建设单位（挂绿湖公司）在"广州市工程建设项目联合审批平台"提出申请，按联合验收办事指南在系统中对接、上传一套验收图纸（含各专业部分）和所需材料→区住建局牵头各有关备案责任单位点击办结→验收（备案）全部通过后，区住建局出具《广州市房屋建筑和市政基础设施工程竣工联合验收意见书》	①需完成四证变更手续；②前期以项目公司名义已完成的专项验收（备案），与相关部门协商争取直接变更名称，提供相关变更手续后不需再行验收备案；③剩余未完成的专项验收（备案），以挂绿湖公司名义继续完成验收手续
9	确定中介服务机构	由挂绿湖公司通过招标确定中介服务机构	挂绿湖公司	挂绿湖公司	由挂绿湖公司通过招标确定中介服务机构	
10	办理资产划拨	由景业公司发起向国资局申请资产划拨	景业公司、挂绿湖公司	区国资局	景业公司向国资局提交请示文件申请资产划拨至我司，国资局出具批复	
11	办理资产划拨免税证明	就土地划拨一事向增城地税局申请出具《免缴契税证明》	挂绿湖公司	区税务局	提交资料→窗口审核→纳服分局审核→荔城分局审核→区税局审核→市税局审批（办理期限19个工作日）	
12	办理宗地图更名	根据资产划拨文件办理宗地图变更到挂绿湖公司	挂绿湖公司	城乡测绘院	提交纸质资料至测绘院办理并缴费	
13	办理不动产权证更名	将不动产权证产权人变更为挂绿湖公司	挂绿湖公司	区国规局不动产权科	①挂绿湖公司出具缴纳税费的承诺函（正常流程为取得税局免税证明）；②测绘院出具宗地图、地籍调查表、电子光盘	

续表

序号	事项	办理内容	经办部门	审批/协办部门	办理程序	前置条件
14	分割红线（宗地图）	根据方案分割红线，重新印发宗地图	挂绿湖公司	城乡测绘院、区国规局、区安置办	安置办提供红线图→荔湖盖章后提交资料→缴测绘费→分割红线→出图	测绘费缴费需要约3天时间
15	办理《建设用地许可证》更名、分割	根据方案分割规划，更名并分割用地许可证	挂绿湖公司	区国规局规划科、区安置办	提交纸质资料、用地证原件及测绘院出具的宗地图、光盘至区国规局窗口	需出具分割后宗地图才能办理
16	办理土地分割免税证明	就土地分割后的土地划拨一事向增城地税局申请出具《免缴契税证明》	挂绿湖公司	区税务局	提交申请函、分割宗地图纸质资料办理	需出具分割后宗地图才能办理，办理时长19个工作日
17	办理国有土地使用权《不动产权证书》分割	根据宗地图，分割不动产权证	挂绿湖公司	区国规局不动产权科	提供测绘院出具的地籍调查表、宗地图、电子光盘、免税证明至国规局办理	需出具分割后宗地图、《建设用地规划许可证》及免税证明办理（可容缺受理，需区安置办出具后补说明）
18	办理《建设工程规划许可证》更名	将工规证业主变更为挂绿湖公司	挂绿湖公司	区国规局建管科	根据资料清单提供资料至国规局窗口办理	需提交变更后的《建设用地规划许可证》、土地《不动产权证》及宗地图
19	办理《建筑工程施工许可证》更名	将施工许可证业主变更为挂绿湖公司	挂绿湖公司	区住建局建管科	根据资料清单提供资料至住建局窗口办理	需提交变更后的《建设工程规划许可证》、土地《不动产权证》

续表

序号	事项	办理内容	经办部门	审批/协办部门	办理程序	前置条件
20	办理人防验收意见书业主变更	人防验收意见书业主变更为挂绿湖公司	挂绿湖公司	区住建局人防办	提交工规证变更函办理	需完成四证变更手续
21	办理《规划条件核实意见书》更名	规划验收合格证业主单位变更为挂绿湖公司	挂绿湖公司	区国规局监检科	根据资料清单提供资料至国规局窗口办理	变更后的《建设用地规划许可证》、土地《不动产权证》《建设工程规划许可证》
22	办理房屋不动产权面积实测报告		挂绿湖公司	城乡测绘院	提交申请变更说明至窗口办理	需完成四证变更手续
23	申请出具土地评估报告	需要土地评估报告确认土地出让金	区国规局用地科	区国规局用地科、区安置办	①向区国规局申请缴交土地出让金；②区国规局摇珠确认评估公司；③评估公司出具评估报告确认土地出让金	①变更后土地证；②高层区规划情况、建筑面积明细数据；③规划验收测量、房屋实测报告对应数据
24	国有土地使用权出让合同	缴交土地出让金后签署	挂绿湖公司	区国规局用地科	用地科提前准备出让合同，确定合同编号，填写合同相关信息	缴纳土地出让金及缴税
25	缴交土地出让金及契税、印花税	①国规局预估本次办理土地证所需缴纳的土地出让金；②根据分割后的不动产权证、用地规划许可证确认高层区出让金额	挂绿湖公司	区国规局用地科、区财政局	①根据土地出让金额向区财政局申请预算；②挂绿湖公司请款并支付后土地出让金；③变更不动产权证性质	评估公司出具评估报告

续表

序号	事项	办理内容	经办部门	审批/协办部门	办理程序	前置条件
26	办理竣工联合验收手续	①建设单位《建设工程竣工验收报告》；②规划验收；③消防验收备案；④人防验收备案；⑤环保设施验收备案；⑥卫生防疫验收备案；⑦排水设施验收备案；⑧防雷验收备案；⑨电梯验收备案；⑩光纤到户通信配套验收备案；⑪供水、供电、供气、通邮、通电视永久使用证明；⑫工程质量竣工验收监督备案(含白蚁防治备案)	区安置办各项目管理组	区住建局质安科、专项验收(备案)各有关责任单位	建设项目完工后（完成1）→建设单位（挂绿湖公司）正常完成各专项验收备案手续（完成2~12）→具备联合验收条件的，建设单位（挂绿湖公司）在"平台"提出申请，按联合验收办事指南在系统中对接、上传一套验收图纸（含各专业部分）和所需材料→区住建局牵头各有关备案责任单位点击办结→验收（备案）全部通过后，区住建局出具《广州市房屋建筑和市政基础设施工程竣工联合验收意见书》	①需完成四证变更手续；②前期以景业公司名义已完成的专项验收（备案），与相关部门协商争取直接变更名称，提供相关变更手续后不需再行验收备案；③剩余未完成的专项验收（备案），以挂绿湖公司名义继续完成验收手续
27	建立商品房项目概况	一套房屋建立一个项目概况（包括住宅、公建、车位、商业）	挂绿湖公司、房地产中介公司	区住建局房管科、镇街房管所	网上办理地名审核→网上填报项目概况→提交纸质资料→镇街房管所批准→区住建局批准	土地证、建设工程规划许可证、门牌地址、房间号、实测报告出具后
28	办理商品房项目概况	一套房屋建立一个项目概况（包括住宅、公建、车位、商业）	挂绿湖公司、房地产中介公司	区住建局房管科、镇街房管所	网上办理地名审核→网上填报项目概况→提交纸质资料→镇街房管所批准→区住建局批准	中介公司建立项目概况后
29	缴纳物业维修基金	根据房管所出具初步的房屋预测绘报告，确认缴纳金额	挂绿湖公司	区住建局物业科	网上申报→提交纸质资料→打印缴费清单→缴费→前往农商行打印缴费凭证	实测报告出具后，项目概况审核后
30	办理房屋首次登记（确权）	所有房屋、建筑面积全部确权登记到挂绿湖公司	挂绿湖公司、房地产中介公司	增城区不动产登记中心	网上申报→提交纸质资料→打印缴费清单→缴交不动产登记费	实测报告出具后，项目概况审核后

续表

序号	事项	办理内容	经办部门	审批/协办部门	办理程序	前置条件
31	摇珠分房	镇街完成摇珠分房，确定每一套房屋、车位的产权人，剩余房屋、车位登记到区住保办、区国资局	荔城街、石滩镇、相关村社	挂绿湖收尾工作指挥部各村征地拆迁安置工作小组有关职能部门		
32	产权人完成购房网签合同（网签）	安置房、安置车位→安置户；剩余政府统筹住宅→区住保办；剩余政府统筹车位→区国资局；商业→区国资局	挂绿湖公司、房地产中介公司	区住建局物业科、区国规局不动产权科、荔城街、石滩镇、相关村社	①镇街完成分配后，以合作社为单位准备以下材料移交给中介服务机构：《摇珠分房结果确认表》、产权人身份证明材料；②中介服务机构根据确认表完成系统网签并打印网签合同；③镇街统筹相关村委通知产权人携带身份证明到合同网签点；④中介服务机构指引产权人签署购房网签合同，填写缴税委托书、具结书、契税纳税申报表和广州市不动产登记申请表	①需镇街完成摇珠分房，并确定每一套安置房、安置车位的产权人；②需确定剩余网签到区住保办、区国资局的政府持有每一套房屋、商业、车位对应房间号；③产权人需本人到网签点进行面签

荔湖安置新社区（"项目法人+勘察设计"模式项目）项目确权、网签工作 推进计划表　　表5–5

序号	事项名称	事项办理内容	经办部门	审批/协办部门	办理程序	前置条件
一、由区国规局、区安置办负责完成的前期手续						
1	明确政府和社会资本合作模式（PPP模式）安置新社区的土地房产移交路径	《增城区挂绿湖水利工程核心区PPP模式安置新社区项目土地房产移交等事项的工作方案》报区政府常务会审议	区国规局、区安置办	区政府常务会议	区国规局制定《关于做好增城区挂绿湖水利工程核心区PPP模式安置新社区项目土地房产移交等事项的工作方案》→区安置办向区府办综合科申报最近一次的区政府常务会议议题→区安置办专题汇报→区府办出具区政府常务会议纪要	区国规局制定PPP模式安置新社区的土地房产移交路径

续表

序号	事项名称	事项办理内容	经办部门	审批/协办部门	办理程序	前置条件
2	申请土地房产无偿移交政府储备	PPP项目公司申请将其名下划拨土地及地上建筑物无偿移交给政府储备	各项目公司、区安置办各项目管理组	区国规局、区安置办	PPP项目公司应向市规划和自然资源局增城区分局书面申请把土地及地上建筑物无偿移交给政府储备	PPP模式安置新社区的土地房产移交路径经区政府常务会议审议通过
3	项目土地房产收回手续签订"四方"协议	挂绿湖公司、景业公司、项目公司、荔城街/石滩镇签订"四方"协议	各项目公司、区安置办各项目管理组	区国规局、区安置办、挂绿湖公司、景业公司、荔城街/石滩镇	区安置办拟定土地收回补充协议初稿→与PPP模式各项目公司、挂绿湖公司、景业公司、荔城街、石滩镇召开补充协议签订协调会议，完善协议内容→挂绿湖公司、景业公司、项目公司、荔城街/石滩镇签订"四方"协议	拟定土地收回补充协议
4	土地划拨给挂绿湖公司	市规划和自然资源局增城区分局统筹开展土地划拨工作	区国规局土地储备中心	区土委会	市规划和自然资源局增城区分局编制国有建设用地划拨方案提交区土委会审议，并按程序无偿划拨到挂绿湖公司名下	土地房产移交路径经区政府常务会议审议通过，项目土地房产收回手续签订"四方"协议确定

二、由项目公司负责完成的前期手续

序号	事项名称	事项办理内容	经办部门	审批/协办部门	办理程序	前置条件
5	房屋门牌地址批复	办理各栋建筑物门楼号牌（含小区主入口、住宅、商铺、公建、车库等建筑物）编列审批	各项目公司、区安置办各项目管理组	区公安分局人口管理大队、辖区雁塔/石滩派出所	门楼号牌=市政道路名称/小区内街巷名称+建筑编号。编列顺序要求编列门楼号牌→向辖区派出所申报→区公安分局负责审批→区公安分局提出门楼号牌的制作规格及标准→送门楼号牌生产企业制作→厂家完成安装上墙→区公安分局（含派出所）现场确认→区公安分局在门楼牌信息系统中进行信息确认	获得广州市民政局的市政道路名称、小区内街巷名称批复

续表

序号	事项名称	事项办理内容	经办部门	审批/协办部门	办理程序	前置条件
6	房间号批复	办理建筑物各楼层房间号、商铺号、公建号、车位号编列审批	各项目公司、区安置办各项目管理组	区住建局荔城房屋管理所、新塘房屋管理所	房间编号=门楼号牌（门牌地址）+各楼层房间编号。提供标准层与非标准层门牌房号编排示意图（A4规格）、房间号编列表，报房管所审批	房屋门牌地址批复
7	办理修详通审核	向区规划测绘院递件办理修详通审核	各项目公司、区安置办各项目管理组	区规划测绘院	①设计单位结合施工图、现场施工情况，重新编制修详通，要结合、红线分割，具体分出总用地综合经济技术指标、高层区综合经济技术指标、低层区综合经济技术指标、高层区地下综合经济技术指标、低层区地下综合经济技术指标；用地平衡表、停车配置表、公共服务设施表不需分区，属于整个小区共用；建筑明细表、建筑汇总表不需分区表达；示意图要有：区位图、分区示意图、地下车库示意图；②向区规划测绘院递件办理修详通审核，重新出具修详通核对资料、加盖修详通审核章（加密）的规划图	完成红线分割
8	办理修规调整批复	向区国规局递件办理修规调整	各项目公司、区安置办各项目管理组	区国规局规划科	备好立案材料（申请表、申请函、公司资料、土地证、盖章修详通、修详通核对资料等）向区国规局递件办理修规调整	获得加密修详通及盖章修详通核对资料
9	办理报建通审核	向区规划测绘院递件办理报建通审核	各项目公司、区安置办各项目管理组	区规划测绘院	①有如下问题的单体建筑均要办理单体调整：单体建筑施工图（或竣工图）的建筑面积超过该单体的《建设工程规划许可证》批准面积1%的；外立面或者结构、功能对比原批准图纸变化较大的；②设计单位结合施工图/竣工图，重新编制报建通，向区规划测绘院递件办理报建通审核，重新出具报建通核对资料、加盖报建通审核章（加密）的报建图、建筑放线册	修规调整批复

续表

序号	事项名称	事项办理内容	经办部门	审批/协办部门	办理程序	前置条件
10	办理单体调整《建设工程规划许可证》	向区国规局递件办理单体报建调整	各项目公司、区安置办各项目管理组	区国规局建管科	备好立案材料（申请表、申请函、公司资料、土地证、盖章报建通、报建通核对资料、建筑放线册等）向区国规局递件办理修规调整	完成修规调整批复，获得加密报建通及盖章报建通核对资料、建筑放线册
11	申报"三测合办"外业测量	向区规划测绘院申请进场开展规划验收测量、人防验收测量、房屋不动产测绘的外业测量	各项目公司、区安置办各项目管理组	区规划测绘院	①单体建筑已完成装修施工，地下车库已完成车位划线，并完成建筑专业的竣工图；②由区规划测绘院一个窗口受理"三测合办"	完成建筑专业竣工图
12	办理竣工联合验收手续	①建设单位《建设工程竣工验收报告》；②规划验收；③消防验收备案；④人防验收备案；⑤环保设施验收备案；⑥卫生防疫验收备案；⑦排水设施验收备案；⑧防雷验收备案；⑨电梯验收备案；⑩光纤到户通信配套验收备案；⑪供水、供电、供气、通邮、通电视永久使用证明；⑫工程质量竣工验收监督备案（含白蚁防治备案）	各项目公司、区安置办各项目管理组	区住建局质安科、专项验收（备案）各有关责任单位	建设项目完工后（完成1）→建设单位（挂绿湖公司）正常完成各专项验收备案手续（完成2~12）→具备联合验收条件的，建设单位（挂绿湖公司）在"广州市工程建设项目联合审批平台"提出申请，按联合验收办事指南在系统中对接、上传一套验收图纸（含各专业部分）和所需材料→区住建局牵头各有关备案责任单位点击办结→验收（备案）全部通过后，区住建局出具《广州市房屋建筑和市政基础设施工程竣工联合验收意见书》	①需完成四证变更手续；②前期以项目公司名义已完成的专项验收（备案），与相关部门协商争取直接变更名称，提供相关变更手续后不需再行验收备案；③剩余未完成的专项验收（备案），以挂绿湖公司名义继续完成验收手续
13	确定中介服务机构	由挂绿湖公司通过招标确定中介服务机构	挂绿湖公司	挂绿湖公司	由挂绿湖公司通过招标确定中介服务机构	

续表

序号	事项名称	事项办理内容	经办部门	审批/协办部门	办理程序	前置条件
三、由挂绿湖公司负责完成的前期手续						
14	办理分割红线的宗地图（挂绿湖公司）	根据方案分割红线，重新印发宗地图	挂绿湖公司	城乡测绘院、区国规局、区安置办	安置办提供红线图→挂绿湖盖章后提交资料→缴测绘费→分割红线→出图	测绘费缴费需要约3天时间
15	办理资产划拨免税证明	就土地分割后的土地划拨一事向增城地税局申请出具《免缴契税证明》	挂绿湖公司	地税纳服分局、荔城分局、区地税局、市地税局	提交资料→窗口审核→纳服分局审核→荔城分局审核→区税局审核→市税局审批（办理期限19个工作日）	需出具宗地图才能办理，办理时长19个工作日
16	办理《建设用地许可证》更名、分割	根据方案分割规划，更名并分割用地许可证	挂绿湖公司	区国规局规划科、区安置办	提交纸质资料、用地证原件及测绘院出具的宗地图、光盘至区国规局窗口	需出具分割后宗地图才能办理
17	办理国有土地使用权《不动产权证书》分割	根据宗地图，分割不动产权证	挂绿湖公司	区国规局不动产权科	提供测绘院出具的地籍调查表、宗地图、电子光盘、免税证明至国规局204窗口办理	需出具分割后宗地图、《建设用地规划许可证》及免税证明办理（可容缺受理，需区安置办出具后补说明）
18	办理《建设工程规划许可证》更名	将工规证业主变更为挂绿湖公司	挂绿湖公司	区国规局建管科	根据资料清单提供资料至国规局窗口办理	需提交变更后的《建设用地规划许可证》、土地《不动产权证》及宗地图
19	办理《建筑工程施工许可证》更名	将施工许可证业主变更为挂绿湖公司	挂绿湖公司	区住建局建管科	根据资料清单提供资料至住建局窗口办理	需提交变更后的《建设工程规划许可证》、土地《不动产权证》

续表

序号	事项名称	事项办理内容	经办部门	审批/协办部门	办理程序	前置条件
20	办理人防验收意见书	人防验收意见书业主变更为挂绿湖公司	挂绿湖公司	区住建局人防办	提交工规证变更函办理	需完成四证变更手续
21	办理《规划条件核实意见书》	规划验收合格证业主单位变更为挂绿湖公司	挂绿湖公司	区国规局监检科	根据资料清单提供资料至国规局窗口办理	变更后的《建设用地规划许可证》、土地《不动产权证》《建设工程规划许可证》
22	办理房屋不动产权面积实测报告		挂绿湖公司	城乡测绘院	提交申请变更说明至窗口办理	需完成四证变更手续
23	申请出具土地评估报告	需要土地评估报告确认土地出让金	区国规局用地科	区国规局用地科、区安置办	①向区国规局申请缴交土地出让金；②区国规局摇珠确认评估公司；③评估公司出具评估报告确认土地出让金	①变更后土地证；②高层区规划情况、建筑面积明细数据；③规划验收测量、房屋实测报告对应数据
24	国有土地使用权出让合同	缴交土地出让金后签署	挂绿湖公司	区国规局用地科	用地科提前准备出让合同，确定合同编号，填写合同相关信息	缴纳土地出让金及缴税
25	缴交土地出让金及契税、印花税	①国规局预估本次办理土地证所需缴纳的土地出让金；②根据分割后的不动产权证、用地规划许可证确认高层区出让金额	挂绿湖公司	区国规局用地科、区财政局	①根据土地出让金额向区财政局申请预算；②挂绿湖公司请款并支付后土地出让金；③变更不动产权证性质	评估公司出具评估报告

续表

序号	事项名称	事项办理内容	经办部门	审批/协办部门	办理程序	前置条件
四、上述1-25项完成，实测报告出具后						
26	建立商品房项目概况	一套房屋建立一个项目概况（包括住宅、公建、车位、商业）	挂绿湖公司、房地产中介公司	区住建局房管科、镇街房管所	网上办理地名审核→网上填报项目概况→提交纸质资料→镇街房管所批准→区住建局批准	土地证、建设工程规划许可证、门牌地址、房间号、实测报告出具后
27	办理商品房项目概况	一套房屋建立一个项目概况（包括住宅、公建、车位、商业）	挂绿湖公司、房地产中介公司	区住建局房管科、镇街房管所	网上办理地名审核→网上填报项目概况→提交纸质资料→镇街房管所批准→区住建局批准	中介公司建立项目概况后
28	缴纳物业维修基金	根据房管所出具初步的房屋预测绘报告，确认缴纳金额	挂绿湖公司	区住建局物业科	网上申报→提交纸质资料→打印缴费清单→缴费→前往农商行打印缴费凭证	实测报告出具后，项目概况审核后
29	办理房屋首次登记（确权）	所有房屋、建筑面积全部确权登记到挂绿湖公司	挂绿湖公司、房地产中介公司	增城区不动产登记中心	网上申报→提交纸质资料→打印缴费清单→缴交不动产登记费	实测报告出具后，项目概况审核后
30	摇珠分房	镇街完成摇珠分房，确定每一套房屋、车位的产权人，剩余房屋、车位登记到区住保办、区国资局	荔城街、石滩镇、相关村社	挂绿湖收尾工作指挥部各村征地拆迁安置工作小组有关职能部门		
31	产权人完成购房网签合同（网签）	安置房、安置车位→安置户；剩余政府统筹住宅→区住保办；剩余政府统筹车位→区国资局；商业→区国资局	挂绿湖公司、房地产中介公司	区住建局物业科、区国规局不动产权科、荔城街、石滩镇、相关村社	①镇街完成分配后，以合作社为单位准备以下材料移交给中介服务机构：《XX村摇珠分房结果确认表》（原件）；产权人身份证明材料（需本人签名和加盖手指印，还需注明"原件与复印件相符"并加盖村/社公章，一式三份）；②中介服务机构根据确认表完成系统网签并打印网签合同；③镇街统筹相关村委通知产权人携带身份证明（原件）到合同网签点；④中介服务机构指引产权人签署购房网签合同，填写缴税委托书、具结书、契税纳税申报表和广州市不动产登记申请表	①需镇街完成摇珠分房，并确定每一套安置房、安置车位的产权人；②需确定剩余网签到区住保办、区国资局的政府持有每一套房屋、商业、车位对应房间号；③产权人需本人到网签点进行面签

（二）开通绿色通道，平行推进、容缺受理行政审批手续

根据增城区政府的有关部署，增城各职能部门对荔湖安置新社区及周边市政配套工程开通绿色通道，平行推进、容缺受理行政审批手续，大力提升管理效率和工程进度，主要体现在如下三方面：

1. 实行审批通关"路条制"

根据增城区政府的有关部署及增城绿色通道管理办法，11个安置新社区实行审批通关"路条制"，在国土手续尚未完善前，由国土规划部门出具项目供地证明后，各职能部门正式受理项目的立项、修详规、人防报建、单体报建、工程招标、质量安全登记、施工许可等有关行政审批、备案手续，符合技术审查要求的给予核发正式的批准文件或证书，同时实行平行审批，容缺受理业务，各项业务不互为前置条件。

2. 谁审批谁负责组织落实

根据增城区政府有关部署及增城稳增长促项目动工建设实施办法，增城各行政审批部门为11个安置新社区的业务审批组织落实单位，由增城各行政审批部门负责与各安置新社区的各建设单位沟通对接，提供审批服务的路径和指引，根据职能指导和跟踪对应行政审批业务及辅助审批业务的全过程工作。

3. 指定专人专管，避免政出多门

根据增城区政府的工作部署，增城各行政审批部门指定一名业务分管负责人统筹协调有关审批工作，指定一名业务科室负责人全程跟踪该局的所有行政报批事项，避免政出多门，提高审批效率。

（三）及时调整计划，确保多方合理同步推进

增城荔湖安置办的进度计划目标管理实行总控计划、详控计划及细控计划制度，计划管理的内容包括项目建设总控计划及单一项目总体计划、年、季、月、周建设实施性计划的制定、审批、执行、检查、纠偏等。项目管理组是建设计划管理的归口主管主体，负责组织制定建设计划管理的规章制度，并跟踪制度的贯彻落实；编制建设项目总控计划、单一项目总体计划、项目的实施性作业计划；组织召开计划调度会，及时对影响计划实施的重要事项进行检查落实；监督指导各参建单位开展计划管理工作；组织实施参建单位的计划考核具体工作。由综合管理部负责制定各种计划表格并督促各项目管理组按照计划落实具体工作事项和要求，并严格按照目标推进各项管理工作，定期跟踪检查及调整，及时解决存在的问题与偏差。

稳定规划建筑方案，合理同步推进设计、报批、施工。在规划建筑方案稳定

及获得修详规审批文件,完成基坑开挖施工图审核及取得基坑开挖临时施工复函后,提前进场开展土方平衡及基坑开挖施工。在为期约3个月的基坑支护工程施工期间,继续完善初步设计及概算,编制全套施工图设计,同步开展单体规划报建、初步设计审查、施工图设计审查、概(预)算评审、施工许可证等各项行政审批手续,以便在基坑支护工程施工完成及取得施工许可证后,可立即开展主体建筑结构施工,最大力度地争取施工时间。

增城荔湖安置办同样建立了工作协调会议制度,主要是研究及解决工程推进的问题和困难,听取各个部门、项目管理组的工作汇报,协调解决各个部门、项目管理组反馈的问题,对重大的工程变更进行决策,整理需向区委、区政府请示解决的问题,确保各部门、各项目组之间工作得以高效顺利地完成。

二、用制度管事,严抓质量与进度

(一)制定各项控制目标

包括工程质量控制目标、工程进度控制目标、工程造价控制目标、安全生产管理目标等控制目标,并严格按照目标推进施工建设各项管理工作,定期跟踪检查及调整,及时解决存在的问题与偏差。

(二)建立每周例会制度

每周召开工程例会,由增城荔湖安置办分管副主任主持,技术管理部、工程管理部主要管理人员及各项目管理组组长参加。工程管理部各项目管理组组长汇报每周工作情况及下周工作计划,反映工程管理中存在的问题,并讨论研究解决问题的办法。同时由项目管理组为归口主管主体,参加每周监理例会,不定期组织召开专题会议。

(三)材料进场,"先检后用"

严把进场原材料、半成品、成品质量关,确保合格材料用在工程中,材料进场时除严格审核合格证外,按规定的频率进行现场见证取样,并见证送检,对不符合要求的材料坚决作退场处理,各施工项目进场的建筑材料需按照现行标准、规范进行常规见证检验;涉及工程主体结构质量及重要使用功能的材料还应进行监督见证检验,检验合格后方可使用。如:混凝土路面砖、电线电缆质量等材料进场后由监理工程师严格预检,避免"事后追责"现象从而确保了工程质量。

加强监理巡视检查力度,监理工程师每日对各施工工序进行巡视检查,及时发现存在的施工质量问题,落实施工员和质检员整改并跟进督促完成。监理单位审查施工单位或者供应单位报送的用于工程的材料、设备、构配件的质量证明文件，按规定对用于工程的现场材料进行见证取样，并对关键部位、关键工序的施工过程进行旁站或平行检验。对违反规定使用的工程材料、设备、构配件，监理单位应当采取措施予以制止。对于建筑材料未经常规见证检验、监督见证检验合格，施工单位擅自使用的，以及监理单位对进场材料质量管理不严等违规情况，一经发现，将责令立即整改，并将有关情况报告区住建局进行相关处罚。

严格检测、试验制度，原材料如钢筋原材、闸阀、配电箱、混凝土路面砖、PVC-U排水管材、电线电缆等经检测其质量均达到合格要求，混凝土试块送检、保温砂浆抽芯检测、外墙砖抗拔检测、照明检测等，试验结果均满足设计及验收规范的要求。

（四）制定工程管理季度巡查制度

成立季度巡查小组，成员由增城荔湖安置办、增城区建设工程质量安全监督站、各参建单位的主要管理人员和代表组成。季度巡查制度对施工单位、监理单位、项目公司等参建单位的到岗履职行为进行了量化考核指标，建立了严格的考勤制度，增城荔湖安置办每季度将联合区住建局质安监督站对参建单位进行巡查评价，发出督促落实整改通知，并把评价结果抄送行政主管部门，对于达不到履职量化考核指标的参建单位将按制度上报进行通报批评和上报增城区住房和城乡建设局处理。

（五）制定村社质量监督小组管理制度

充分发挥被征拆村民在安置新社区建设过程中的积极作用，保障其知情权、参与权、建议权和监督权等合法权益。在各安置新社区项目部预留村社质量监督小组办公室，村社质量监督小组可驻场办公。村社质量监督小组对安置新社区建设工程施工全过程的质量问题，向增城荔湖安置办提出书面意见（抄送属地镇街）。对设计图纸是否满足使用功能要求提出书面意见；参与见证工程重要材料的品牌确认的过程，具体为主要的装饰材料、构配件、设备等；参与装修样板引路和样板房装修效果确认的过程，向增城荔湖安置办提出书面监督意见（抄送属地镇街）。参与工程的主要涉及观感质量及相关使用功能的验收过程，提出书面意见（抄送属地镇街）；参与见证有关行政审批部门组织的各项行政验收法定程序；对工程质量和工程进度存在的问题提出建议；在安置新社区施工建设期间，根据实际情况，组织村民代表定期或不定期参观安置新社区建设现场。

（六）制定质量及验收管理规定

明确质量管理目标，建立健全质量管理体系，成立质量管理架构，制定质量管理规定、程序，以预防为主的原则，按照策划、实施、检查、处置的循环方式进行系统运作；满足增城荔湖安置办及其他相关方的质量要求，满足建设工程技术标准和产品的质量要求；通过对"人、材料、机械、方法和环境"等要素的过程管理，实施过程控制，实现过程、产品和服务的质量目标；运用工程施工质量管理措施实施工程质量的施工过程监管；制定工程施工质量管理措施；实施工程质量保证金制度、工程质量一票否决制度、工程质量督查制度，明确隐蔽工程验收程序、材料看样定板程序、工程样板引路程序；制定工程质量事故管理规定、竣工验收规定。

（七）"项目法人+勘察设计"模式的监理单位委托人权利由政府掌握

"项目法人+勘察设计"模式项目的监理单位接受增城荔湖安置办监管，增城荔湖安置办享有项目监理的委托人权利。根据有关法规，"项目法人+勘察设计"模式项目的监理单位由项目公司负责选定。为确保监理单位保持监理工作的独立性，根据三方（项目公司、监理单位、石滩镇人民政府/荔城街道办事处）签订的建设工程监理合同，增城荔湖安置办有权行使监理合同中约定的委托人权利；监理合同进度款的支付须经增城荔湖安置办审核同意；监理单位应承担违约金的，增城荔湖安置办可在回购价款中抵扣与该违约金等额款项。

（八）质安验评部负责对各参建单位进行综合考评

质安验评部负责代表增城荔湖安置办对监理、施工单位的尽职履约情况进行综合考核、考评等管理工作，对各种违章、违规操作、安全隐患或存在的各种质量问题及时责成监理、施工单位限期整改或改进，按有关规定和合同条款进行处罚，签发不良记录、整改通知单和处罚通知单，做好记录并跟踪处理结果。

三、用原则引路，分阶段实施计划

荔湖水利工程各安置新社区建设工程项目进度管理主要有以下原则：
（1）保证合同文件约定的工期目标的实现；
（2）保证工程质量和安全文明施工；
（3）保证工程进度实施的连续性和均衡性；
（4）保证采用动态控制方法，确保关键线路作业；
（5）保证迅速发挥投资效益。

工程项目进度管理的主要工作内容包括计划、实施、监测、调整和确定进度目标等五个阶段。

（一）项目进度计划

该阶段工作实质性体现为：一是制定分级控制进度计划，包括总进度计划、年度进度计划、季度进度计划、月度进度计划等分级进度计划；二是需对上述进度计划进行优化。

（二）项目进度实施

该阶段工作实质性体现为：一是预测干扰因素；二是分析风险程度；三是采取预控措施。

（三）项目进度监测

该阶段工作实质性体现为：一是跟踪检查；二是数据采集；三是实际执行与进度计划对比分析。

（四）项目进度调整

该阶段工作实质性体现为：一是偏差分析，分析产生进度偏差的前因后果；二是动态调整，寻求进度调整的约束条件和可行方案；三是优化控制，决策使进度、费用变化最小，能达到或逼近进度计划的优化控制目标。

（五）确定各参建单位的进度目标

作为项目的管理者及协调者，监理单位还可通过明确总包单位施工全过程不同阶段的进度目标，要求总包单位按其对应的进度目标严格开展工作，从而有组织地使建设项目进度目标实现。

四、用投入提效，优化质量与进度

（一）预控与过程控制相结合

各分项工程施工前，严格审核各项施工方案中人、材、机的配置是否满足本项目施工要求，以及审核进度计划安排是否满足合同工期要求，是否切实可行，并将审核意见与建设单位、施工单位进行交流，取得共识后由施工单位进行调整，施工时严格按调整后的进度计划进行。

（二）搜集信息、实施过程控制

施工过程中，及时检查对照施工进度是否按计划进行，每当实际进度比计划值滞后时，及时分析原因，重点分析劳动力、材料、机械设备的数量是否满足本阶段施工需要，找出原因及采取相应应对措施，详细记录每天天气影响情况，每天在施人数记录，以及其他影响进度的情况。

（三）组织协调多专业立体施工

每周组织召开监理例会进行协调进度施工，根据各专业施工顺序积极协调，对各专业工艺搭接、穿插施工提前作出部署和安排，减少各专业施工互相拖后腿现象，并及时进行各专业中间验收，确保工程总进度计划。由于本项目监理人员配置合理、有针对性，处理问题及时恰当，有效保证了工程施工的顺利进行。

如五一村安置新社区建设项目，因为项目规模相对较大，在具体建设中分成两个标段建设。当项目分成两个标段时，如何把它融合成"一个标段"，这需要大量的协调工作。作为管理者也好，施工单位也好，必须要提升思想高度，形成"一盘棋""一个思想"，如果没有这样的思想，各打各的算盘的话，是无法配合好的。在项目开始之初，增城荔湖安置办通过多方协调工作，让他们形成一个意识，即形成一个"共赢双赢"的局面，而不是"恶性竞争"的局面。就工程管理而言，各方的目标还是一致的，就是更好地服务项目，通过这个项目争取更多的社会效益和经济效益。具体的执行过程中就需要大家相互之间必须完全配合好，而且是主动配合，缺一不可，从思想上、目标上让他们达成一致。通过前期的务虚工作统一起来大家的思想和定位，接下来的工作进展就会相对顺利。结合管理机制的改正，包括项目过程中的协调例会，虽然是两个标段，但例会是一起开，以通过思想的统一、机制的建立，达成项目比较好的推进效果。

五、指定专人专管，完成计划与目标

施工单位项目部是派驻现场的项目实施机构，对进度控制全面负责。指定项目经理直接抓进度管理，督促项目设立进度控制工程师岗位，指派有经验的进度控制工程师协助项目经理完成进度控制工作。

（一）监督完善项目进度控制措施

（1）指导制定详细的现场施工进度计划，并加强与各方沟通，详细了解各施工部位的计划安排，充分利用现场已有人、材、机完成有条件的工作。

（2）建立目标工期完成奖惩机制，对重要工期节点全部采用倒排工期的办法编制进度计划，创造条件提前开工。对按期或提前完成的都给予奖励，对未达到目标工期和里程碑计划的要给予经济处罚。

（3）建议有效使用现场的人力、机械，对工序交叉联系较少的项目可创造条件提前开工，以减少高峰期的资源冲突。

（4）充分考虑项目实施中各项工作之间的衔接关系，避免各个工序之间的冲突和相互影响。

（5）指导在项目总进度计划的基础上，编制阶段进度计划、季度、月度、周进度计划，将阶段目标通过每日工地例会传达至每个责任人，让目标进入人心，体现在行动上。

（6）在管理上运用网络图进度计划进行控制，所有的进度计划都用project软件编制，在编制实施计划的同时编制目标计划，定期甚至每天进行对比检查，预测项目总进度的完成情况，对工程实施科学管理。

（7）对影响项目总体进度的关键分项逐项由项目经理与施工片区负责人签订责任状，施工片区责任人与分包单位签订责任书，明确完成的期限，并监督该项工作开展的各项条件准备情况。

（8）与分包单位签订项目进度保证协议书，明确奖罚条款。

（9）对重要工作的施工采取指令性管理措施，确保各种支持系统工作到位。

（二）监督监理单位实施进度控制

（1）组织监理单位编制工程监理进度计划，组织有关专业技术人员对施工现场的状况、周边环境以及所有工程量进行认真地审核统计，并对可能阻碍施工进度的因素进行认真的分析，抓住关键线路，编制详细可行的监理工作进度计划，建立施工进度控制目标体系，确定控制目标，绘制目标分解图，并在施工监理过程中落实和完善。

（2）监督监理单位严格审查施工单位的施工进度计划及施工措施，检查施工单位的施工进度计划实施的组织系统是否健全，人员、设备是否满足施工进度要求。审查施工组织计划中的工期安排的合理性，施工准备工作的可靠性，工序之间的合理衔接和关键线路上劳动力、设备安排是否妥当，进度计划是否留有余地，计划调节的可能性，人、机、材之间的协调性。

（3）检查、督促工程进度计划的落实。①督促监理单位审核施工单位编写的施工组织设计、施工进度网络图、横道图等，并针对施工总进度计划和单位工程进度计划，编制相应监控计划，绘制监控工作流程图，对工程进度采取动态管理，在实际进度与计划进度出现偏差时，及时督促施工单位对进度计划进行适当的调整，并采取相应措施确保工期目标的实现，调整后计划和拟采取的措施应由监理工程师审批。②对工程进度计划的检查、调整可通过工地会议进行，或召开专题协调会议，下达建立指令等形式进行，并及时通报。③工程进度计划的调整主要是调整关键线路上的施工安排，增加人力、物力。

（4）组织建立监理施工进度汇报例会制度，项目监理部每周召开一次工程例会，检查施工单位施工进度情况，必要时邀请设计、业主以及有关单位参加，针对施工过程中存在影响进度的问题进行研究和协调处理，并对施工单位的计划安排提出具体的建议和要求。

（5）对影响进度的各种因素进行控制，确保合同工期如期实现。①在工程进度控制上，关键线路及关键工序实施监理自行监测，同时密切注意实际施工中影响进度的诸多因素，对影响进度的原因组织分析会，属于内部原因造成的，监督施工单位采取措施改进，确保合同工期的如期实现；②如工程进度滞后的原因，非协调可以解决的，且符合合同规定的工程延期条件的，可由施工单位按规定提出工期延期报告，由监理审查属实后，报增城荔湖安置办批准后执行；③监理工程延期的审批程序，包括工程延误的控制、工程延期的批准，关键线路及总时差的确立。

（三）进度计划执行效果报告编制

（1）督促施工单位项目部建立跟踪、监督、检查、报告的项目进度管理机制；当采用施工分包时，应监督分包人严格执行分包合同规定的施工进度计划，并应与项目进度计划协调一致。

（2）施工单位项目部应对施工进度计划中的关键线路、资源配置等执行情况进行检查，并提出施工进展报告。应进行采购和施工进度测量，分析进度偏差，进行趋势预测，及时采取纠正和预防措施。

（3）当施工进度计划需要调整时，施工单位项目部应按规定程序进行协调和确认，并保留相关记录。

（4）进度计划由施工单位项目部编制和提出，经施工单位有关部门审查确认，由监理单位审查，业主单位批准后实施。

（四）进度计划修正与补救

对进度情况及时总结修正，当实际进度与计划进度发生偏差时，在分析原因的基础上采取调整相应的施工计划、材料设备、资金供应计划等，在新的条件下组织新的协调和平衡。制定保证总工期不突破的技术、组织、经济措施，制定突破后的补救措施。

1. 技术措施

如缩短工艺时间、减少技术间隙期、实行平行流水立体交叉作业等。

2. 组织措施

如增加作业对数、增加工作人数、增加工作班次等。

3. 经济措施

如实行包干奖金、提高计件单价、提高奖金水平等。

4. 其他配套措施

如改善外部配合条件、改善劳动条件、实施强有力调度等。

总的来说，荔湖安置新社区建设管理的进度控制，有赖于增城区委、区政府领导的高度重视，增城区各相关部门的支持配合。事半功倍的工作效率也有赖于建立统筹协调能力强、专业技术能力高的统筹建设管理队伍。增城各审批部门主动地提供服务，在确保符合技术审查要求的情况下，各项行政审批手续实行办理审批通关"路条制"，提高审批效率。编制总体推进计划（年度总控、季度和月度详控、每周细控），制定技术管理、工程管理、质安验评等各项管理制度，助推设计、建设、施工管理的规范开展。聘请经验丰富、专业能力强的设计、造价咨询、工程管理顾问提供辅助技术支持，在关键节点协助增城荔湖安置办推进项目进度。建立工作协调会议制度和每周工作例会制度，集中解决、处理项目建设过程中的各项技术、工程管理、质量安全问题。不同于一般房建工程，安置房需要不断与回迁村民进行规划、设计、建设标准、装修标准等方面的反馈和协商，造成初步设计概算的编制、审核、对数环节用时均较普通项目长，导致概算评审工作推进较慢，但是在整个项目的全过程来看，这样做也在一定程度上助推了项目的进度。

第四节 投资管理：建立目标、落实"双控"、保障进度

根据相关招标文件和合同约定，安置新社区项目均要求限额设计，严格执行限额设计要求，实行总造价和单方造价"双控"，项目初步设计概算造价不得超过承包人投标自行填报的估算额（合同约定可按实际情况增加的除外），并最终根据财政评审价依法据实结算。增城荔湖安置办聘请了造价咨询顾问机构，由其根据限额设计要求制定装修标准，建立主要材料设备推荐品牌库，在保证安置新社区的建筑设计质量的同时，统一设计标准、相关技术参数、工艺工法设计，使其符合安全、卫生、适用及技术、经济等方面的基本要求。同时为加强项目施工现场工程管理及质量监督工作，增城荔湖安置办制定并向安置新社区及市政配套工程项目参建单位发出《广州市增城区挂绿湖安置新社区规划建设办公室工程管理季度巡查评价制度（试行）》，质安验评部与综合管理部、工程管理部和技术管理部、财务审价部组成联合小组每个季度对参建单位到岗履职行为进行一次量化考核指标，建立了严格的考勤制度；过程中联合增城区财政局、增城荔湖安置办工程管理部、技术管理部、财务审价部负责人及相关工作人员，开展荔湖水利工程安置新社区回购价款提前支付工程形象进度确认，从而实现项目造价、项目技术审批和工程进度之间的协调优化作用。

一、建立成本预控目标

工程投资控制的原理是把计划投资额作为投资控制的目标值，在工程施工过程中定期进行投资实际值与目标值比较，通过比较发现并找出实际支出额与投资控制目标值的偏差，然后分析产生偏差的原因，并采取有效措施加以控制，以保证投资控制目标的实现。首先，熟悉图纸、设计要求、标底标书，分析合同价构成因素，明确工程费用最易突破的部分和环节，从而明确投资控制的重点。审查施工单位提交的工程预算，定期、不定期进行工程费用超支分析，并提出控制工程费用突破的方案和措施。认真、慎重对待工程变更、设计修改，及时对完工工程量进行计量，及时签证支付进度款。

无论是清单报价还是综合费率报告，其工程量均应由项目核算员计算，技术负责人审核，施工单位项目部复核。工程量确定后，项目部应按消耗量计算合理的人材机数量和费用，作为项目部实际的人材机控制量，对于施工中没有修改变更的，实际消耗的数量不允许大于控制工程量，控制量作为结算控制依据。

二、组织专职人员核算

施工单位项目部明确专职核算人员，项目部所有实物性开支必须由成本核算员确认，账务才准报销。成本核算员确认前，项目经理不得签字确认。项目经理要有较强的成本意识，并能灌输到项目部每个成员中去，做到项目成本齐抓共管，坚持每月召开一次成本例会，对项目单位投资标准进行科学严格核算把控。

11个安置新社区按照增城区城市中心新型住宅小区（商品房）的标准投资建设，总体规划设计强调与增城生态景观的和谐统一，立面效果、建筑风格参照周边高档住宅小区的成功经验，在规划、设计、建设等各个工作细节上下功夫，坚持规划设计高起点，建设标准高档次，质量真材实料，居住环境优美，配套设施齐全。项目的单位投资为约4000元/平方米，该费用已包含建筑安装工程费、工程建设其他费用、预备费以及建设期利息，不包括征地拆迁费、土地出让金以及安置户房屋过户办证费等其他费用。

建筑安装工程费贯穿建筑工程施工至工程竣工验收全过程，主要控制费用包括：建筑工程（地下车库、高层住宅、低层住宅、商业及配套公建等，除商业室内为毛坯外，全部建筑均带精装修标准）；机电工程；电梯工程；智能化工程；

市政园林工程（园建、绿化、道路、广场、健身设施等）；临时用水用电工程；永久用水用电工程；发电机工程；排水工程；燃气工程；暖通工程；消防工程；人防工程等内容，达到移交标准的"交钥匙"施工总承包。

此外，还包含为保证工程建设顺利完成和交付使用后能够正常发挥效用而实际发生的与整个工程建设有关的各类其他费用，包括但不限于：建设单位管理费、立项、招标代理、环评、水保、节能、勘察设计、工程监理、城市基础设施配套费、检测检验费、工程保险、建筑物放线测量、房产测绘验收等主要费用。

三、控制设计阶段成本

设计阶段是影响项目成本最大的阶段，要注意设计阶段成本的控制。目前，项目的实施过程中，施工单位项目部跟设计单位各自为政，对设计缺乏统筹规划，没有从设计源头上下大功夫寻求控制造价的方法，错过了严格造价控制的最关键时机，而如何加强设计阶段的造价控制，成了一个非常重要的控制节点。

由于施工工期紧张，实施项目的施工存在"边设计，边施工"现象，为了使设计更好地为施工服务，同步做到设计人员与施工人员的无缝对接，随时交底。对于施工而言，可以避免返工修改现象，节约不必要的开支，对设计而言也可以合理安排设计顺序，以满足施工进度为目标，为设计团队腾挪出合理的设计周期，这也有利于设计人员更好地开展精细化设计。这是一个相辅相成的过程，今后施工中应加强与设计对接。

综上所述，设计阶段建设单位协助设计单位积极办理由政府部门组织的项目设计方案进行的并联审批，重点对涉及项目的规划总控、交通评价、环境评价、民防设计、消防疏散、停车泊位设计等方面的专业审查。根据项目设计方案的审查意见，设计单位对初步设计进行全方位优化，确定项目的各层平面布局、外立面设计方案、功能性房间的使用和后续装修格局考虑等事宜，以及选择合适的服务性配套工艺设施。根据初步的设计说明、设计图纸及设备材料表、各项经济指标、工艺流程和"人材机"的取费标准等，编制项目设计概算，并核定在项目投资估算范围之内，作为项目投资控制的依据。

以谢屋村安置新社区为例，为满足停车需求而各设置了2万多平方米的地下室。在2016年10月，增城荔湖安置办组织初审基坑支护方案的过程中，通过对施工现场与周边环境进行考察，发现设计单位编制的基坑支护方案比较保守，在具有采用放坡喷锚支护方案的条件下依然采用了旋挖桩的支护方式。考虑到放坡喷锚支护方式在造价及工期上都比旋挖桩支护方式有优势，项目管理组于当月组织项目的参建单位召开了关于基坑支护优化方案的工作会议。会议上，各有关单位结合地质勘探报告，对放坡喷锚的支护方案进行了研究论证，最终以符合规范、方案可行为原则，在确保基坑安全的前提下，将谢屋村安置新社区基坑南侧的旋挖桩支护改为放坡喷锚支护，将谢屋村安置新社区整个基坑的旋挖桩支护改为放坡喷锚支护。实践结果表明，在降低造价、缩减工期方面具有良好的效果。

四、控制施工过程成本

在施工阶段，应加强各参建单位工程管理人员经济观念和职业素质的教育，培养其实事求是的工作作风。加强管理人员之间的沟通交流，坚持"一事一单一签证、件件有依据、事事可查询"的工作原则。严格执行现场签证审批程序，严格审查《现场签证联系单》签证内容：签证事项发生时间、原因及依据；签证工程的内容；相应的附件：工程现场照片、施工图纸、签证工程发生费用概算明细等，给予相应审批意见，凡有一审批部门审定不同意且有依据的，均可结束审批流程，审批部门均审定同意的，方可进入"现场签证审批"程序。建设单位须从头至尾进行复核，把好现场签证审批的每一关。严防现场签证内容、原因、依据不明确和人情签证的现象出现。

（一）项目采购成本管理

一是，建立供应商名单，根据供应物料分类及所供物料等级进行维护，并根据供应商的产品质量及服务品质对名单进行动态管理。供货商名单的建立，有利于控制同价同质物美价廉。二是，与特种产品的供货商建立战略伙伴关系，通过排他的协议模式，有效降低并锁定产品的采购价格，尤其是对市场竞争不充分的商品，或者处于长周期价格上涨的产品，这是降低采购价格的有效途径。三是，对需要采购的商品，做好深入专业的了解，熟悉产品的性质、功能及结构构成，价格最低的产品有助于实现成本控制，但在一定程度上也会加大成本浪费及拖延工期的风险，采购团队应该对质量风险进行必要的分析和控制。

（二）工程施工间接成本管理

项目拖延工期交付竣工就是成本的增加。施工管理人工相关成本管理的关键，是控制工程施工管理总人工时在预算总工时之内，一旦突破，也就意味着成本超支。监控工作一方面统计工程施工管理已经投入的人工时，另一方面推测剩余部分工作需要的工程施工管理人工时数量，从而预测完成全部工程施工管理工作需要的总人工时数量。上述因素一旦出现，一般都将会导致工程施工管理成本确定地增加，很难有办法在剩余期间减轻或消除。

工程施工间接成本内容比较庞杂，虽然全部成本加起来也并不是特别大，但如果管理不善，也会带来不小的损失。对于工程施工间接成本估算比较实用的方法是依据经验，结合项目要求和项目当地情况进行估算，如项目驻地办公场所租赁费、现场办公费用、施工消耗品费用、施工安全费用、施工机具费用、质保期管理费用等。因此，以往相似项目同类成本的实测数据是非常有价值的，尽管不同服务、消耗品、人工的价格因项目地点、时间的不同而有差异，但服务、消耗品、人工的使用数量一般不会相差很大。

通过委托有相应资质的第三方工程咨询管理机构，协助建设单位把控项目投资。控制重点应放在项目招投标阶段的工程量清单、招标控制价的编制，把控项目施工合同价的节点目标；参与项目建设过程中设计变更和工程签证的审核，研究其可靠性、安全性、经济性，综合协调各专业，做出分析给出意见，控制施工阶段的工程造价。促使达到既保证工程项目安全可靠又最大限度提高其实用性和经济性。

（三）工程施工直接成本管理

（1）合同管理：合同是依据；

（2）现场支出的控制；

（3）工程变更和经济签证与索赔。

对于施工总承包项目而言，在严格的双控下，建设单位在项目实施过程中充分熟悉合同内容，理解合同精神，始终坚持以合同约定为原则，对项目实施过程发生的签证、变更按合同约定进行审核，从而有效地达到投资控制的效果。

五、造价控制主要措施和成效

由于工期紧张，前期施工图设计深度不足，工程开工后设计变更较多，对工程造价产生了一定影响。实践证明，为有效控制成本，施工前完成施工图设计、审核和优化工作，十分有利于施工阶段的投资控制。同时完善的、科学的施工图设计有利于采用施工总承包总价包干模式，减少后续施工过程中的签证、扯皮现场。有利于投资目标的实现。

（1）施工合同进度款审核控制：要求施工单位上报工程进度款报表要提供实物工程量，项目监理部根据有关文件进行审核。

（2）严格控制设计变更，对设计变更进行技术经济分析和审查认可，寻找通过设计、工艺材料、设备、管理多方面节约投资的可能；审查施工组织设计，控制设计变更，避免不必要的浪费。对造价影响较大的变更，提出合理化建议，节省投资。

如在西瓜岭村安置新社区项目中，低层区桩基础第三方检测方案制定时，第三方检测单位提出方案为：将每栋低层住宅划分为一个单位工程，共174栋低层住宅。监理单位提出：因规范要求每个单位工程的桩基础检测"静载试验"至少抽样检测一根桩，此划分方法将大大提高检测费。监理单位建议优化单位工程划分方案，从而降低项目投资。经过充分的协商沟通，建设单位充分认同并支持监理单位的建议，根据相关规范，组织监理单位、第三方检测单位、施工单位等各参建主体共同商议，最终在满足规范、标准要求的前提下确定单位工程划分方案，从而有效地大幅度降低了本项目桩基础检测的费用支出。上述案例表明，在项目实施过程中，工程项目的投资控制手段并非一成不变，可以充分调动建设团队中各参建单位的经验及知识，对各参建单位提出的有关优化投资的方案或建议，应充分考虑，在合理、可行的前提下应予以支持。

（3）及时进行计划费用与实际开支费用分析比较，保证投资计划正常进行。

如在增塘村安置新社区项目的装修施工过程中，为了加大力度推进项目建设，施工单位通过和工人、施工班组的充分沟通，除加大人工数量之外，让工人在白天上班之后，在体力允许的情况下晚上也适当加班。在工人加班时间，除了规定的加班费以外，施工单位投入一定的奖金现场付给加班的工人。当然这个投入也是有一定的控制，施工单位每天盘点加班人数，根据人数，从项目公司的进度奖中抽取一部分资金发到一线作业的人员手里，起到一定的激励作用，从而加快项目进度，控制项目成本。

（4）为杜绝拖欠务工人员工资等劳资纠纷及欠薪争议的出现，维护社会和谐稳定，满足年底民工工资等工程款支付及时，避免造成负面影响等状况，项目监理部发出《工作联系单》，要求施工单位按照《广州市建筑施工企业工人工资支付保证金管理办法》办理工人工资支付保证金。

项目投资控制是一个从项目投资决策到项目竣工结算的全过程管理，也是一个系统的、动态的管控过程。在市场经济变化多端的情况下，这就要求项目管理单位必须具有不同专业角色的管控者去解决工程建设中的技术与经济、经营与管理等实际问题。通过有机的默契协调和行之有效的管理模式，控制项目投资，节约工程造价，从而最大限度地提高项目投资的效益。

本章小结

　　为保证施工质量、安全、文明及进度，确保各项目按时高质量、高标准完成建设，经增城区委、区政府部署，增城荔湖安置办建立健全质量监督机构工作方案，以增城荔湖安置办为统筹协调机构，充分发挥其统领指挥作用，高效协调参建各方的关系。由增城荔湖安置办牵头成立工程质量监督管理小组，借助增城区住房和城乡建设局、建设工程质量安全监督机构和各项目监理单位实施常态化监督管理，聘请专家技术团队提供关键技术支持，指导镇街组建村社质量监督小组全程参与安置新社区的设计、施工质量、竣工验收的监督工作，随时反馈建设过程中出现的各方面问题，共同打造村民满意的新型社区。通过建立工程质量管理细则、建立工作协调会议制度及定期报送信息制度和公开接受监督制度完善质量监督部门工作机制，并从事前严控、事中严管、事后严收三个层面实施分阶段动态管理。监督施工单位坚持方案先行、坚持样板引路、加强技术交底、加强过程控制，确保工程质量一次成优。通过监理单位严把预控关、实施全过程监督、健全监理旁站和平行检验制度，强化工程质量监帮结合的过程控制。确保通过提前预防、先验后用、过程把控、验评结合的方针全面落实质量验评，有效保证工程质量。建设以项目组为主体，各部门同步指导参建单位控制影响项目质量的因素，完善项目建设质量保障方案。安全管理也是工程建设管理的重中之重，通过制定安全验评与保障制度、明确安全文明生产职责、细化安全文明管理要求、落实安全文明管理策略，执行安全与绿色文明施工。在进度管理上严格执行计划先行、投入大量人力物力跟进项目进度，确保按时按质完成计划与目标。在投资管理上，通过设计、概算、预算与结算工作建立成本预控目标，通过严格控制采购的成本管理和工程间接成本管理落实单方造价和工程总价控制的"双控"目标的基础上又保持项目的进度和质量达标，实现项目建设施工管理全过程的协调优化和良性互动。夯实质量管理、确保安全管理、提升进度管理与落实投资管理环环相扣，互相促进，为验收安置的顺利推进打下了坚实的基础。

第六章
验收安置管理

验收安置管理是对设计、施工管理的重要检测，涉及不同利益主体，包括政府及其代表的公共利益主体，村民以及参建企业等。政府是主导，企业是关键，村民是核心，村民与项目本身直接关联，其根本利益的实现，需要健全的保障机制，即有赖于政府部门在项目管理过程中保障管理效率、保障秩序规范和保障利益公平。荔湖安置新社区不仅是拆迁安置区，更是增城致力打造的城乡融合发展示范区。严格的竣工验收标准和全过程的村民质监小组验收是保证回迁居民放心满意的前提，促进了社区生态文明建设、增强了社区居民创建美好和谐家园的信心，为分房、摇珠、物业管理等回迁安置工作打下坚实的基础。

第一节　竣工验收标准严格化

竣工验收指建设工程项目竣工后，由投资主管部门会同建设、设计、施工、设备供应单位及工程质量监督等部门，对该项目是否符合规划设计要求以及建筑施工和设备安装质量进行全面检验后，取得竣工合格资料、数据和凭证的过程。

竣工验收也是全面考核建设工作，检查是否符合设计要求和工程质量的重要环节，对促进建设项目及时投产，发挥投资效果，总结建设经验有重要作用。竣工验收是建立在分阶段验收的基础之上，前面已经完成验收的工程项目一般在房屋竣工验收时不再重新验收。

荔湖安置新社区建设项目由建设单位负责组织验收，建设工程质量安全监督机构对工程竣工进行验收监督。建设单位组织勘察、设计、施工、监理等单位和其他有关专家组成验收组，根据工程特点，下设若干专业组。成员包括：建设单位项目负责人及各专业人员，施工（含分包单位）项目负责人、公司的技术、质量负责人和项目相关人员，设计单位项目负责人和各专业人员，勘察单位负责人、监理单位项目总监理工程师和监理工程师。验收组的土建、给排水、电气及其他专业人员配备齐全,并指定专人担任验收组长。

一、竣工验收执行的规范及标准

1.《地基与基础工程施工质量验收规范》GB 50202-2002
2.《混凝土结构工程施工质量验收规范》GB 50204-2015
3.《砌体工程施工质量验收规范》GB 50203-2011
4.《建筑地面工程施工质量验收规范》GB 50209-2010
5.《建筑屋面工程施工质量验收规范》GB 50207-2010
6.《建筑装饰装修工程施工质量验收规范》GB 50210-2002
7.《建筑给排水及采暖工程施工质量验收规范》GB 50242-2012
8.《建筑电气工程施工质量验收规范》GB 50210-2011
9.《建筑通风与空调工程施工质量验收规范》GB 50243-2002
10.《建筑节能工程施工质量验收规范》GB 50411-2014
11.《建筑工程施工质量验收统一标准》GB 50300-2001
12. 建设单位提供的所有图纸及设计变更、工作联系单。

二、竣工验收内容

1. 地基与基础工程分部
2. 主体结构工程分部
3. 建筑装饰装修工程分部
4. 建筑屋面工程分部
5. 建筑给排水及采暖工程分部
6. 建筑电气工程分部
7. 建筑节能工程分部
8. 建筑通风与空调工程分部
9. 建筑消防工程分部
10. 室外工程分部
11. 电梯工程

三、竣工验收条件

(1) 已完成设计以及合同的各项内容。

（2）施工单位在工程完工后，经过自检，确认工程质量符合有关法律、法规和各种强制性标准，符合设计及合同要求后，向监理单位提供《工程竣工报告》。

（3）监理单位根据完整的监理资料对该工程进行质量评估，并提出《工程质量评估报告》。

（4）勘察、设计单位对勘察、设计文件以及施工过程中的各种通知及变更进行确认，并向建设单位提交《质量检查报告》。

（5）施工单位有完整的并装订成册的技术资料和施工管理资料。

（6）各种主要建筑材料、构件等必须有质量证明文件，进场参与施工的技术人员及各种机械设备必须有资质证明与审验证明。

（7）各单位工程必须有承建单位签署的《工程质量保修书》。

（8）被各职能部门责令整改的问题已基本整改完毕，并提出书面报告。

四、竣工验收程序

（1）由施工单位向监理单位提交《工程竣工报告》，申请工程竣工验收，《工程竣工报告》由监理工程师签署意见，决定是否同意竣工验收。

（2）相关单位对工程竣工资料进行审核，对现场实物检查，向建设单位提供《质量评估报告》，建设单位在收到施工单位提交《工程竣工报告》和监理单位提交的单位工程《质量评估报告》后，对符合竣工验收的工程，组织勘察、设计、监理、施工等单位和有关部门人员组成验收组，对工程进行验收。

五、验收会议议程

要求参建人员按照国家和省市有关工程质量验收的法律、法规、工程质量验收规范及本工程设计图纸，进行认真细致的检查，对工程验收项目做出独占、公正的评价。

主持人在各参建单位人员到齐后，宣布"荔湖安置新社区"竣工验收会议开始。

（1）签署参加验收人员签到表；

（2）宣布验收组的组成及验收组工作分工；

（3）施工单位项目经理介绍工程概况，单位工程质量自评情况作汇报，提出单位工程竣工验收申请；

（4）实物质量检查组到施工现场进行实体检查，资料审查组在施工办公室审查资料。检查完毕后，各验收小组统计实测数据，由验收组组长汇总；

由各小组组长汇报检查结果，再由各单位项目负责人发言，其次由各责任部门对工程竣工验收做出评定。

（1）施工单位：项目技术责任人介绍工程概况，概述施工过程中质量控制，是否做到施工前的技术交底，施工中的质量控制，实体成形后的检查及整改；是否按施工规范要求报验每一道工序，是否严格把关材料检测及使用，做到自检、交检及报检三检严格控制工程的质量；最后做出工程竣工验收自检自查的评定结论。

（2）监理单位：现场项目总监阐述监理单位在该工程施工中的监理工作概况及施工单位报验程序是否符合规范要求；施工过程中对检查提出问题的整改及回函，进场材料检测及使用，每一道工序报验及检查情况；竣工验收资料核查情况是否符合验收规范要求，最后发表该工程竣工验收评定结果。

（3）设计单位：阐述设计单位对施工单位在该工程施工中的检查是否符合设计要求，并给施工单位做出该工程竣工验收评定意见。

（4）建设单位：阐述施工单位在施工过程中质量控制情况，监理单位到岗到位及监督情况，设计单位到现场的检查情况及对本次竣工验收中的检查情况及评定结果。

（5）由建设工程质量安全监督机构总述对验收监督的综合意见。

（6）建设单位项目负责人根据各方意见，形成最终验收结论，各方项目负责人签署验收记录，并宣布本次验收会议结束。

第二节 验收实施管理分类化

荔湖安置新社区项目的建设主要采取EPC和PPP两种项目建设管理模式，管理主体存在差异，在项目验收时侧重点也有所区分，实施分类验收以保障项目质量、提升验收效率。

一、EPC模式下工程项目的验收质量管理

EPC总承包模式下的工程施工发展，其项目验收质量管理作业的实施对工程项目的稳定发展以及各方的权益保障发挥了重要的作用。因此，在实际发展中分析如何有效地落实EPC总承包模式下的项目验收作业，并且合理地提升工程项

目的验收管理质量则成为当前EPC总承包模式下项目验收施工发展中主要面临的问题。

荔湖安置新社区建设项目中实施EPC总承包模式的工程项目验收质量管理主要包含以下几方面控制措施:

(一)落实设计交底

从EPC总承包模式下的工程项目验收质量管理现状评估,落实设计交底作业,对项目施工质量的提升以及项目验收质量的提升意义重大。为提升设计交底的完善性,具体在设计交底作业的实施中应由业主方、设计方、施工方、监管方以及物料供应方进行联合设计交底作业。以此,针对施工设计内容进行完善和优化,同时减少因前期施工设计出现问题、设计交底出现问题、造成的后续施工问题及项目验收质量管理问题,最终达到提升工程施工质量、减少施工返工、合理保障各方权益的目的。

(二)完善总体验收规划

从EPC总承包模式下的项目验收质量管理实施程序以及逻辑控制效果方面进行分析,完善总体验收规划作业则为项目施工发展中的主要内容。其中从具体的实施细节方面进行分析,完善总体验收规划作业则为项目质量验收管理作业实施中的主要控制措施。其中,在具体实施中关于总体验收规划作业的实施应由验收单位、业主单位及设计单位基于工程施工设计、业主方的前期要求、基础验收科目进行验收科目的规划及编订。及时针对验收科目中存在的缺项进行补充,确保项目验收的完善性和客观性,同时达到提升工程验收管理质量、减少因项目验收不完善、造成的质量评估客观性不足以及项目验收质量不合格的现象。

(三)提升综合验收水平

从EPC总承包模式下工程项目的验收质量管理实施现状进行分析,提升综合验收水平,对其验收质量管理效果有显著的提升。其中在具体实施中关于综合验收水平的提升,业主单位及第三方验收单位可通过多方面的举措进行落实。其一,实施差异化小组式的验收模式,针对不同验收项目抽调不同专业技能的人员进行项目工程的验收,从而确保其验收作业实施质量的合格性;其二,对外招聘具备专业技能的人员,进行项目工程的验收作业,以此减少因人员综合技能不达标,造成验收中出现验收质量不合格、验收不到位,以及验收周期过长的现象;其三,实施动态化的全过程施工验收监管,通过动态化的全过程施工验收监管,确保最终验收作业实施质量的合格性和完善性。

（四）强化阶段节点验收作业

从EPC总承包模式下的工程项目验收管理从施工工程的施工进度方面进行评估，强化阶段节点验收作业，则为工程项目验收质量管理实施中的主要控制措施。具体实施中关于阶段节点验收作业的实施可通过施工单位的自检、业主单位抽检，以及监管验收单位总体验收的方面进行落实。其中，在阶段节点验收作业的实施中为提升节点验收质量，施工单位、业主单位、验收监管单位应基于工程施工设计内容、工地现状制定对应的阶段节点验收科目。以此进行相关阶段节点验收作业的实施，最终达到提升工程项目验收管理质量的目的。

（五）落实风险管理

从EPC总承包模式下的项目验收程序进行评估，其验收作业中出现验收质量问题较为多见。因此，在实际发展中落实风险管理对其项目的验收管理质量提升意义重大。其中在具体实施中关于风险管理作业的实施可由业主方、施工方、设计方、监管方以及物料供应方基于各方的作业方向和内容提出相关风险因素，并基于风险因素制定风险管理科目以及风险应急预案。以此减少因风险现象出现时无法及时处理造成的过大经济损失以及安全事故的现象，保障其项目工程的安全稳定发展。

从当前EPC总承包模式下的工程项目验收质量管理发展现状以及具体实施中的作业效果方面进行考量，施工单位、业主单位、监管验收单位、设计单位及物料供应单位在实际发展中为切实有效地提升其项目施工中的验收质量管理效果，同时规避各类不良因素造成的经济损失现象。各方在实际发展中关于项目验收质量管理作业的实施可通过提升验收综合水平、完善验收规划、实施阶段节点验收、落实风险管理以及设计交底的方向进行发展。

二、PPP模式下工程项目的验收质量管理

（一）综合效益评估

1. 评估维度

PPP模式最大的优势在于解决政府融资难题，充分发挥市场机制作用，提升公共服务的供给质量和效率，实现公共利益最大化。PPP项目效益评估应该和预期产出目标相比较，包括但不限于如下的评估：

（1）PPP提供的产品或服务质量和数量评估

重点对比和评估PPP项目的计划方案和实际执行的差异以及实际表现，是否达到了预期要求或标准。

(2) PPP项目产品或服务价格评估

重点对比分析PPP项目实际执行的价格和成本是否达到预期的要求。

(3) PPP项目特许权期限设计合理性评估

重点分析PPP项目特许经营权的期限是否与各方利益相一致，是否符合有关规定和行业规则。

(4) PPP项目的可操作性评估

重点分析PPP项目的规则、流程、价格、风险分解等事项是否满足项目的可操作和顺利实施。

(5) 政府收益的评估

重点分析PPP项目实施方案等能否实现政府预期的收益和效果等。

2. 评估指标

PPP模式，要制定标准化的操作规程和规范的评估标准，逐步推进并试点。具体可以选择收益稳定、投资规模大、合同关系清楚、技术发展成熟的市政、污水、垃圾等重点市政项目，进行试点示范，然后在更大范围内推广。

在实际操作过程中，应强化PPP顾问团队和专业机构合作，创新和完善PPP管理机构，规范效益评估标准，加强风险管控，强化市场竞争，履行政府合理承诺，规范后续合同管理等办法，构建适合PPP发展的通道和机制。总结典型案例，建立规范、严谨的PPP项目制度设计和操作框架。

(二) PPP项目后评估

PPP项目后评估是PPP项目管理的重要内容。包括项目验收、竣工评估、后评估等方面，同时，要制定和实施各类指标的对比与管理。

PPP项目验收及移交管理方案如下：

1. 前期准备

(1) 相关人员的培训

在工程竣工后投入使用前，组织专业人员和有关设备设施的厂家技术人员对发包人的物业管理人员进行操作和维护的培训，以确保物业管理人员在工程投入使用后能立即独立进行必要的操作、维护和故障排除。

(2) 工程使用说明书的准备

准备好相应的《工程使用说明书》，包括维修手册和操作说明等，维修手册和操作说明作为竣工培训的主要参考文件。按照本招标文件要求编写《工程使用说明书》，编写的《工程使用说明书》能够真实、完整、详尽地反映本工程的实际情况。在竣工验收前将编写的《工程使用说明书》初稿报给发包人和总监理工程师审核,发包人和总监理工程师审核后,认真修改、整理《工程使用说明书》,并将修改后的《工程使用说明书》报发包人和总监理工程师审核。《工程使用说明书》的最终稿经发包人、总监理工程师和承包人三方共同签字确认,承包人必须在三方签字确认后一周内将正式的《工程使用说明书》移交给发包人。

(3)竣工图的编制

竣工图基于合同图纸、变更指令、经审批的施工作业图、大样图和配合图以及过程质量记录等进行准备和制作;此类图纸以总监理工程师批准的格式及档案管理部门的规定进行准备和递交。提供竣工图电子文档、晒印蓝图,所提供竣工图图纸的数量和格式、装订方式等满足业主的要求。

分包人和其他承包人制作自己的竣工图和整理自己的竣工资料;发包人将要求分包人和其他承包人的竣工资料随工程进度逐步提交给承包人,由承包人统一分类整理。

在工程实际竣工前,发包人、承包人和总监理工程师审核后,根据发包人和总监理工程师的审核意见进行修改并提供完整的竣工图给总监理工程师、发包人。竣工图在竣工移交证书颁发前提供。

(4)竣工验收的规章承诺

应在整个过程中严格依照政府相关法规、规章和合同文件要求,认真做好质量保证、材料的进货检验、分部分项工程的隐预检等与质量记录和竣工资料的收集整理相关的工作。

2. 竣工验收综合调试的组织

在竣工前对所有各系统进行整体调试,并在发现问题后进行整改直至符合要求为止。

项目成立联合调试小组,由项目总工程师担任本工程综合调试组长,负责协调各单位及对专业分包的监督和管理,项目机电专业人员作为小组骨干,专业分包均要求派4~5名专业人员作为小组成员,确保综合调试按时、保质完成。

三、安置新社区实施质量验收管理案例

(一)罗岗村安置新社区(一区)建设工程竣工验收情况

(1)消防、节能;

(2)中间验收:地基基础、主体结构、装饰装修、建筑节能;

(3)监理单位组织预验收情况

2018年08月06日由监理单位组织了建设、设计及施工单位对低层住宅

A1#～A207#、幼儿园、社区服务中心、1#～5#商业工程进行预验收。

2018年08月23日由监理单位组织了建设、设计及施工单位对高层住宅区及高层地库进行预验收。

2018年11月06日由监理单位组织了建设、设计及施工单位对室外分部工程进行预验收。

(4) 建设、施工、设计、勘察、监理验收小组验收情况及结论

①施工单位已按要求完成工程设计和合同约定的各项内容，各分部工程验收合格，质量控制资料齐全，竣工自检合格；

②监理单位对工程进行了质量评估，具有完整的监理资质，并提出工程质量评估报告；

③勘察、设计单位对勘察、设计文件及施工过程中由设计单位签署的设计变更通知书进行了检查，并提出质量检查报告；

④预验收提出问题已按要求完成整改，工程使用的主要建筑材料、建筑构配件和设备的进场试验报告齐全，并编制了完整的技术档案和施工管理资质，规划和消防验收合格，参建各方一致认为项目已具备竣工验收条件。

(二) 挂绿新城安置新社区（一期）建设工程竣工验收情况

1. 监理预验收情况

经核查，工程观感质量验收符合要求，施工记录、隐蔽工程验收记录等其他工程质量控制资料及各分部分项工程有关安全及功能的检测资料完整，主要功能项目的抽查结果符合相关专业质量验收规范的规定，各检验批、分项、分部工程验收均合格，内容及签认正确，所有原材料、混凝土试块按规范相关文件要求进行见证、监督取样送检，满足设计图纸、规范及合同要求，其工程施工质量达到验收规范合格标准。

2. 建设、施工、设计、勘察、监理验收小组验收情况及结论

挂绿新城安置新社区（一期）项目除现场人防门配套工程、小区相关配套设施等未完成外，其他工程已按要求基本完成工程设计和合同约定的各项内容。施工过程中，能按照国家建设工程强制性标准、施工及相关验收规范要求进行施工。

各分项、分部工程的施工操作依据、质量检查记录，均符合质量合格的规定；经对现场工程实体质量及质量保证资料的认真检查验收，观感质量评定符合要求，实体检测、节能检测等主要功能项目的抽查结果合格，工程实体质量满足设计图纸、规范及合同要求，质量控制资料完整、有效，工程施工质量达到验收

规范合格标准。

（三）五一村安置新社区建设工程竣工验收情况

为确保工程质量，总监理工程师确立了以预控为主、跟踪监控、监帮结合、强化验收的方法对工程质量进行控制，主要体现为：

1. 严把预控关

熟悉图纸、承包合同、技术规范、验收标准等，严格审核各项施工方案，特别是质量保证体系、安全保障措施及人、材、机的配置是否满足工程施工的需求，并在施工过程中督促实施，如塔吊安装拆卸工程属于危险性较大的分部、分项工程，安装、拆卸前进行安全及技术交底，认真按照方案操作，并实施全过程监督，确保了施工安全及工程质量。

2. 实施过程监督

严把进场原材料、半成品、成品质量关，确保合格材料用在工程中，材料进场时除严格审核合格证外，按规定的频率进行现场见证取样，并见证送检，对不符合要求的材料坚决作退场处理，如：混凝土路面砖、电线电缆等材料进场后由监理工程师严格预检，确保工程质量。加强监理巡视检查力度，监理工程师每日对各施工工序进行巡视检查，及时发现存在的施工质量问题，落实施工员和质检员整改并跟进督促完成。

3. 健全监理旁站和平行检验制度

建立健全旁站制度，对关键部位实施旁站监理，确保工序质量，施工过程中对各工序进行严格检查，如低层区室内乳胶漆部位存在质量通病问题，监理工程师立即落实施工员进行整改；高层区内墙做法未按图纸进行涂料墙面的白色乳胶漆底漆施工，直接在内墙面进行白色乳胶漆面漆施工，要求施工单位严格按照图纸要求进行施工；从而确保施工达到设计及规范要求。及时对各栋的地面、墙面、栏杆及护栏高度进行平行检验，实测平整度、垂直度、高度等各检验允许偏差值，做到及时发现及时整改避免重复出现。

4. 监帮结合多手段运用

为了使工程质量及安全达到预期目标，各方建立良好合作关系使各项工作顺利开展，除了按照正常的监理程序严格监理，监理部还以帮助的心态做好监理工作，如天气情况有变及时通知施工单位做好预防控制工作，下一步施工应该注意的质量及安全问题会在会议及日常工作中加以提醒，对施工单位不能确定或是模棱两可的事项积极提供技术及经验支持，通过这种工作方法，提高了工作效率，达到"事半功倍"的效果。

5. 强化工程验收管理

严格实行工程施工的报验制度，对每一工序、分项分部工程完成后，要求施工单位自检合格后，申报监理工程师验收，监理工程师以广东省结构优质奖的目标对检验批、分项、分部工程进行验收，规范工程验收制度。

严格检测、试验制度，原材料如钢筋原材、闸阀、配电箱、混凝土路面砖、PVC-U排水管材、电线电缆等经检测其质量均达到合格要求，混凝土试块送检、保温砂浆抽芯检测、外墙砖抗拔检测、照明检测等，试验结果均满足设计及验收规范的要求。

通过从点及面的细致验收，有效地保证了工程质量，以促使该项目完成后达到合同要求标准及规范要求。

第三节 安置管理方案精细化

增城荔湖安置新社区建设及验收管理工作完成后，为保证村民回迁工作顺利、有序、高效的开展，增城通过多方讨论、协调，制定出一系列项目回迁安置办法，保障安置管理的精细化实施。

一、安置新社区房屋分配对象

（一）根据《增城市人民增府办公室关于印发<挂绿湖水利工程核心区土地预征收补偿指导意见>和<挂绿湖水利工程核心区房屋征收拆迁补偿安置指导意见>的通知》（以下简称"增府办〔2014〕6号"）文件精神，在挂绿湖水利工程核心区房屋征收拆迁工作中已签订《挂绿湖水利工程核心区（荔城湖区）房屋征收安置补偿协议书》《挂绿湖水利工程核心区（石滩湖区）房屋征收安置补偿协议书》（以下简称"房屋征收安置补偿协议书"）的选择房屋安置的拆迁户和符合回购安置房的拆迁户。

（二）根据《挂绿湖明星村拆迁补偿安置办法》文件精神，在挂绿湖明星村拆迁工作中已签订《挂绿湖明星村高层公寓户型安置协议书》和《挂绿湖明星村联排户型安置协议书》的符合回迁安置条件的明星村何屋社、田心社、椅一社、椅二社和横岭社的回迁安置户。

（三）根据《大球场项目明星村拆迁补偿安置办法》文件精神，在大球场项目明星村拆迁工作中已经签订《大球场项目明星村房屋拆迁补偿协议书》和《大球场项目明星村高层公寓安置协议书》的符合回迁安置条件的明星村潘屋社53户回迁安置户。

二、安置房分配原则和办法

（一）分配原则：安置房选房顺序以签约时间先后划分，采用"先签约先选房"的原则。

（二）分配办法：按照分配原则，先签约先选房。以规定完成签约的时间节点划分分房批次，时间节点按"日"进行统计，同一日签约的选房顺序通过抽签或摇珠的方式决定。

（三）选择高层住宅户型安置分配的停车位（货币补偿的除外）同样采用"先签约先选"原则，选车位顺序跟选房顺序一致，在选房时一并完成选车位工作。

三、安置房分配工作安排

（一）制定安置房确权方案及产权登记指引

安置房办证工作组根据政策制定安置房确权工作方案及产权登记指引，明确办证流程，做好相关政策解释，为各包村包社工作组前期开展回迁动员和政策宣传解释工作做准备；高层住宅户型安置房、集体物业、商业、公建配套、地下车位等按商品房性质办理不动产权登记证，指导并具体组织落实房屋产权登记手续办理；低层住宅户型安置房对应土地保留划拨性质，指导有关村集体办理国有土地使用权登记及房屋产权登记（未办土地有偿使用，不可上市）。

（二）安置房分配工作宣传发动

各安置房分配工作组根据相关政策文件、安置房确权方案及产权登记指引，到村、到社、到户对安置房回迁分房工作进行政策宣传，动员回迁安置户及时回迁，并确保安置房分配工作公平、公开、公正开展和有序、按时完成。

（三）回迁安置户资格审核

安置户资格审核工作组根据"安置新社区房屋分配对象"的原则，对本次符合回迁安置条件的回迁安置户进行资格审核，确定户数和安置房套数后向有关回迁安置村下发通知，并张榜公示。

（四）安置房选房顺序公示

各安置房分配工作组根据资格审核结果，以安置新社区为单位，按照"安置房分配原则和办法"做好安置房选房顺序（同一日签约的选房顺序通过抽签或摇珠的方式决定）数据统计，并张榜公示。

（五）制定选房工作细则和做好分配前准备工作

统筹协调工作组根据相关的政策文件要求制定选房工作细则及"一村一方案"；确定各安置新社区回迁分配的房源数量，按房间号进行编号，结合相关图纸制作出选房现场布局平面图、安置新社区总体规划平面图、总体鸟瞰及户型效果图、各户型标准层平面图及安置房户型明细表（含对应编号安置房的地址、楼座号、楼层、房号、户型面积等详细信息），在选房现场张榜公示；有计划地组织回迁安置户到现场参观安置房，向回迁安置户解释好规划布局和户型布局。

（六）现场选房、明确房屋产权登记人

根据安置房回迁分配计划的时序，各安置房分配工作组按照已公示的名单和"先签约先选房"的原则，组织回迁安置户按顺序有序进行选房。每次选定房号后，回迁安置户对选房结果进行现场签署确认书，确认选房结果和明确产权登记人，相关工作人员做好确认书签署工作，并在现场房号展板上标记公布，增城公证处工作人员现场记录并监督。

（七）安置房收楼、网签、办证

各安置房分配工作组指导回迁安置户积极配合物业管理公司、中介服务机构的收楼工作，做好交收的各项程序和手续，完成有关资料的登记、签署等。安置房办证工作组、各安置房分配工作组指导回迁安置户积极配合中介服务机构进行网签和不动产的产权登记，指导并具体组织回迁安置户办理房屋不动产权登记证。

（八）回迁安置工作安排具体按照荔湖街、石滩镇制定的"一村一方案"回迁分配计划执行

第四节　物业管理方式规范化

荔湖安置新社区建设项目实施统一征收和拆迁的定向安置模式，在物业管理问题上面临着和其他地区定向安置项目物业管理相同的问题，通过对物业管理的共性问题进行梳理，剖析定向安置社区物业管理问题的原因，着重从完善体制、机制和政策的角度，提出加强社区物业管理的思路和建议，指导各村各社区实施物业管理。

一、安置新社区物业管理的普遍问题

通过调查分析，造成回迁安置社区物业管理存在的突出问题，既有政策和体制机制等客观因素，也有村民、物业服务企业、社区、相关职能部门等主体的主观因素。

（一）物业管理相关政策法规因素

从住房和小区环境的硬件角度讲，回迁安置新社区已与商品房小区没有多大区别；但回迁安置社区的性质较为特殊，既不同于普通新建住宅小区又有别于老旧住宅小区，既不同于普通商品房又有别于普通的经济适用房。目前，针对回迁安置新社区物业管理的政策规范尚未完善，而商品房住宅小区物业管理法律法规适用于回迁安置新社区还需要一个较长的实践过程。

（二）小区综合管理体制因素

市、区、街道、社区四级管理体制还有待健全，特别是区级物业管理协调机制和转制社区对物管指导机制还有待完善。部分回迁安置新社区的建设与管理衔接不够到位，存在"重小区建设、轻小区管理"现象，一些安置新社区入住率不高、物业管理难度大，在交付使用初期缺乏对物业管理的协调和落实。部分回迁安置新社区住户涉及多个宗族，存在分摊比例确定难和利益协调难问题。

（三）社区管理责任因素

回迁安置新社区物业管理公司由原先村委会转变而来，"领导者"的角色定位、"家长式"的管理方式较为普遍，"服务者"的角色定位、"公益性"的现代管理理念尚未完全形成。虽然增城区委、区政府也提供安置新社区物业管理费补贴和优惠政策，但由于经济发展水平差异、宗族力量差异、居民素质差异等，小区与小区之间对回迁安置新社区物业管理费的补贴情况不一致，造成部分小区住户对收取物业管理费的抵制。

（四）居民观念和素质因素

回迁安置新社区住户"花钱买服务"的观念尚未普及，由于农居拆迁、集中居住的被动性，使回迁安置居民抱有"不是我们要住，是政府要我们住"的想法，从而将物业管理也视作政府行为，要求政府包揽一切。同时，"农转非"回迁安置新社区住户的现代文明意识有待提高，这些住户从村民转变为城市居民，从住独门独院到住公寓楼房，身份和环境改变了，旧有的生活习惯却没有改变，种菜养鸡、门前屋后堆放杂物的习惯一时难以纠正。

（五）物业服务企业服务质量因素

大多数物业服务企业仅提供基本物业服务项目，没有对回迁安置新社区住户的服务需求作深入分析，缺乏根据回迁安置新社区的特点开展全方位、多层次社会化服务的意识。同时，目前安置新社区的物业管理收费标准普遍较低，不少高层、小高层公寓物管费收费标准不到商品房物管费的二分之一，低于物业管理正常成本价，导致部分物业服务企业降低物业管理水平，物业管理水平降低又导致物管费更难收缴，形成了恶性循环。

二、安置新社区物业管理的相应对策

从郊区村落到城市社区是深刻的社会转型。失地后农民住进新建的小区，跨入城市的门槛以后，及时健全回迁安置新社区物业管理体制和综合协调管理机制，改进社区管理工作思路、方法手段和运行机制，既是为居民创造良好的生活环境的迫切要求，也是给予居民广泛社会认同和更多人文关怀的重要体现。随着回迁安置工作的推进，逐步规范回迁安置新社区物业管理的时机已经成熟。从实际情况来看，回迁安置新社区物业管理改善的重点也在建章立制、建立健全长效机制上。因此，加强回迁安置新社区物业管理，必须以便民、利民、为民、安民为主旨，顺应居民提高生活品质的新要求，完善物业管理体制，规范物业管理机制，优化物业服务质量，提升回迁安置新社区物业管理水平，做到有物管用房、有公共保洁、有秩序维护、有停车管理、有设施维保、有绿化养护、有道路保养、有维修服务"八个有"，打造环境美、设施全、服务优、管理好的新型安置新社区。

（一）建立健全物业管理体制

改进回迁安置新社区物业管理，首先应当完善管理体制，明确市、区、街道（乡镇）和社区在回迁安置新社区物业管理中的责任。一是建立小区综合管理和物业管理协调制度。按照"条块结合、以块为主、属地管理、多方协同"原则，建立市、区、街道（乡镇）三级管理制度，强化回迁安置新社区属地化管理责任和相关职能部门协同配合责任。增城区委、区政府层面应加强对全市回迁安置新社区物业管理工作的指导，研究制定相关配套政策，协调解决重大问题。增城区政府负责本辖区内回迁安置新社区物业管理改善工作，可根据增城及各村实际确定增城区住房和城乡建设局和属地镇街作为物业管理主管部门，落实指导、协调、管理、规范等职能。相关街道（乡镇）应将回迁安置新社区物业管理作为社区建设的重要内容，落实专人管理。二是强化社区基层组织的管理职责。社区党组织、居委会和原村集体经济合作组织应当充分发挥综合协调优势，把物业管理纳入社区公共管理服务范畴，由社区公共服务工作站实行日常归口管理。同时，根据回迁安置新社区实际，适时组织和引导小区业主做好业主大会、业主委员会组建和换届改选等工作，并加强对业主大会、业主委员会日常工作的指导监督。三是健全物业纠纷化解机制。增城区政府和街道（乡镇）应建立物业管理投诉受理制度和物业纠纷调解机制，形成多方联动的投诉纠纷快速处理机制，确保物业纠纷及时有效得到处理。社区居委会应成立物业投诉纠纷基层协调小组，充分发挥原有的村调解组织作用，协调处理业主、业主委员会与物业服务企业的关系，减少投诉纠纷的发生。四是加强物业服务行业管理和监督。区、镇街两级主管部门应建立物业服务企业诚信档案定期公示制度，规范物业管理行业有序进入和退出机制。

（二）规范物业管理模式和内容

按照"因地制宜"和尊重居民意愿的原则，通过"以民主促民生"的办法，确定具体的回迁安置新社区是实行专业化物业管理模式，还是实行社区化准物业管理模式。实行专业化物业管理的回迁安置新社区，可由社区成立专业物业公司进行管理，也可由业主委员会通过业主大会选聘专业物业服务企业进行管理。实行社区化准物业管理的小区，可由社区公共服务工作站分别聘请保洁、秩序维护等工作人员负责小区日常管理，或统一委托一家物业服务企业负责管理，并由社区公共服务工作站向住户收取一定的服务成本费；也可由村委会或村级集体经济合作组织成立物业管理机构，按照社区化准物业管理的要求和标准，组织居民进行自治管理。同时，要规范物管内容和标准，特别是社区化准物业管理实施主体应根据进一步提高公共区域保洁、安全秩序维护、停车秩序维护、共用设施维保、公共绿化养护、小区内道路保养、房屋共用部位维修管理等服务水平，实现"八个有"目标。

（三）明确物业管理费收缴办法

按照"谁受益、谁付费"和"建管衔接"的原则，确定回迁安置新社区物业管理费收缴机制。回迁安置新社区物业管理费的收缴可采取由原村集体经济合作组织将物业管理费计入成本，或有盈利后先交费再分红等办法，统一缴付物业管理费。对村集体经济薄弱，或小区住户由多个村拆迁安置户组成、各村集体经济发展水平极不平衡的小区，采取直接向住户收取物业管理费的办法。针对向住户直接收取物业管理费带来的收缴率低的问题，可由社区协助上门收取，并将物业管理费收缴工作列入街道（乡镇）对社区考核的重要内容。同时，针对部分回迁安置新社区在建成交付初期，由于整体开发建设周期长、入住率低、大市政配套滞后、配套管理用房租金收益低等因素带来的不利于收缴物业管理费、影响物业管理"造血功能"问题，可在此类回迁安置新社区建成交付1～3年内或入住率达到一定比例前，物业管理费由属地村委列入管理成本并统一承担，并采取住户先缴纳后报销的办法支付物业管理费，以培养居民缴费意识，为今后收费打下基础。

（四）实行物业管理相关扶持政策

回迁安置新社区物业管理总体上还处于起步阶段，面对部分拆迁安置群众由于生活困难一时难以全额负担物业管理费、部分物业服务企业由于物业管理费收缴标准和收缴率较低造成经营困难的现状，有必要采取针对性的扶持措施，确保该项工作的平衡推进。如对持有市、区民政部门核发的有效期内《困难家庭救助证》的回迁安置新社区住户，经当地社区公示无异议后，可予以减半收取专业化物业管理服务费用或免交社区化准物业管理服务费用。对为回迁安置新社区进行专业化物业管理的物业服务企业，可制定相应的财政扶持政策，如将其缴纳综合服务费营业税的地方财政收入部分（市区留成），以及当年上交地方财政收入比上年的新增部分（市区留成），通过项目的形式由财政予以支持。

（五）强化对小区居民业主和租住户的教育引导

加强回迁安置新社区物业管理，必须充分依靠居民和社会各方的力量，在全社会形成自觉支持、共同关注、多方参与的良好氛围。尤其是要把加强对居民及租住人员的教育和引导作为一项重要工作来抓，通过宣传群众、组织群众、动员群众、引导群众，促进回迁安置新社区真正向成熟的城市社区转型。应开展形式多样的宣传教育活动，加强物业管理有关政策法规宣传，强化城市生活消费观念教育，倡导文明生活方式，引导居民及租住人员改变农村生活习惯，纠正各类违章行为和不文明习惯，使崇尚文明、崇尚清洁、崇尚和谐成为广大居民及租住人员的普遍追求。加强居民主人翁意识和家园观念教育，提高居民及租住人员共建共享美好家园的自觉性和参与意识。及时总结推广物业管理先进小区典型和成功做法，组织各社区、村干部和代表参观学习，营造良好的社会氛围和舆论效应。同时，应建立以街道（乡镇）属地管理为主体，住房建设、城管执法、工商、公安、物价、规划、卫生、环保、消防、民政等部门协同配合的综合整治管理机制，对小区违法搭建、群租、改变住宅使用性质、违章装修、毁绿种菜、占用公共空间等违法违章行为进行集中整治，杜绝群体性违法违章势头蔓延。

三、安置新社区物业管理的具体方式

按照广州城市发展战略，为打造现代化中等规模生态之城，增城区在中部功能区推进建设总体规划65平方公里的荔湖新城，打造宜居宜业宜游的新型智慧社区，展示城乡统筹发展的成果。荔湖安置新社区不仅是拆迁安置区，更是增城致力打造的城乡融合发展示范区。为解决城乡不平衡不充分问题，提高发展平衡性和协调性，增城把城市要素引进村庄，让村庄迈向城市化的举措将为广州城乡融合发展提供积极的探索。项目建设完成后，一是有效提升6000多户安置家庭的居住条件，让原旧村庄居民享受现代化交通、医疗、教育、商业、社区服务等公共配套设施；二是实现对原布局分散的旧村庄集中居住到11个新社区内，有效盘活土地资源，促进土地集约利用，培育新城区自我造血功能；三是安置新社区周边市政配套同步建设，有效提升新城区大交通和生态环境，加快推进城乡一体化，改善城市面貌，造福子孙后代。宜居的环境和完善的配套设施不仅让回迁居民居住更舒服，同时也能大大提升荔湖新城的吸引力和承载力。

为引导安置新社区居民转变传统生活观念，树立现代化文明生活方式，向新型城市社区的生活方向发展，增城区以罗岗村为试点，指导和监督各行政村成立物业管理公司。目前，11个安置新社区均成立了物业服务管理公司，物业公司已进驻社区综合服务中心办公，11个安置小区已由村委及物业公司全面接管进行物业管理服务工作。针对回迁安置新社区的实际情况，选择了优质物业管理公司对社区内环境卫生有规律地进行地毯式的清理；村社干部带头整治，分组包片地对社区内私搭乱建问题进行维护和整治，这样的小区环境清理活动不但美化、净化、亮化了家园，促进了社区生态文明建设，而且增强了社区居民创建美好和谐家园的信心，呈现了上下联动、齐抓共管社区秩序和环境卫生的好局面。

本章小结

　　荔湖安置新社区作为结合城乡统筹示范区试点建设的民生工程,开展工程质量的验收标志着荔湖新城宜居环境和完善配套设施及回迁居民宜居生活的开始,在其验收管理过程中实施严格的验收标准是对回迁百姓和荔湖新城的未来负责,也为分房、摇珠、物业管理等安置区未来的发展打下坚实的基础。由于EPC项目和PPP项目建设管理主体的不同,两种模式也相应实施分类化工程质量验收。当前EPC项目模式下的工程质量验收管理,涉及施工单位、业主单位、监管验收单位、设计单位及物料供应单位在实际管理中关于项目验收质量管理作业的实施可通过提升验收综合水平、完善验收规划、实施阶段节点验收、落实风险管理以及设计交底的方向进行发展。PPP项目模式除实施以上EPC项目验收管理外还应补充PPP项目综合效益评估及PPP项目后评估等相关工作。在验收管理工作完成后,精细安置工作的实施从申报签约到摇珠分配都按照相应制度按部就班地执行。为引导安置新社区居民转变传统生活观念,树立现代化文明生活方式,向新型城市社区的生活方向发展,通过对当前安置区和居住小区物业管理存在的普遍问题精心总结,提出适合荔湖安置新社区的具体物业管理方式。增城荔湖安置办以最先建成安置的罗岗村为试点,指导和监督各个行政村成立物业管理公司对社区居民提供物业管理综合服务,并在各个行政村村委的配合监督下全面执行物业管理服务工作,为新社区的和谐发展打下坚实的基础。

第七章
项目经验、反思与展望

　　随着我国乡村振兴战略的实施和城乡融合发展的纵深推进，部分农村尤其是发达地区的农村实施统一征拆就地安置的居住模式，大量安置新社区得以形成。在新时代高品质的居住需求和人居环境发展提升背景下，安置新社区的建设不可避免地面临诸多新问题、新困难，如何化解这些难题，使被安置的农民和安置新社区朝着科学化、精细化、舒适化发展，成为政府职能部门必须着力思考、探索实践、不断创新的重要内容。宏观上顶层设计把控制度指引，需要思考如何妥善解决农民集中安置与实现农民身份转变的社会问题；微观上实践层面的制定实施具有地方特色的高效操作指标，则需要各地及时总结不同项目的具体经验，探索具有推广价值的项目建设管理方式，为我国的城乡融合发展及其社会治理实践提供经验借鉴和参考。

　　我国城乡统筹发展的条件具有明显的区域差异性，增城独特的区位使其具备率先城乡统筹发展的突出优势，荔湖安置新社区规划建设项目，以水利工程建设为契机带动城乡统筹发展，推进新型生态城市建设。项目明确拆迁安置的目的是为城市发展、城乡共融拓展空间、提质扩容，努力打造城乡经济社会一体化发展新格局。荔湖安置新社区的统筹建设，地处改革开放前沿的广州，紧跟时代发展的前瞻思想，提出了城乡统筹发展的目标体系和总体思路，始终与时代发展同向同行，历经8年的探索、求证与实施，城乡面貌已然发生巨变，增城在城乡融合发展先行先试方面取得的成绩来之不易，积累的经验弥足珍贵。本书从政府职能部门的角度，通过总结和梳理分析荔湖11处安置新社区的规划建设管理工作，从具体的安置新社区建设项目管理实践入手，总结8年来增城城乡融合建设管理取得的重要经验，也通过反思指出目前存在的问题和不足，最后，结合大湾区建设和增城未来的城乡融合道路和发展方向提出了展望。

第一节　项目经验

一、部门联动管理模式及差异化管理方式的建构

政府主导集中征拆、集中建设、集中安置的方式，是高效提升村民生活品质及城市人居环境的重要举措，同时，也加大了政府职能部门管理工作的挑战性。为提升项目管理实施的效率，集中力量解决各村面临的共性问题和困难，并从宏观上实现资源统筹和供给公平，增城各职能部门在不断地推进协作过程中，制定并完善了管理机构的体系设置和项目管理制度。

一方面，确定部门联动管理模式并搭设统筹建设单位。

项目初创之际，增城政府多部门联动管理，不断酝酿、完善政策制度和管理办法，搭设统筹建设单位"广州市增城区挂绿湖安置新社区规划建设办公室"，负责项目的全过程建设管理工作，指导、管理和协调各有关参建单位，并逐步形成"项目负责人—安置办管理部门—项目管理组"三级管理机制，推动各项工作层层审核、严格把控、有序开展。为建立安置居民的利益保障机制打下坚实的基础，使得项目管理工作具有延续性和持续性，并能够不断优化，逐步健全。

项目开展过程中，增城区政府先后从多个部门多次抽调专业人员组建安置办，并公开向社会招聘专业技术人员充实管理队伍组织架构，充分覆盖项目建设周期，满足项目建设管理需求。同时，针对各村不同情况，分别成立项目管理小组，以项目组制度实施分项管理，增城荔湖安置办管理部门与之对接，实现精细化、标准化、网格化的组织管理。

各项管理制度在工作过程中不断深化和完善，从部门职能职责、岗位设置构架及部门工作流程等多方面规范了增城荔湖安置办建设管理的标准，兼顾各个部门之间横向与纵向的对接关系。同时建立责任追究制度，全面规范工作内容，维护村民切身利益。因项目制定的各项制度、管理办法以各级政府制定的政策、制度为基础，在相应的法律法规框架下进行。充分预判，注重措施、办法的可操作性，保证管理制度执行有力，完整连续，确保项目管理有序进行。

另一方面，针对不同项目建设模式制定差异化的管理方式。

荔湖安置新社区项目作为当前增城的头号民生工程，政府是主导主体，在项目建设管理工作中，自始至终发挥统筹作用。从顶层规划设计和决策建议，到项目具体建设模式的探索，政府部门对国家、省市各级政策充分解读，并以前瞻性的策略、方法开展项目研究与实践。

各地实施完成的拆迁安置项目，多为企业建设、政府回购。委托建设、政府回购，政府搭台、部门操作等方式，政府解决资金的压力较大。因此单纯依靠政府行政管理手段来推进安置房建设和管理显然是不够的，为了有效解决项目建设资金、品质、效益、管理等问题，增城通过多次分析、论证，安置新社区项目主要采取了政府投资（融资）+设计施工总承包招投标模式（EPC项目模式）、"项目法人+勘察设计"招投标引入社会投资模式（PPP项目模式），探索了社会化手段多元化推进安置房建设与管理工作。特别是对PPP项目模式的实施经历了从无到有的探索过程。

对此，增城荔湖安置办分别架构了针对不同建设模式的管理思路、管理流程及管理标准，通过多年探索实践，从管理的角度发现了不同建设模式的优势和不足。

二、项目勘察设计及建设管理标准化体系的建立

（一）多方共建设计标准化

规划设计工作是贯彻城乡共融发展思路，展示荔湖新城风貌，体现增城城乡建设时代精神的重要环节。

因此，在规划设计阶段，增城荔湖安置办遵循城乡统筹发展的政策要求和思路，组织设计单位对安置新社区进行了高标准设计。明确各村就近选址原则，进行模拟设计，组织村民与各部门反复磋商研讨，比选环境好、配套优的地段进行科学精细设计。要求设计方案科学规划低容积率、低密度、高绿化率、宽楼间距且满足村民生产生活习俗的安置新社区，切实提高村民生活质量，提升设计管理的温度。

根据各村实际情况，增城荔湖安置办在统筹建设管理过程制定了统一征拆补偿标准、规划设计标准、安置区设计指引和工程建设标准、市政景观提升建设标准等全方位的设计标准，确保各社区方案和而不同：既能够以统一的安置标准来统筹，又为体现各村现状和吸纳村民意见提供余地。

增城荔湖安置办在专业咨询机构的配合下，经过设计方、村民、业主方、政府部门等多方协调论证，完成了荔湖安置新社区的总体规划要求，制定土地集约利用的思路，明确公共配套资源的设置，完善社区周边市政设施，明确建筑户型配比、装饰装修标准、建筑形式、体量及色彩的控制标准等。景观方面，使荔湖局部水环境与城市总体环境协调发展，以美学设计提升城市环境质量，充分借助荔湖景观资源，合理营造湖区天际线。最终制定的设计标准及其实施的设计方

案，兼顾了基于现实可操作性，以及基于未来发展的前瞻性，为项目建设顺利开展奠定基础。

（二）落实限额设计标准化

在对安置新社区准确定位的前提下，增城荔湖安置办采取多项举措精准量化投资，确保投资实效。一方面，通过聘请第三方机构调研论证，科学制订了"双控"造价标准，积极控制投资；另一方面，根据限额设计要求制定装修标准，建立主要材料设备推荐品牌库，在保证安置新社区的建筑设计质量的同时，统一设计标准、相关技术参数；此外，预留机动空间，为特殊情况引起造价变动提供调节机制。

项目建设资金投入过高，会造成资源、资金浪费；投入过少则造成安置新社区的建设标准偏低，脱离了项目决策制定的建设目标。因此，通过科学论证和制定的安置房建设标准，不仅可以提高住户的满意度和幸福感，还可以有效促进项目的推进进度、保障项目的建设质量，最终令村民真正感受到国家发展带来的实惠，实现政府、村民及参建单位多方共赢。

荔湖安置新社区的安置房主要用于安置地块的原有村民。其安置选址、规划设计、建筑设计、工程建设过程及其贯穿全过程的多方项目管理，与商品房的开发建设显著区别。拆迁安置房的特殊性决定了其销售盈利份额远低于商品房，因此，只有通过高效、集约、系统的成本管理，才能合理有效地平衡和降低政府或企业投入的综合成本。拆迁安置房的成本构成情况和计算方式主要包括开发成本、税务成本以及利润成本。其中，以影响项目建设成本的主要因素，也即安置房的建筑成本为例，涉及工程勘察与设计、施工物资采购与管理、施工成本等因素。组织论证并制定投资造价标准，充分考虑了上述影响因素，从多个途径实现投资优化：

首先，优化政府、企业、村民的合作沟通，降低前期成本。

通过扩大群众参与力度，充分尊重安置对象意见，特别是在前期阶段广泛征求村民意见，建立互信，加强沟通合作，政府和参建企业能够充分了解和掌握拆迁群众对安置房的需求、要求和期待，针对性制定建设方案，减少政府部门主观的预期判断，从而提升前期工作效率。其中，综合多方主体利益诉求，协调城市规划、土地管理部门，根据城市规划和土地利用规划，科学合理确定各社区选址，是前期工作的关键：避免因项目建设用地推迟交付增加建设成本，避免在意见不统一的情况下仓促选址，避免由此导致施工建设停滞、验收推迟的问题。争取前期工作顺利推进，不仅能够为后期的勘察设计、建设施工奠定基础，而且避免了项目进行过程中的法律纠纷、经济纠纷等成本支出。

其次，指导完善勘察设计工作，控制安置房建筑工程成本。

增城荔湖安置办组织专业机构编制多个专业专题的设计指引，为各社区建筑及景观环境的设计工作提供具体指导，建立对勘察与设计工作的审核机制，创造条件辅助设计单位顺利完成建筑及环境设计，组织方案讨论，反馈村民意见，汇总专业审查意见，以此减少施工过程中发生设计变更而导致的成本增加。要求项目人员对社区原居民风俗文化以及项目地点重要景观要素充分了解、充分尊重，避免出现有违本地传统观念的做法。

最后，严格监督物资采购和施工质量。

在物资采购前，根据专业咨询机构意见，建立主要材料设备推荐品牌库，保证物资采购的质量和价格均衡。确定主要施工物资、建筑材料质量标准，组织确定材料库，在施工过程中及时调整更新品牌库，为项目提供多样化的物资选择，由此避免了物资质量不达标准或价格偏高。同时，加强物资运输、储存和管理的指导，加强对施工成本与质量的双重监控。

（三）立体实施进度标准化

从国内一般的安置房建设项目来看，由于就地、就近安置具有客观限制因素，即地块拆迁进度与各项手续的办理进度，会直接影响整个项目建设的周期。不少项目的相关手续办理时间持续逾1年，因此待项目建设完成交付使用通常需要3~5年。由于拆迁过渡时间长，政府、企业、村民均承担了较大的经济和时间成本。若再遇到规划滞后、资金落实难、建设进度滞后等问题，将直接导致安置不及时的问题。

增城荔湖安置办创新性提出项目手续平行审批、容缺受理的方式，缩短项目审批时间，至今已成为全区推行的管理制度；同时发挥EPC的总体协调能力，设计、施工同步交叉作业，将施工进度提前；及时发现PPP项目推行缓慢的问题根源，转换、转变项目运作模式。

项目进入建设施工阶段后，以工序穿插的形式，通过具有前瞻性和实施性的有效计划管理，均衡生产资源，缩短施工周期。如设计单位与施工单位在工序上穿插进行，施工单位各个工程分项、工种之间立体化交叉进行，实现进度搭接，协调推进，从而实现部分施工内容的提前施工，达到科学缩短工期的目的，实现整体建造提速。并及时组织各专业中间验收，确保工程总体进度计划的落实。相较于同类型、同规模的农村拆迁安置项目，该工程实际进度的控制效果较为明显。

(四) 执行质量管理标准化

安置房施工质量关系到安置房回迁户的合法权益，一旦出现质量问题，极易引发社会矛盾，形成负面社会影响。

项目建设过程中，针对加强安置房建设工程的质量控制，首先是建立健全质量监督机构工作方案，落实监管职责，从预控、过程控制和事后控制三个方面进行动态监管；其次是明确责任主体及验收机制，从质量目标、样板引路、技术交底、过程控制等多方面细化工程质量控制，落实全面质量验评；其次，以项目管理组为主体，增城荔湖安置办各部门纵横交接指导质量管理体系，通过多方参与控制施工质量。及时发现质量问题、及时整改，包括采取更换项目人员、全面返工等措施。最后，在重要阶段、工作节点，采取样板先行的方式，确保回迁住户的意见得到落实，有效避免了因质量问题、建筑效果等引起住户拒绝验收的潜在风险和重新返工造成的浪费。

增城荔湖安置办充分发挥统领指挥的角色，以最高效的方式协调各参建方之间的关系。确立了以项目管理组为主体，增城荔湖安置办各管理部门指导及后方支持的工作机制，通过周例会、现场例会等高效的方式强化部门之间的联合机制，确保项目问题高效、合理、妥善解决。对建设过程中的质量问题采取行政监督与过程管理的力量协调配合，由监理单位执行现场管控，行政部门常态化监督管理。对建设过程中遇到的技术难题，及时聘请技术团队弥补业主单位专业技术力量不足的问题。同时，村民质量监督小组全过程参与施工管理，竣工验收等关键质量技术环节，确保村民对工程质量达到满意放心。

三、拆迁安置居民利益保障机制的健全

拆迁安置工作涉及不同利益主体，包括政府及其代表的公共利益主体，村民以及参建企业等。政府是主导，企业是关键，而村民是核心，村民与项目本身直接关联，其根本利益的实现，需要健全的保障机制，即有赖于政府部门在项目管理过程中保障管理效率、保障秩序规范和保障利益公平。

（一）增城荔湖安置办作为地方政府实施项目管理的代表性和主导性角色，保障管理效率

专门性管理机构为本项目工作开展夯实管理基础，能够以一个相对独立而且权威的主体角色面对公众和企业，对于提振公众参与积极性，为各方利益保障提供足够的信心。

社区项目的参与各方，往往诉求各异，事关不同村社、不同主体、不同人

群，观望犹豫和大胆冒进，博弈争执与协作配合，看似矛盾却共存于各方协调工作的过程之中，项目管理与实施充满了挑战。

增城荔湖安置办的项目管理工作，通过统筹协调，优化政府供给投入，开放市场主体，优化公共物品供给的机制、方式与效率，实现政府的效率管理职能作用，显示并发挥出政策、制度的优越性，从而使项目走向良性发展的路径。

（二）增城荔湖安置办在与村民的对接过程中，同时担当了服务与管理的职能，保障项目秩序规范

拆迁安置工程事关村民切身利益，对一个个家庭个体而言，都是安身立命的大事，村民的参与度、配合度和支持度在很大程度上决定了项目进程是否顺利、平稳。

增城荔湖安置办的工作，既要通过搭建项目平台，征求村民合理化意见、建议，优化规划设计方案和建设实施方案，还要通过教育引导、监督管理，维护并实现村民主体参与机制的规范与秩序，避免出现村民疑虑、被动的局面。

（三）增城荔湖安置办对接项目实施的市场企业主体，严格保障利益公平

从勘察设计到工程实践，企业主体作用的发挥，需遵循市场规律作用。但同时，市场作用是否发挥合理和公平又恰恰是社会关注的焦点。因此，增城荔湖安置办通过项目管理实施政府监管职能，清晰界定职责权利，既保障企业公平参与，又维护村落村民利益，是实现市场作用机制合理化与公平化的重要保障。

第二节　项目反思

荔湖安置新社区的建设，凝聚了众多参建人员的心血，政府打造和建立的项目建设管理团队进行了有益的理论探索，积累了大量具有鲜明时代特征和现实意义的宝贵经验，为我国农村农民进行集中安置社区的建设管理与治理提供了借鉴。但在总结经验的同时，反思困难、问题的成因亦值得我们思考。城镇化建设不止于居住环境质量的提升，项目建设管理曾经面临的许多困难，已然触及社区转型之际深层次社会问题，需要长期深入研究，制定对策。

改革开放40多年来，我国城镇化率由1978年的17.9%快速提升，至2019年达到60.6%。农村居民从传统意义上的村落动迁安置到新的社区居住，兼具乡村社区和城市社区的特征。因此，社区建设、社区治理，深刻反映传统乡村向城市社

区过渡转型的双重特征。国家力量发挥主导管理作用的强弱变化，间接表现为"乡村性"与"城镇化"的倾向差异。

第一，社区的空间环境层面，安置社区居民自建、加建或拆改自住建筑空间情况较多；公共空间使用秩序受到私人活动干扰。

安置房交付使用后，各回迁社区自行组建物业管理单位，但在这种类似自我管理的模式下，个别社区由于缺少强有力的制度约束，私搭乱建行为屡有出现，导致建成环境风貌受到影响。对此，尽管安置办事先进行了制度设计和管理指引，但仍然显得力不从心。而且安置新社区建成后的治理管理问题，显然已超出其主要职能范围。

第二，社区产业发展层面，脱胎于乡村的安置新社区与成熟的城市社区相比，其产业构成情况单一。全征、全拆、全安置之后的失地农民中不乏"小本经营"或收租啃老的思想，缺少长远发展的目标和动力。随着安置新社区居民身份转变，生活水平不断提高，生活方式逐渐发生转变，其原有产业将无法满足社区发展需求。安居还需乐业，产业结构的优化和经济动力的催化，将是安置新社区的重要使命。

第三，社区治理体制层面，农村熟人社会打下人情社会关系的深刻烙印，在项目进行过程中出现挑战公共管理制度、规范和规则的行为。作为村民代表的管理者由农村自治组织演变而来，安置工作完成后转化为具有城市社区组织特点的管理者，仍然具有一定的自主权，成为安置新社区管理的特有现象。在此情况下，部分社区管理者对管理要求的标准也许并不严谨，有时对于一些突破公序良俗的村民利己行为默许容忍，从而造成了项目建设管理和社区治理某些环节走向被动。

从传统村落到回迁安置新社区，并不仅仅意味着居住环境变化，还标志着新的社区社群和社区治理形式出现。一方面，安置新社区在短短几年内完成，人们的居住环境、居住条件等硬件设施大幅提升；但另一方面，乡村社区向城镇化社区转换之际，相关的社会治理措施是否到位，居民身份意识是否发生转换，社区公共利益与私人利益如何调节平衡，却仍然需要我们长期思考并制定对策。

随着我国新型城镇化的加快推进，拆迁安置新社区还会大量产生。从征拆、建设到安置，政府管理部门始终背负责任重担。政府不断提升管理、治理能力和水平，关系到群众百姓生活的获得感和幸福感，更关系到国家治理体系和治理能力现代化，在倡导城乡融合发展，共享国家发展成就的今天，具有重要的实践价值和深远的历史意义。

第三节　项目展望

城乡融合发展的内涵和模式会随着时间的推移不断深化，各地的实践和探索也会逐渐发展，兼具经济效益、社会效益、生态效益、综合效益的城乡融合新格局将全面形成。当然，新的问题也可能随时出现和被解决。这需要依靠政府职能部门积极做好顶层设计和战略规划、发挥政府主导作用、总结各地经验，做好问题预判，把握大局，针对已经出现的问题做好应对策略。

第一，整合开发利用各类资源，探索在现有财政体系下最大限度解决资金不足问题的路径，发挥主观能动性，争取企业、金融机构和政府部门的沟通协作，如持续深化探索PPP项目融资方式等。

第二，探索完善社区自治，提升社区服务质量。安置新社区的治理是一系列综合问题的集中体现，包含了社区建设问题、社区管理组织体制问题、社区发展方向、社区管理政策、制度、观念等问题。如何高效综合各种问题，实现政府职能部门与社区之间的良性互动，为居民提供新型、高质量的综合服务平台已成为当务之急。

第三，深化产业改革，持续保障农民效益。在由村民向居民的身份转型过程中，要积极培育居民的产业转型能力，有效引导居民参与市场经济竞争。同时加大对农村经济产业改革的扶持力度和强度，为持续提高居民生活水平服务。

第四，因地制宜、探索符合地域特色的城乡融合道路。我国幅员辽阔、区域差异性较大，在城乡融合道路的探索上不能一概而论，要充分尊重各地的差异性，了解本地情况，发现各地特色，向发展较好的城乡融合地区学习经验，结合自身实际情况探索适合地域情况的城乡融合模式。

粤港澳大湾区建设对增城来说是一个重大的发展机遇，将大力推动增城的区域经济、社会的快速发展，加上国家城乡融合发展试验区建设契机，增城城乡融合的速度和力度都将大幅度提升。增城荔湖安置新社区的规划与建设，正处于国家到省市战略部署的宏观背景和政策指引下，在不断发现问题、分析问题、解决问题的过程中，积累了实践经验，为城市更新实践，实现城乡融合的政府工作决策提供了有益借鉴。在落实党中央、国务院关于建设粤港澳大湾区战略部署的工作中，增城以城乡融合发展为重要抓手，以荔湖安置新社区及荔湖新城的建设发展助力粤港澳大湾区建设世界级城市群，促进广东省经济高质量发展。

后　记

　　增城荔湖安置新社区是增城区的重点民生工程，从2012年开始筹建，2013年全面进入建设阶段，2019~2020年陆续投入使用、完成回迁入住。11个崭新的社区从无到有，建成社区面积达250万平方米，拆迁安置户数6000多户，安置人口2万余人。作为城乡统筹示范区试点建设项目，荔湖新城作为未来的城市核心区，风貌初现。项目的建设从始至终凝聚了大量建设者的辛勤汗水，承载着11个新社区人民的殷切期待。

　　增城荔湖安置办的成立源于政府主导的项目背景。增城区区委、区政府，以莫大的探索勇气和责任担当，基于项目建设需求进行了组织管理的顶层设计，由领导小组成员单位抽调全职脱产业务骨干、从社会聘请专业技术人员为成员的组织架构，作为统筹建设单位，负责项目的全过程建设管理工作，指导、管理和协调各有关参建单位。在这几年间，我们有幸作为亲历者和参与者，和所有的项目建设者一同见证了增城荔湖水利核心工程区这一近乎沧海桑田式的巨大城乡变迁。为纪念增城城乡融合过程中这一重要探索与实践，并让所有关心增城发展的社会各界人士全面了解安置区建设的方方面面，特编纂此书。

　　本书从2019年8月开始策划以来，得到增城区委、区政府领导、增城区各相关部门，尤其是增城区荔湖安置新社区规划建设办公室的全力帮助和支持。在安置新社区全面建成交付的关键时期，增城区荔湖安置新社区规划建设办公室在百忙之中，详细梳理了安置新社区建设过程中的关键信息，提供了安置新社区规划建设管理概况、历程到智慧社区的投入使用等详尽内容，有助于读者全面了解荔湖安置新社区的建设探索与实践过程。

　　我谨此表达内心的深深谢意！感谢荔湖安置新社区规划建设的统筹者和指导者，你们的高瞻远瞩、大力推进使增城的发展有了更广阔的平台！感谢始终坚持在建设管理一线的建设者们，8年寒暑，你们为安置新社区的建设栉风沐雨、呕心沥血，从各方面保证安置新社区建设达到最理想化的目标！感谢参与安置新社区规划设计的规划师、建筑师，以及提供全面技术顾问的专家学者们，你们以安置新社区建设为己任，案牍劳形、匠心独运，为新社区的整体形象殚精竭虑！感谢参与建设的各集团、公司、施工单位、监理单位、检测单位、各村社区以及奋斗在一线的上万名施工人员在建设一线默默的付出！感谢参与本书编撰的全体工作人员！

如今，荔湖安置新社区正在有条不紊的回迁、入住，祝愿安置新社区的所有民众在新的社区开启更加幸福美满的新生活！

邓毛颖

2020年11月25日